Köpfe der digitalen Finanzwelt

André M. Bajorat · Harald Brock · Simon Oberle
(Hrsg.)

Köpfe der digitalen Finanzwelt

Persönliches, Meinungen, Utopien

Springer Gabler

Hrsg.
André M. Bajorat
Hamburg, Deutschland

Harald Brock
Düsseldorf, Deutschland

Simon Oberle
Frankfurt am Main, Deutschland

ISBN 978-3-658-29643-8 ISBN 978-3-658-29644-5 (eBook)
https://doi.org/10.1007/978-3-658-29644-5

Die Deutsche Nationalbibliothek verzeichnet diese Publikation in der Deutschen Nationalbibliografie; detaillierte bibliografische Daten sind im Internet über http://dnb.d-nb.de abrufbar.

Springer Gabler ist ein Imprint der eingetragenen Gesellschaft Springer Fachmedien Wiesbaden GmbH und ist ein Teil von Springer Nature.
Die Anschrift der Gesellschaft ist: Abraham-Lincoln-Str. 46, 65189 Wiesbaden, Germany

VORWORT DER HERAUSGEBER

Es ist an der Zeit, eine Zwischenbilanz nach mehr oder weniger 20 Jahren der Veränderung im Banking zu ziehen. Dies kann man auf fachlicher und technologischer Ebene tun. Wir als Herausgeber wollten eine zusätzliche Dimension mit hinzunehmen, die bisher nur selten betrachtet wird. Uns war wichtig, den Blick auf die Menschen und Erfahrungen hinter der Innovation, Dynamik und Neuausrichtung zu richten: die Köpfe der digitalen Finanzwelt.

Seit der Jahrtausendwende haben sich im deutschsprachigen Raum herausragende Personen herauskristallisiert, die die moderne Finanzwelt nachhaltig geprägt haben. Einige von ihnen haben Fintechs und Insurtechs aufgebaut und Millionen von Kunden gewonnen. Andere haben komplett neue Technologien und Geschäftsmodelle entwickelt, die die Finanzwelt revolutioniert haben. Wiederum andere haben etablierte Banken in die digitale Welt geführt, sie restrukturiert und zukunftsweisend aufgestellt. Alle sind Vordenker, Kämpfer und Brückenbauer für ein kundenzentriertes Banking.

Wir als Herausgeber sind froh, dass wir viele dieser prägenden Menschen für unser Buch gewinnen konnten. Für die Zusammenarbeit und die Arbeit, die in die Artikel geflossen sind, möchten wir uns herzlich bei unseren Autoren und ihren mitwirkenden Mitarbeitern bedanken.

ANDRÉ M. BAJORAT
DR. HARALD BROCK
SIMON OBERLE

ANDRÉ M. BAJORAT ist seit fast 25 Jahren in der deutschen Digitalwirtschaft zu Hause. Über die Stationen SK Online, Star Finanz, giropay und Number Four kam er 2012 als Business Angel zu figo. Das Unternehmen führte er von 2014 bis August 2018 als CEO von einer B2C App zu einem von der BaFin regulierten Banking as a Service Provider. Er ist zudem Gründer und Herausgeber des erfolgreichen Branchen-Portals paymentandbanking.com, Podcaster, Investor (figo, finleap, fincompare, Penseo, Vantik, Loanlink, meine Studentenfinanzierung, Sparkdata, Weddyplace, nufin, portify), Mitglied im Fintech Rat des Bundesfinanzministeriums und international gefragter Speaker. Inhaltliche Schwerpunkte sind Banking, Payment, Mobile, Fintech und API-Banking. Außerdem ist er Mit-Initiator und Ausrichter der Wahl zum „Fintech des Jahres" sowie der Eventreihen „Bankathon", „Payment-Exchange.de", „Banking-Exchange.de" und „Transactions.io".

DR. HARALD BROCK studierte Betriebswirtschaftslehre an der RWTH Aachen. Sein Masterstudium schloss er als Bester seines Jahrgangs ab. Viele Themen, mit denen sich Harald heute beschäftigt, leiten sich aus seiner Promotion „Shared Value in der Geschäftspolitik von Finanzdienstleistern" ab. Vor seinem Studium absolvierte er eine Ausbildung zum Bankkaufmann, die er als Landesbester beendete. Nach dem Studium arbeitete er zunächst als wissenschaftlicher Mitarbeiter am Gründerzentrum. Hier entstand seine Leidenschaft für innovative Start-ups. Dann zog es ihn zurück in die Finanzwelt, wo er Direktor für die Bereiche Vertriebssteuerung, Marketing und Service Center wurde. Heute ist er Geschäftsführer von investify, einem Anbieter für Bankensoftware, Aufsichtsratsmitglied der Cowork AG und Lehrbeauftragter für Strategisches Management. Harald ist zudem Initiator, Autor und Herausgeber zahlreicher Veröffentlichungen.

SIMON OBERLE begleitet seit mehr als 13 Jahren in verschiedenen internen und externen Positionen Projekte in Banken. Der gelernte Bankkaufmann schloss sein Studium der Betriebswirtschaftslehre als Jahrgangsbester ab. Bereits sehr früh beschäftigte er sich mit der Optimierung von Prozessen und Strukturen in Finanzdienstleistungsunternehmen. Seine Begeisterung für die Digitalisierung und die Chancen, die durch neue Geschäftsmodelle und Technologien entstehen, wurden vor allem durch die Beratungstätigkeiten bei Sopra Steria geprägt. Er baute sowohl die Strategie- und Managementberatung Sopra Steria NEXT als auch die DigiLabs in Deutschland auf. Seine Schwerpunkte, die er auch als Speaker und Autor verfolgt, liegen in der Etablierung von Strategien für den Aufbau neuer Geschäftsfelder sowie in der Steigerung der Innovationsfähigkeit von Banken. Diese Fähigkeiten bringt er aktuell als Senior Manager Strategy in der ING-DiBa AG ein.

INHALTS-VERZEICHNIS

STRATEGIE & INNOVATION

VERTRIEB & PRODUKTE

STRA
INN

ATEGIE &
OVATION

#NoTwoSpeedOrganisation
#NeedForClassicalBanking
#SeparateDigitalAttacker

» Noch haben die Banken es selbst in der Hand, in der Digitalisierung zu den Gewinnern zu gehören. «

Dr. Markus Pertlwieser

- ist seit 2015 Chief Digital Officer (CDO) für die Privatkundenbank der Deutsche Bank AG, Leiter des Bereichs Digital Ventures und Mitglied des Vorstands der der DB Privat- und Firmenkundenbank
- verantwortet die Digitalstrategie und die digitale Transformation der Privatkundenbank
- versteht, dass Banken am Ende eines langen Zyklus' daran arbeiten, im klassischen Bankgeschäft die Dinge noch ein bisschen richtiger zu machen
- versteht nicht, wenn deshalb die richtigen Dinge nicht gemacht werden – und Banken damit die Chancen der Digitalisierung verpassen
- sieht künftig nur zwei Arten von Banken: Plattformanbieter mit Kundenverbindung oder Produkt-/Technologielieferanten mit Skaleneffizienz („bank as a service") – wobei erstere viel besser verdienen
- war sieben Jahre lang Berater bei McKinsey für Banken und Versicherungen
- hat an der Universität Karlsruhe Wirtschaftsingenieurwesen studiert und wurde 2004 an der Universität Kassel promoviert (Thema: Aktien-Rückkaufprogramme)

DR. MARKUS PERTLWIESER

Persönliches: Was macht Sie fit für die digitale Transformation?

Mein Methoden-Know-how durfte ich in meinen Jahren bei McKinsey lernen. Meine Mentoren Michael Ollmann und Cornelius Walter haben mir beigebracht, immer vom Kunden aus zu denken und ein tragfähiges Netzwerk zu knüpfen. Meine Maxime seither: „Strategie ist nicht alles, aber ohne Strategie ist alles nichts".

Das digitale Biotop, in dem ich arbeite, haben vier Führungspersönlichkeiten der Deutschen Bank möglich gemacht: Rainer Neske, Christian Sewing, Frank Strauß und Karl von Rohr. Sie gaben die Fahrpläne frei für das Bankgeschäft in einer digitalen Welt.

Gebaut wurde das Biotop dann von der Schwarmintelligenz in der Digitalfabrik der Deutschen Bank, die ich gemeinsam mit meinem Schweizer IT-Partner René Keller gegründet habe. Für Keller waren agile Teams längst selbstverständlich, bevor sie selbstverständlich waren – und nichts war ihm fremder als das Denken in Abteilungskategorien.

An der Werkbank in der Digitalfabrik habe ich zusammen mit einem „Team of Teams" gestanden, den Digitalfabrik-Pionieren Jana Brendel, Thomas Brosch, Alexander Chantre, Shivaji Dasgupta, Oliver Dreiskämper, HC Fuchs, Michael Koch, Andreas Kramer, Jan-Peer Laabs, Frank Pohlgeers, Jared Preston, Mirjam Pütz, Markus Steiff, Fred Schuster, Jürgen von der Lehr, Andre Tacke, Sven Weber und Frank Wiesner und ihren Teams.

Ich bin in der glücklichen Lage, die Strategie einer digitalen Plattform der Deutschen Bank mit einigen Professoren von US-Elitehochschulen besprechen zu können, deren Arbeit mich

A. M. Bajorat et al. (Hrsg.), *Köpfe der digitalen Finanzwelt*,
https://doi.org/10.1007/978-3-658-29644-5_1

unglaublich inspiriert hat und die zu den Besten ihres Fachs gehören: Geoffrey Parker, Dartmouth College, Autor des Buches „Platform Revolution" und Vordenker der Plattform-Theorie sowie Andrew McAfee und Eric Brynjolfsson, Co-Directors der MIT „Initiative on the Digital Economy (IDE)".

Von Beginn an war ich ein Fan der Partnerschaft mit Fintechs und ihren Gründern. Sie waren für mich stets mehr Technologiepartner als Konkurrenten aus der Finanzszene. Mit ihnen bauen wir digitale Produkte und Dienstleistungen und füllen unsere Plattform-Strategie mit Leben – in gemeinsamen Teams, buchstäblich unter einem Dach. Stellvertretend für viele andere: André M. Bajorat und Figo bei MultiBanking sowie Tim Sievers und Deposit Solutions beim Einlagenmarktplatz „Deutsche Bank ZinsMarkt".

An Holger Friedrich, dem Multi-Unternehmer und Gründer der Technologieberatung Core SE, schätze ich ungemein dessen Anregungen zu neuen Geschäftsmodellen in Kombination mit Spitzentechnologie „made in Germany".

Die digitale Identitätsplattform Verimi ist für mich die notwendige europäische Infrastruktur für neue Geschäftsmodelle und ein „digitales Bürgertum". Und sie ist die Antwort europäischer Konzerne auf den Angriff der Bigtechs aus Übersee. Bei Verimi werden klassische Wettbewerber zu Partnern, ganz so wie die Digitalisierungstheorie es prophezeit: „Frenemies".

Und schließlich prägt mich meine schwäbische Heimat. Regionaltypische Eigenschaften wie Fleiß, Ehrgeiz und Disziplin helfen mir beim lebenslangen Lernen. Reaktionsschnell und beweglich macht mich meine Liebe zum Tischtennis – nicht von ungefähr der Lieblingssport vieler Start-ups.

Meinungen: Können Banken den kulturellen Wandel mit den aktuellen Mitarbeitern und Strukturen schaffen?

Kannibalisieren Sie sich! Oder warum Organisationen mit zwei Geschwindigkeiten bei der Digitalisierung wohl scheitern werden

Die Digitalisierung wird auch die vierte industrielle Revolution genannt. Zum Wesen jeder Revolution gehört, dass sie nicht das Bestehende einfach verbessert, sondern etwas vollständig Neues schafft.

Die Banken, wie andere Industrien auch, sind am Ende eines sehr langen Innovationszyklus‘ angelangt. Sie suchen nun den richtigen Weg, um am Beginn eines neuen Zyklus‘ – in der Digitalisierung, der vierten industriellen Revolution – erfolgreich zu bleiben.

Das Problem: Zu Beginn eines solchen Innovationszyklus‘ braucht ein Unternehmen andere, neue Fähigkeiten und Strukturen, andere Ziele und eine andere Kultur als an dessen Ende. Welche das sind, dazu kommen wir gleich.

Viele Ratgeber empfehlen deshalb, für die Digitalisierung in den Banken zwei Geschwindigkeiten zuzulassen: einen schnellen agilen Teil, der ein neues digitales Geschäftsmodell entwickelt, und einen Teil, der das klassische Bankgeschäft betreibt, wie gewohnt präzise und sicher, aber dafür etwas langsam und schwerfällig. „Two speed organisation“ nennen das die Berater. Klingt plausibel, könnte sich für die Banken aber dennoch als der falsche Weg erweisen. Und am Ende dazu führen, dass ihre digitale Transformation scheitert.

Die Saat des Scheiterns sogenannter two speed organisations ist meiner Meinung nach angelegt im deutlichen Gegensatz der Fähigkeiten, die eine Bank, ein Unternehmen am Ende und am Anfang eines Innovationszyklus‘ braucht. Hier eine Auswahl der sich widersprechenden Anforderungen:

	Klassisch	Neu
	Ende Innovationszyklus	**Beginn Innovationszyklus**
Mindset	Die Dinge richtig machen	Die richtigen Dinge machen
	Perfektion	Innovation
	Fehler vermeiden	Chancen nutzen
Fokus Strategie	Produktbrille + Branchenfokus	Kundenbrille + Erlebnis für den Kunden
	Differenzierung vs. Wettbewerber	Mehrwert durch Partnerschaften
	Singuläre, sichere Wetten	Bündel von Möglichkeiten
Produkt	Reife hoch	Reife gering/MVP
	Weiterentwicklung inkrementell/linear	Weiterentwicklung sprunghaft/exponentiell
KPI Strategie	Kurzfristige Gewinnsteigerung bes. durch Kostensenkung	Nutzergewinnung und langfristiges Wachstum/ neue Märkte
	Aufwand minimieren	Ergebnis maximieren
	Effiziente Allokation interner Ressourcen	Effektives Zusammenspiel externer Partner
	5-Jahresplan	Seed, Series A/B/C/D
Organisation	Funktionen, vertikal organisiert	Team of Teams, horizontal organisiert
	Straffe Führung (command & control)	Vorbild und stark machen (role modeling & empowerment)
	Management	Leadership

Diese Liste gibt schon die notwendige, aber noch keine hinreichende Erklärung, warum sich klassische Unternehmen aller Branchen mit der Digitalisierung schwertun.

Für Finanzdienstleister kommt noch eine schwerwiegende Hürde für Innovationen hinzu: die Finanz- und Bankenkrise. Seit mehr als zehn Jahren optimieren die Banken im Kampf gegen sinkende Erträge und Gewinne ihre Profitabilität. In diesen Jahren haben sie jene Fähigkeiten gestärkt, die in der klassischen Welt – am Ende des Innovationszyklus' – gebraucht werden. Ihre gesamte Organisation ist darauf ausgerichtet, die negativen Folgen der Krise zu bewältigen und in bewährten Bahnen weiter erfolgreich zu wirtschaften. Besonders fatal: Je länger die Krise anhält, desto schneller gehen jene Eigenschaften verloren, die die Banken bräuchten, um in der neuen Welt zu bestehen und in der Digitalisierung Erfolg zu haben.

Eine bittere Mischung – aber eine, mit der nicht nur Banken konfrontiert sind. Auch die Autobranche mit dem Dieselskandal oder die Energieversorger mit dem Ausstieg aus Kernkraft und Kohle haben Krisen, die den Übergang ins digitale Zeitalter massiv behindern.

Was also könnten, nein müssten die Banken jetzt tun? Eine Antwort darauf ist die „two speed organisation": Die Institute, so die Ratgeber, sollen beides tun, also einerseits bestehendes Geschäft rasch und umfassend digitalisieren, und andererseits die Chancen der vierten industriellen Revolution zum Aufbau neuer, digitaler Geschäftsmodelle und Ertragsquellen nutzen. Hier der klassische Bankapparat, der den Cashflow sichert, und dort der innovative Teilbereich, der daran arbeitet, die Zukunft zu erschließen.

Es spricht aber viel dafür, dass dies genau die falsche Antwort für das Dilemma der Bankbranche sein könnte. Meiner Meinung nach wird vielmehr umgekehrt ein Schuh daraus: Was die Finanzinstitute jetzt brauchen, ist eben gerade nicht das EINE Unternehmen mit den ZWEI Geschwindigkeiten, sondern sie müssen sich aufspalten in ZWEI separate Unternehmen mit jeweils EIGENER Geschwindigkeit. Warum?

Erstens braucht es weiter die klassische Bank, die bewährte Produkte und Prozesse konsequent digitalisiert, ordentlichen Cashflow erwirtschaftet und nach den herkömmlichen Maßstäben gesteuert wird. Daran ändert auch die Tatsache nichts, dass es künftig ingesamt deutlich weniger Banken geben wird.

Und zweitens braucht es einen digitalen Angreifer, der unabhängig agiert, in eigener Rechtseinheit firmiert und der sich ganz dem Geschäft im Rahmen des neuen Innovationszyklus' widmet. Idealerweise hat dieser Angreifer externe Partner, die sich mit Technologie auskennen. Er arbeitet schnell und flexibel und durchaus fern vom üblichen Bankgeschäft. Ein Plattformunternehmen, bei dem Kundenzuwachs vor kurzfristiger Profitabilität geht, das grundlegend Neues ausprobiert und bei dem vom vielen Neuen auch einmal etwas scheitern darf.

Die einander entgegenstehenden Anforderungen für das klassische und neue Bankgeschäft „erzwingen" förmlich eine strikte Trennung der beiden Teile, denn...

- ...misst das Management das neue Geschäftsmodell an den Maßstäben des klassischen wie Umsatz, Ertrag oder Eigenkapitalrendite, dann wird das neue Geschäftsmodell nie sein wirkliches Potenzial bei Kundenzuwachs oder künftigen Erträgen entfalten;
- ...im klassischen Unternehmen sind die Arbeitsabläufe perfekt aufeinander abgestimmt und maximal optimiert. Für Ausprobieren, für Experimente ist in diesem engen Korsett kein Platz – zumindest nicht, ohne dass die bewährten Arbeitsabläufe nachhaltig gestört werden;
- ...die Menschen, die im klassischen Unternehmen gut arbeiten, „Nestwärme" finden und sich wohl fühlen, verzweifeln häufig an den neuen Arbeitsformen und gehen verloren. Das gilt mit umgekehrten Vorzeichen übrigens auch für jene Mitarbeiterinnen und Mitarbeiter, die mit neuen Arbeitstechniken gestartet sind – sie empfinden das „Alte" oft als bleiern, als nicht zeitgemäß und einengend;
- ...wegen der strukturellen Unverträglichkeiten tendiert das „Alte" regelmäßig dazu, das „Neue" zu zerstören oder wenigstens zu marginalisieren.

Bei der organisatorischen, finanziellen und mentalen Trennung der klassischen Bank vom digitalen Angreifer muss man entsprechend sauber arbeiten. Ein Beispiel aus einer anderen Industrie macht klar, wo die Grenze zu ziehen wäre:

Wenn etwa die Autoindustrie den Verbrennungsmotor schrittweise durch den Elektromotor ersetzt, kann sich das im Rahmen des klassischen Geschäftsmodells abspielen. Denn letztlich wird immer noch ein Auto geplant, produziert und an Endkunden verkauft – geändert hat sich der Antrieb.

Den Rahmen der herkömmlichen Autofabrik sprengt allerdings eine Mobilitätsplattform, wie sie etwa von Uber oder auch mit

Free Now/Drive Now von BMW und Daimler betrieben wird. Hier geht es um ein ganz neues Geschäftsmodell mit neuer Ertragsquelle. Es ist nicht länger der Unternehmenszweck, ein Auto für den Endkunden zu bauen und zu verkaufen, sondern es geht darum, die Mobilität neuer Zielgruppen von A nach B zu organisieren. Die Autos dafür kann man stellen – wenn sie denn gut sind – aber das ist, wenigstens in der Zukunft, kein Muss. Wenn eine solche Mobilitätplattform von den Ingenieuren betrieben werden müsste, die Diesel- oder auch Elektroaggregate bauen und immer weiter perfektionieren – der Erfolg der Mobilitätsplattform im Markt bliebe mit Sicherheit aus.

Analog zum Beispiel des Elektromotors kann etwa eine digitale Vermögensverwaltung (wie ROBIN der Deutschen Bank) durchaus im Rahmen der klassischen Bank konzipiert, gebaut und vertrieben werden. Zwar sind hier im Wesentlichen ETFs und Algorithmen für den Kunden am Werk, aber im Kern bleibt es eine Vermögensverwaltung wie Banken sie seit Jahrzehnten für private Kunden anbieten.

In ein neues, von der klassischen Bank klar getrenntes Plattform-Unternehmen gehört dann vernünftigerweise ein Open-Banking-Angebot, das sich von der Herstellung eigener Bankprodukte weitgehend löst – in Analogie zur Mobilitätsplattform der Automobilunternehmen. Ein solches Open-Banking-Angebot stellt dem Kunden tatsächlich das beste Angebot zusammen, auch wenn es nicht im eigenen Hause „gebaut" wird. Zu „Open Banking" gehören mobilfähige Angebote, digitales Bezahlen, ein virtueller Safe, Kontoaggregation, also Konten bei unterschiedlichen Banken mit einer App einzusehen und zu steuern, oder auch ein Einlagenmarktplatz, wo man an einem Ort zwischen den Zinsangeboten unterschiedlicher Banken auswählen kann. Dazu gehören dann auch Dienste, die schon über das Bankgeschäft hinausweisen, wie etwa die Anbindung eines externen Vertragsoptimierers oder einer Steuersoftware. Die Produktverantwortlichen in den klassischen Banken, die jahrzehntelang eigene Bankprodukte „gebaut" und vertrieben haben, werden sich wohl nur in seltenen Fällen damit anfreunden können, im Dienste der Kunden auch oder gerade fremde Produkte auf die Plattform zu geben – und seien sie auch noch so gut.

Utopien: Wie können Banken aus eigener Kraft Gewinner der Digitalisierung sein?

Eine Utopie – also eine „Idee ohne reale Grundlage", wie der Duden weiß – habe ich nicht zu bieten. Ich beschäftige mich lieber damit, Ideen Wirklichkeit werden zu lassen. Und ich wage die Prognose, dass im neuen Innovationszyklus gerade die Banken gewinnen werden, die sich strategisch in zwei separate Unternehmen aufteilen und ihren Kunden dann gleichberechtigten Zugang zu ihrem klassischen und ihrem neuen Angebot geben.

Ja, das wäre damit das Plädoyer für die in der Branche so gefürchtete „Kannibalisierung" der beiden getrennten Angebote. Denn nur wer zulässt, dass sich die Kunden unter diesen beiden konkurrierenden Angeboten frei entscheiden können, tut das, was die Bankenbranche immer für sich in Anspruch nimmt: Er stellt den Kunden wirklich in den Mittelpunkt. Und allein das garantiert im Zeitalter der Digitalisierung den Erfolg. Zum Verständnis noch mal der Blick auf die Autobranche: Nur wenn die klassischen Autobauer ihren Kunden auch ihre Mobilitätsplattform unabhängig und gleichberechtigt anbieten, wahren sie in der Digitalisierung ihre Chancen, auch dann auf der Gewinnerseite zu stehen, wenn in der Zukunft der Kauf und Besitz eines Autos zugunsten der zeitweiligen Nutzung von Mobilität ganz in den Hintergrund treten sollte.

Die Antwort auf die Frage nach einer nachhaltigen Digitalisierung der Finanzindustrie und der Schlüssel zum Erfolg in der digitalen Revolution liegen nach meiner Überzeugung also gerade nicht in „two speed organisations" sondern in der strikten Trennung des klassischen Bankgeschäfts und des digitalen Neuen. Oder, um auch hier im Bild der Autoindustrie zu bleiben: Wer ein Auto baut, bei dem die linken Räder schneller und agiler unterwegs sind als die rechten, der darf sich nicht wundern, wenn er am Ende immer im Kreis fährt.

#Futureofbanking
#lovebanking
#nobullshit

» Vertrauen stoppt heute nicht an der Grenze. Will man im digitalen Zeitalter erfolgreich sein, muss man global denken. Branchen wie die Musikindustrie (Spotify) oder Mobility (Uber) und andere haben das in den letzten zehn Jahren vorgemacht. Dieser Trend eröffnet enorme Chancen in der Finanzbranche. «

Valentin Stalf

- ist Mitbegründer und CEO von N26
- baut seit der Gründung im Jahr 2013 N26, die erste globale Bank, die Kunden lieben. N26 hat Banking von Grund auf neu gedacht und ist heute Vorreiter im Digital Banking weltweit. N26 hat über fünf Millionen Kunden in 26 Ländern in Europa und den USA und hat Büros in Berlin, Barcelona, Wien und New York City. N26 beschäftigt heute über 1.400 Mitarbeiter und hat mehr als 600 Millionen Euro Kapital von internationalen Investoren eingesammelt. Heute zählt N26 zu den Top-10-Start-ups in Europa und Top-10-Fintechs weltweit
- ist seit 2018 Mitglied des Universitätsrats an der Wirtschaftsuniversität Wien
- arbeitete vor der Gründung von N26 als Entrepreneur-in-Residence bei Rocket Internet, einem Internet Inkubator mit Hauptsitz in Berlin und Aktivitäten in vielen Ländern
- schloss seinen Bachelor in BWL und Management sowie sein Masterstudium im Rechnungswesen und Finanzen an der Universität St. Gallen ab

VALENTIN STALF

Persönliches: Was war für Sie erfolgsentscheidend, um ein international erfolgreiches Unternehmen aufzubauen?

Die richtigen Talente für das Team zu finden, ein klarer Schwerpunkt auf den Kundenbedürfnissen sowie der Aufbau guter Beziehungen zu Partnern und Stakeholdern, das sind nur einige der wichtigen Faktoren, auf die sich ein erfolgreicher Unternehmer konzentrieren sollte. Für mich lag der Schlüssel zum Erfolg schon immer in der Kombination der richtigen Leute und einem besonderen Schwerpunkt auf den Kundenwünschen.

Mein erster Vollzeitjob nach dem Studium wies mir die Richtung für meine zukünftige Karriere: Statt Beratung oder Investmentbanking, der Aufbau neuer Unternehmen bei Rocket Internet. Ich hatte die Möglichkeit, an mehreren Projekten mitzuarbeiten, einige davon im Bereich Fintech (Paymill und Payeleven) und erhielt dadurch einen ersten Einblick in die Start-up-Welt und ein erstes Gefühl dafür, wie weit die Finanzbranche der Digitalisierung hinterherhinkt. Diese Erfahrung ergänzte sich mit meiner Zeit als Praktikant im Investment Banking und der Beratung. Dort konnte ich kennenlernen, wie in einem dynamischen, aber sehr traditionellen Umfeld gearbeitet wird. Augenöffnend für mich war sicher die Erfahrung mitzuerleben, wie man mit einem herausragenden Team, Kapital und einer Idee innerhalb von wenigen Monaten ein kleines Unternehmen aufbauen kann, die Industrien neu denken und schon nach kurzer Zeit hunderte Mitarbeiter haben und traditionellen Unternehmen ordentlich Konkurrenz machen kann. Apps, Smartphone und die Digitalisierung insgesamt haben es

A. M. Bajorat et al. (Hrsg.), *Köpfe der digitalen Finanzwelt*,
https://doi.org/10.1007/978-3-658-29644-5_2

ermöglicht, sich viel schneller mit den besten Produkten durchzusetzen. Die Barrieren, in Märkte einzutreten, sind deutlich gesunken und die Innovationszyklen deutlich kürzer. Entscheidend ist daher, zu verstehen, wie man ein Unternehmen baut, das fortlaufend digital lernt. Ein wichtiger Einfluss für meine spätere Laufbahn waren meine frühen Erfahrungen mit dem Aufbau von verschiedenen Unternehmen.

Außerdem wurde mir damals klar, wie schwer es Großunternehmen fällt, auf digitale Prozesse umzusteigen. Wer nicht am Puls der Zeit bleibt, fällt sofort zurück. Die Digitalisierung bietet ganz neue Möglichkeiten, insbesondere ist das Smartphone eine tägliche Schnittstelle zum Kunden, die Chance dem Kunden viel näher zu sein als noch vor wenigen Jahren. Aber auch innerhalb des Unternehmens hat die Digitalisierung, insbesondere in den letzten Jahren, Prozesse komplett neu definiert. Ich habe aus erster Hand erfahren, wie man mit digitalen Geschäftsmodellen seinen Kunden rund um die Uhr nah sein kann und diese Nähe in Geschäftsvorteile umsetzt. Zusätzlich wurde mir damals klar, dass die Digitalisierung das beste Produkt gewinnen lässt. Traditionelle Player, die durch die schnelleren Produktinnovationszyklen den Anschluss verlieren, können sich nicht mehr durch bekannte Marken retten. Viele dieser Probleme sind besonders in der Finanzbranche sichtbar geworden, weil der digitale Fortschritt Kundenbedürfnisse und folglich Produkterwartungen noch stärker verändert hat als in anderen Branchen und weil die Umsetzung im Retailbanking besonders langsam voranschreitet.

Das wurde insbesondere in den folgenden Bereichen im Retailbanking sichtbar: Alle Produkte sahen gleich aus (sehr geringe Produktdifferenzierung), Mangel an Transparenz bei Preisen und Angeboten und nicht akzeptable digitale Nutzererfahrungen (viele digitale Prozesse im Banking tragen heute noch die Handschrift einer Zeit ohne Smartphones und Internet). Verstärkt durch den Mangel an global positiv besetzen Marken gab und gibt es noch immer viele unzufriedene Kunden. Weiter waren Banken stärker auf interne Prozesse und Ziele fokussiert als auf die Kundenwünsche. Dafür verantwortlich war das schwierige Umfeld nach der Finanzkrise 2008. Die Zinsen sanken und den Banken fiel es schwer, ihren Umsatz auf dem bisherigen Niveau zu halten. Daher setzten die meisten traditionellen Banken auf Kostenmanagement statt Innovation. Es ist nicht wirklich überraschend, dass sich ihre Produkte kaum verändert haben, da ihnen die Kapazitäten fehlten, um sich der digitalen Transformation zu widmen. Meine ersten beruflichen, gemischt mit den persönlichen Erfahrungen als Kunde haben einen starken Ausschlag für die Gründung eines Unternehmens im Retailbanking gegeben. Dazu kommt, dass Retailbanking eine der größten

Branchen der Welt repräsentiert. Für uns war die Zeit reif, eine Branche neu zu gestalten. Unser Denkansatz: „Nimm ein leeres Blatt und gestalte Retailbanking ohne Restriktionen, so wie es heute sein sollte" – ohne Altlasten, ohne Grenzen, einfach die Wünsche des Kunden in den Mittelpunkt stellen.

Zu unserem späteren Erfolg hat auch beigetragen, dass ich früh sehen konnte, wie wichtig das richtige Team ist und wie es diversen und internationalen Teams gelingt, absolute Top-Resultate zu erzielen. Um Themen neu zu denken und sich über die eigenen Vorurteile oder Gewohnheiten hinwegzusetzen, sind das Team und auch das richtige Umfeld entscheidend. Die langjährige Freundschaft zwischen Maximilian und mir diente als ausgezeichnete Grundlage für die Bildung des richtigen Teams um uns herum, da wir auf Vertrauen und langfristige Beziehungen bauen konnten.

Ich glaube, dass man mit jedem neuen Job, mit jedem neuen Schritt etwas lernt, das einen zum nächsten Ziel führt. Jede Erfahrung, die ich in der Vergangenheit gemacht habe, hat letztendlich zur Gründung von N26 geführt. Alle diese Faktoren setzen aber immer viel harte Arbeit voraus, jeder, der an einer erfolgreichen Gründungsgeschichte mitarbeiten durfte, muss Herausragendes leisten und viel in den möglichen Erfolg investieren. Dieser Erfolg hängt schlussendlich aber nicht nur von der Arbeitsleistung und dem Fleiß ab, diese sind Grundvoraussetzungen ohne die nichts möglich ist. Mindestens genauso wichtig sind der richtige Zeitpunkt und viel Glück auf dem Weg zum Erfolg.

Heute bauen wir Lösungen, die unseren Kunden mehr Freiheit geben und ihnen helfen, die richtigen Entscheidungen zu treffen. Das hat uns von Anfang an angetrieben. Viele sehen die Bankenbranche als stark reglementierten Sektor mit hohen Eintrittsbarrieren. Für uns bot genau das die perfekte Umgebung, um als neues Unternehmen erfolgreich zu sein.

Meinungen: Was braucht man für die erfolgreiche Internationalisierung eines Fintechs und warum scheitern so viele?

Es sind verschiedene Faktoren zusammengekommen, die dafür sorgen, dass Fintechs auf internationaler Ebene florieren und expandieren. Das gilt allerdings auch für viele andere Branchen. Statt auf die Voraussetzungen für eine erfolgreiche Expansion, wie beispielsweise die Marktgröße und die Erfüllung von Kundenwünschen, einzugehen, widmet sich dieser Abschnitt den weicheren Erfolgsfaktoren, die oft nicht beachtet werden.

Talent. Erfolgreiche internationale Expansion erfordert immer internationale Talente und Marktkenntnisse. Um im Ausland erfolgreich zu sein, muss man die Märkte und die Bedürfnisse der Kunden in anderen Ländern wirklich verstehen. Hierzu werden geeignete Talente mit den richtigen Kenntnissen und einer passenden Denkweise benötigt. Der Standort Berlin hat sich für uns als großartiger Standort erwiesen, der uns eine relativ einfache Rekrutierung von internationalen Talenten ermöglicht. Hier ist insbesondere entscheidend, dass es in Berlin schon seit mehr als zehn Jahren größere Internetunternehmen gibt. Dadurch fällt es leichter, die Talente mit der richtigen Erfahrung zu finden. Darüber hinaus hat Berlin eine sehr hohe Lebensqualität und einen internationalen Ruf, der auch in den USA sowie Asien und Australien Strahlkraft hat. Ein attraktiver Standort ist eine Voraussetzung, aber noch wichtiger ist der absolute Fokus des Managements auf Recruiting. Die richtigen Talente anzusprechen und für das eigene, meist noch sehr kleine Start-up zu motivieren, sind entscheidende Punkte, insbesondere in der Anfangsphase. Die ersten 50 Mitarbeiter definieren die nächsten usw.

Regulatorischer Rahmen. Wenn ein neues Produkt auf den Markt gebracht werden soll, geht es darum, möglichst schnell die Markttauglichkeit der Idee zu überprüfen. Das ist natürlich auch bei Produkten im Finanzbereich so. Dies sollte nicht mit theoretischen Studien oder Befragungen passieren, sondern mit einem echten Minimal Viable Product unter möglichst echten Rahmenbedingungen. Das ist für ein Technologie-Start-up nicht neu, gestaltet sich im regulatorischen Bereich allerdings als Herausforderung, die erfolgsentscheidend ist. Die Problematik besteht darin, dass ein MVP ohne Lizenz im regulierten Bereich unmöglich ist. Entweder es wird ein Partner gewählt, der die entsprechenden regulatorischen Voraussetzungen mitbringt, oder die Lizenz wird selbst erworben. Mit einem Partner kann früher gestartet werden und schneller ein Produkt auf den Markt gebracht werden, allerdings gibt es technische Einschränkungen, da die Technologie des Partners als Basis genutzt werden muss. Zusätzlich entstehen eine hohe Abhängigkeit und daraus resultierende Abstimmungsbedarfe mit dem Partner. Dies kann wiederum zu unkalkulierbaren Verzögerungen führen. Es kommt häufig zu einem schlechten Alignment der Risiken und Chancen. Der Partner trägt die regulatorischen Risiken, das neu gegründete Unternehmen hat die Chance auf den Großteil der zukünftigen Erfolge. Im regulatorischen Bereich kommt hinzu, dass viele Partnerunternehmen von Grund auf eher risikoavers sind. Es kommt hier zu einem Konflikt in der Risikobereitschaft bei möglichen Geschäftserfolgen. Entscheidet man sich für eine eigene Lizenz, sind der Zeitaufwand vor Launch eines MVP und das finanzielle Investment in die Lizenz enorm. In beiden Fällen ist das regulatorische Set-up langfristig für die Profitabilität und den Geschäftserfolg ein entscheidender Faktor. Der Besitz des eigenen regulatorischen Rahmens und der damit oft einhergehende Zugang zu den wichtigsten Partnern ist der Schlüssel, um unabhängig, agil und flexibel zu bleiben. Dank seines einheitlichen Regulierungsrahmens stellt Europa einen idealen Ausgangspunkt für Start-ups im Finanzdienstleistungsbereich dar.

Globale Technologieplattform. Schon während der Anfangsphase eines Unternehmens ist es wichtig, an die Skalierbarkeit der Idee zu denken, insbesondere aus technologischer Sicht. Die Entwicklung von Cloud-Diensten hat hier wesentlich dazu beigetragen, schnelles Wachstum und Skalierbarkeit zu vereinfachen und gleichzeitig die Kosten für Infrastruktur und Sicherheit gesenkt. Zusätzlich stellen heute Unternehmen wie Facebook oder Google globale Marketinginstrumente zur Verfügung, die einfach mit den eigenen Systemen integrierbar sind. Verschiedene Marketingkanäle können einfach in vielen Ländern mit einem kleinen Team gesteuert werden. Globale Technologieplattformen haben dadurch die Geschwindigkeit globaler Innovationen vervielfacht.

Denkweise und Vertrauen. Vor 20 Jahren war es deutlich schwieriger, kurzfristig in der Finanzdienstleistungsbranche Vertrauen aufzubauen. Hierfür standen nur traditionelle Methoden zur Verfügung, wie TV und Außenwerbung, die teuer waren. Die tatsächliche Produkterfahrung hat das tatsächliche Image einer Marke und das Vertrauen in diese deutlich weniger beeinflusst als heute. Heute hat sich das grundlegend verändert. Die Produkterfahrung bildet heute den Mittelpunkt erfolgreicher Marken in vielen Branchen. Das Internet hat jede einzelne Kundenerfahrung zu einer Brand-Message gemacht. Global vereinheitlichte App-Stores mit tausenden Bewertungen können heute innerhalb weniger Monate das nötige Vertrauen erzeugen, das früher über Jahrzehnte aufgebaut werden musste. Wie wir Informationen online austauschen und konsumieren hat sich extrem beschleunigt und die Produkterfahrung bildet dabei heute den Kern erfolgreicher Marken. Das Unternehmen kann heute viel schneller Vertrauen aufbauen. Über Jahrzehnte gewachsene Marken sind heute kein Garant mehr für zukünftige Erfolge. Der ultimative Fokus auf die Produkt-Experience ist daher ein entscheidender Erfolgsfaktor für junge Unternehmen.

Ständige Weiterbildung. Um im heutigen internationalen Markt wettbewerbsfähig zu bleiben, müssen sich Unternehmen ständig anpassen und wandeln. Was heute gilt, kann morgen schon Schnee von gestern sein. Innovative Teams und Prozesse zu bauen, die heute noch unbekannte Probleme in Zukunft lösen, sind entscheidend. Grundlage dafür ist ein ständiges Lernen am Kunden: tägliches Feedback aus Daten und Erfahrungen zu bewerten und dadurch die richtigen Entscheidungen für die Zukunft zu treffen. Launch eines Produktes, Feedback, Lernen, Launch einer neuen Version sind ein ständiger Zyklus. Es geht daher nicht darum, was ein Unternehmen heute kann, sondern ob es aus den vorhandenen Produkten und Angeboten die richtigen Learnings gewinnt, um auch in Zukunft seine Marktposition zu verteidigen oder auszubauen.

Ursachen des Misserfolgs und versteckte Chancen.
Im Allgemeinen scheitern Start-ups im Laufe ihrer internationalen Expansion am häufigsten aus diesen drei Gründen:

1– *Zugang zu Venture Capital*
Der Zugang zu neuen Märkten wird durch einen Mangel an verfügbarem Kapital eingeschränkt. Das Venture-Capital-Segment ist insbesondere in Europa noch unausgereift und verglichen mit dem gesamten Volumen des Kapitalmarkts winzig. Zusätzlich ist das verfügbare Kapital global nicht ausgewogen verteilt, sondern stark in den USA und China zentriert.[1]

2– *Engpass an Talenten*
Es gibt global nur eine Handvoll Unternehmen, die erfolgreich digitale Geschäftsmodelle globalisiert haben. Die meisten von diesen haben dies erst in den letzten Jahren geschafft. Das führt automatisch dazu, dass es nur eine geringe absolute Zahl an Talenten mit den Erfahrungen gibt, die benötigt werden. Oft ist der Standort daher ein wichtiger Faktor. Dort wo Unternehmen erfolgreich waren, ist das entsprechende Talent vorhanden. Viele Teams sind daher durch ihren Standort eingeschränkt und können nicht die entscheidenden Talente gewinnen.

3– *Zu kleine Vision*
Die in Europa nur vereinzelt vorhandenen „Vorbilder" an Talenten und Unternehmen sowie die fehlende Erfahrung führen oft zu zu kleinen Visionen. Hierdurch verpassen Unternehmen wichtige Chancen und sind häufig global hinterher.

Internationale Investoren an Bord zu holen, ist entscheidend für einen Mentalitätswechsel und den Aufbau eines internationalen Unternehmens mit globalem Potenzial. Dadurch wird der internationale Blick auf Chancen geschärft und zusätzlich Erfahrung aus dem Ausland genutzt.

Die Hauptherausforderung als Führungskraft liegt darin, all diese Forderungen, Bedürfnisse und komplexen Sachverhalte unter einen Hut zu bringen, sowie sich auf strategische Art und Weise auf das Geschäft und die Wachstumsaktivitäten zu konzentrieren.

Utopien: Werden wir durch die Digitalisierung und den Einstieg internationaler Investoren in Zukunft nur noch große Global Player sehen?

Nein! Alles in unserem Leben wird auf globaler Ebene immer weiter vernetzt: unsere Kommunikation, unsere Wirtschaft, unsere Kapitalmärkte, unsere Kunden und unsere Unternehmen. Daher ist es nicht überraschend, dass es in Zukunft in jeder Branche mehr Global Player geben wird. Allerdings fangen die meisten Global Player klein und regional an, um ihr Geschäftsmodell zu testen, bevor sie mit einer internationalen Expansion beginnen. Heute ist der beste Zeitpunkt, ein neues Unternehmen zu starten. Das Internet und die sozialen Medien und die weitgehend vereinheitlichten Endgeräte und Betriebssysteme haben beste Voraussetzungen geschaffen, um mit neuen Produkten die Welt zu erobern. Die Kosten, um ein Unternehmen zu starten, sind heute so gering wie noch nie. Trotz der geringen Kosten sind die Investitionen in Technologie in Europa historisch hoch.

Auch wenn heute viele Bereiche von Global Playern wie Apple, Google, Facebook, Tencent, Alibaba oder Netflix dominiert werden, gibt es noch riesige Industrien, in denen die Digitalisierung noch unendliche Chancen bietet. Der Umstand, dass es alle genannten Unternehmen vor 20 Jahren noch nicht gegeben hat, spiegelt die Dynamik und die sich rasch ändernden Kundenwünsche wieder. Wenn die Disruption der letzten Jahre sich in den nächsten Jahren noch beschleunigt, werden sich noch viele Chancen ergeben, mit denen auch die heute globalen Player erst mithalten müssen. Klar, die digitale Wirtschaft schafft häufig große, globale Marktführer, aber es werden in den nächsten Jahrzehnten noch viele mehr entstehen.

Wir werden in den kommenden Jahren eine erhebliche Verschiebung der Marktanteile in allen großen Branchen sehen. Das wird auch deutlich, wenn wir uns den heutigen Stand der Marktkapitalisierung traditioneller im Vergleich zu modernen Unternehmen und Start-ups anschauen. Allgemein zeigt der Trend der neuen Wirtschaft, dass die Unternehmen mit den besten Produkten von einem sehr großen Marktanteil profitieren. Die kommenden Marktverschiebungen werden dazu führen, dass die großen Player kleiner werden und andere um ein Vielfaches wachsen. Das bedeutet nicht, dass traditionelle Unternehmen nicht mehr erfolgreich sein werden oder können. Allerdings werden alle Unternehmen, die Digitalisierung nicht zum Kern ihres Daseins machen, letztendlich scheitern, unabhängig vom Kapital und dem derzeitigen Marktanteil.

In der Finanzbranche steht dieser Wandel erst ganz am Anfang. Die meisten Bereiche sind heute noch weitgehend undigitalisiert. Oft ist die Lead Generation – also der Gewinn des Kunden – digital. Allerdings sind die Prozesse dahinter papierhaft, bestehen aus unterschiedlichsten Datenstrukturen und sind wenig automatisiert. Wer schließt heute schon seinen Immobilienkredit komplett digital ab? Vielleicht wird der Preisvergleich noch online durchgeführt. Maximal werden noch die ersten Daten des möglichen Kunden digital erfasst und ein indikatives Angebot abgegeben. Der digitale Abschluss ist allerdings noch Zukunftsmusik. Dieses Beispiel ist beliebig auf die meisten Finanzprodukte übertragbar. Es besteht daher noch enormes Potenzial, mit neuen Modellen bestehende Bedürfnisse um den Faktor 10 besser zu befriedigen und darauf basierend erfolgreiche Unternehmen zu bauen.

Wir werden im Finanzbereich in Zukunft zwei erfolgversprechende Modelle sehen. Die einen, die im traditionellen Bankgeschäft mit großen Büchern zu geringen Kosten Kapital zur Verfügung stellen, und diejenigen, die die Kundenbeziehung besitzen. Dazwischen wird es hybride Player geben, die das Bilanzgeschäft allerdings nur als Nebenbusiness betreiben, um das Kapital aus der Kundenbeziehung nicht komplett brachliegen zu lassen. Schlussendlich ist es egal, wer das Kapital zur Verfügung stellt, die Frage ist: „Welche App öffnet der Kunde, um seine finanziellen Entscheidungen zu treffen?" Dort wo das geschieht, liegen der größte Wert und der Garant für eine langfristige, nachhaltige Kundenbeziehung.

Wer „digital" zum Kernfokus erklärt, wird die Zukunft mitgestalten, wer dies verschläft wird zur Randerscheinung.

1 https://de.statista.com/statistik/daten/studie/960225/umfrage/volumen-der-weltweiten-venture-capital-investitionen-nach-regionen/

#agile
#digitalisierung
#banken

» Erfolgreich in der digitalen Welt werden diejenigen Anbieter sein, denen es gelingt, ein ‚lernendes System' zu schaffen, das den reibungslosen und engmaschigen Austausch mit der Welt der Kunden und ihrer Bedürfnisse sicherstellt. Das Zauberwort dafür heißt Agilität – nicht nur bei den Strukturen, sondern in der gesamten Unternehmensphilosophie. «

Laura Wirtz

- ist seit November 2017 Head of Strategy & Business Development der ING in Deutschland
- hat 15 Jahre Erfahrung im Bankensektor, tiefgehende Expertise im Privatkunden- und Firmenkundengeschäft
- ist verantwortlich für die Entwicklung und Umsetzung strategischer Initiativen einschließlich der agilen Transformation der Bank

LAURA WIRTZ

Persönliches: Die Strategie, einer der innovativsten Banken in Deutschland zu verantworten, ist eine große Aufgabe. Wie ist es zu Ihrer Begeisterung gekommen, das Banking von morgen zu gestalten?

Die ING ist seit vielen Jahren meine berufliche Heimat. Eigentlich habe ich hier so gut wie mein gesamtes Berufsleben verbracht. In dieser Zeit hat sich das Haus immer wieder gewandelt und an neue Entwicklungen angepasst. Die Bereitschaft und Fähigkeit, neue Herausforderungen grundsätzlich positiv zu sehen und als Chance zu betrachten, hat mich immer schon beeindruckt. Diese Mentalität ist einer der Hauptgründe, warum ich der ING immer treu geblieben bin.

Die Begeisterung für diese grundsätzliche Philosophie der ING verbindet sich bei mir mit einer ganz persönlichen Affinität für das „Banking von morgen", die mit meiner früheren Tätigkeit zu tun hat. In meinen ersten Jahren bei der ING war ich nämlich im Wholesale Banking beschäftigt. Dort habe ich sehr früh erlebt, welchen Veränderungsdruck, aber auch welche Gestaltungsspielräume die Digitalisierung für den Finanzsektor eröffnet. Dieses Disruptionspotenzial wurde vor allem spürbar in den Bereichen Payments und Cash Management. Unsere Kunden sind hier zu Recht mit hohen Erwartungen an uns herangetreten, und

A. M. Bajorat et al. (Hrsg.), *Köpfe der digitalen Finanzwelt*,
https://doi.org/10.1007/978-3-658-29644-5_3

alle im Firmenkundengeschäft tätigen Banken standen unter großem Innovationsdruck, innerhalb kurzer Zeit hochqualitative digitale Lösungen zu entwickeln.

Die Kunden wussten dabei genau, was sie von uns forderten, denn sie selber standen vor der Herausforderung, leistungsfähige digitale Lösungen im eigenen Haus zu entwickeln, um im Wettbewerb zu bestehen. Ich fand und finde es noch immer faszinierend, sich mit den Kunden zu vernetzen und gemeinsam mit ihnen Lösungen zu entwickeln, die weit über das Bestehende hinausgehen. Das war eine ganz neue Art von Arbeiten. Die Digitalisierung hat sich hier als echter „Game Changer" erwiesen, und die Erfahrungen, die ich in dieser Zeit gemacht habe, sind für mich auch heute noch immer sehr wertvoll. Die wichtigste Lehre lautet: „Change is the new normal". Digitalisierung verändert (fast) alles, aber der eigentliche Paradigmenwechsel besteht wohl darin, dass sich kein Unternehmen, keine Bank, so erfolgreich sie bisher sein mag, auf ihren Lorbeeren ausruhen kann. Das eigene Geschäftsmodell und die Wettbewerbsfähigkeit müssen stattdessen täglich neu bestätigt werden, denn die Mitbewerber sind für die Kunden nur einen Mausklick entfernt. Diese Aufgabe, sich immer wieder herauszufordern, immer wieder zu fragen „Wo können wir noch besser werden" motiviert mich jeden Tag aufs Neue.

Meinungen: Es gibt nahezu keine Bank, bei der die Agilität keine Rolle spielt. Wie schätzen Sie den Reifegrad der deutschen Banken bei dem Thema Agilität ein und warum haben Sie sich entschieden, Ihre kompletten Strukturen anzupassen?

Es gibt wohl kaum noch eine Bank in Deutschland, die nicht verstanden hätte, dass das digitale Zeitalter Veränderungen verlangt. Welche Änderungen das allerdings sind, wie weit sie gehen sollten, dazu gibt es sehr unterschiedliche Vorstellungen und Ausprägungen. Und allzu oft greifen diese viel zu kurz. Viele Häuser begreifen den digitalen Wandel in erster Linie oder sogar ausschließlich als technischen Prozess, als eine Toolbox neuer Instrumente und Kommunikationskanäle zur Steigerung von Effizienz. Was für ein Irrtum!

Denn Digitalisierung bedeutet zwar auch, die Strukturen und Arbeitsprozesse anzupassen und effizienter zu werden. Vor allem aber steht „Digitaler Wandel" als Chiffre für ein umfassend neu ausgerichtetes Mindset. Um einen bekannten Marketing-Slogan aus dem Automobilbereich aufzugreifen: Notwendig ist ein „Umparken im Kopf". In diesem Sinne bedeutet Digitalisierung vor allem Nähe zum Kunden und Geschwindigkeit. Beides ist untrennbar miteinander verbunden. Denn entscheidend im digitalen Zeitalter ist die Convenience. Kunden möchten am liebsten über ihr Smartphone innerhalb von Sekunden ihre gewünschten Dienstleistungen erhalten. Und ihre Bedürfnisse wandeln sich schnell. Mit dieser Dynamik Schritt zu halten, funktioniert nur, wenn konsequent vom Kunden aus gedacht und gehandelt wird. Schnelligkeit wird zum Wettbewerbsfaktor.

Genau in dieser Kombination aus Nähe zum Kunden und permanenter, kurzfristig umsetzbarer Innovationsfähigkeit liegt das Erfolgsgeheimnis der GAFAs, also der Bigtechs wie Google, Amazon, Facebook oder Apple.

Und damit sind wir bei einer der größten Herausforderungen für die deutschen Banken, die sie durch ihr zögerliches Agieren zumindest zum Teil selber heraufbeschworen haben.
Die GAFA-Unternehmen wissen genau, dass sie im deutschen Bankensektor nach wie vor viele digitale Brachlandschaften vorfinden, die nur darauf warten, beackert zu werden. Und da bei zahlreichen alteingesessenen Kreditinstituten nach wie vor keine große Bewegung zu erkennen ist, öffnet sich die Schere zwischen dem Bankensektor und den Bigtechs immer mehr. Das Ergebnis: Google, Amazon & Co. geben das Tempo vor, setzen die entscheidenden Impulse und machen sich unentbehrlich. Die meisten deutschen Institute sitzen schon längst nicht mehr im „Driver Seat". Apple Pay ist dafür ein eindrückliches aktuelles Beispiel. Bill Gates scheint mit seiner vielzitierten Aussage „Banking is necessary, banks are not" leider gerade in Deutschland eine ausgeprägte Aktualität zu besitzen.

Natürlich ist die Technologie der eigentliche Treiber der gesamten digitalen Umwälzung, die wir erleben. Denn erst durch neue technische Angebote haben Kunden erfahren, was alles möglich ist – und wollen das von ihrem Finanzdienstleister alles im gleichen Tempo bekommen, wie sie es von Amazon oder Apple gewohnt sind.

Die Technik allein ist allerdings kaum etwas wert. Und das ist wörtlich zu verstehen. Eine Blockchain „bauen" zu können, ist eine tolle Sache. Einen wirklichen Wertschöpfungsbeitrag zum Bankgeschäft kann die Blockchain aber erst leisten, wenn sie sinnvoll auf die Kundenbedürfnisse ausgerichtet wird. Dieses Postulat gilt für alle Algorithmen und Apps, die programmiert werden. Das Zauberwort dafür heißt Vernetzung: Eine Technologie wird erst durch bankinterne Vernetzung aller relevanten Teile der Wertschöpfungskette stark. Hier schließt sich der Kreis: Agile Prozesse, die auf permanenten Austausch angelegt sind, bieten dafür die besten Potenziale.

Daher sind wir bei der ING davon überzeugt, dass es eines grundlegenden Wandels der Organisationsstrukturen bedarf, um als Anbieter von Finanzdienstleistungen künftig erfolgreich zu sein. Erfolgreich wird derjenige Anbieter sein, dem es gelingt, ein „lernendes System" zu schaffen, das den reibungslosen Austausch mit der Welt der Kunden und ihrer Bedürfnisse sicherstellt. Erfolgsentscheidend sind vor allem ein deutlich zügigerer Time-to-Market und Time-to-Volume bei Produkten. Das funktioniert nur, wenn sämtliche Organisationseinheiten agil arbeiten. Denn „ein bisschen" agil geht nicht.

Utopien: Wie werden sich Ihrer Meinung nach die Strukturen des deutschen Bankenmarktes langfristig entwickeln? Gibt es aus Ihrer Sicht eine Zukunft für Modelle wie Verbund- und Gremienstrukturen?

Die deutschen Banken stehen vor gemeinsamen Herausforderungen, und sie werden nur dann in der Lage sein, diesen Herausforderungen wirksam zu begegnen, wenn sie sich untereinander stärker vernetzen. Jedes einzelne Haus muss seinen eigenen Weg finden, wie es sein Geschäftsmodell auf den digitalen Wandel ausrichtet und welches Ziel und welche Vision damit verfolgt werden sollen. Eine zu enge Verschmelzung kann hingegen gesellschaftspolitisch kaum wünschenswert sein. Wenn sämtliche Player ihre Eigenständigkeit soweit aufgeben, dass am Ende nur noch ein großes Ökosystem steht, hätten wir chinesische Verhältnisse. In der Volksrepublik sind Verbraucher ohne das zentrale Ökosystem von WeChat eigentlich gar nicht mehr handlungsfähig. Das kann und darf nicht das Ziel sein.

Umgekehrt darf es aber auch keine Zersplitterung geben. Es ist möglich und sogar dringend notwendig, dass die Banken in Deutschland in bestimmten Bereichen kooperieren und gemeinsame Antworten auf die großen Fragen der Zeit finden. Im Kern geht es dabei darum, wie Kreditinstitute ihren gesellschaftlichen und volkswirtschaftlichen Auftrag, den sie in unserem freiheitlich-demokratischen Gemeinwesen haben, unter den Rahmenbedingungen der Digitalisierung auch in Zukunft erfüllen können. Dafür wäre vor allem deutlich mehr Transparenz notwendig, Transparenz vor allem im Hinblick auf die Wertschöpfung. Kaum ein Verbraucher könnte vermutlich die Frage beantworten, womit Google oder Apple eigentlich ihr Geld verdienen. Aber genau diese Frage stellt sich: Warum sollte Apple sein Apple Pay-Angebot einrichten, wenn das Unternehmen davon nicht irgendeinen Nutzen hat? Könnten das Daten sein, die der Kunde von sich preisgibt? Können solche Fragen nicht hinreichend geklärt werden, ist der Grundstein für die finanzielle Unmündigkeit von Verbrauchern bereits gelegt. Die Banken haben hier einen gesellschaftlichen Bildungsauftrag gegenüber der Bevölkerung. Ihre Verpflichtung besteht darin, Menschen zu befähigen, ihre finanziellen Angelegenheiten selbständig zu regeln.

Dieser Aufgabe kommen aber leider längst nicht alle Häuser nach. Das ist mehr als bedauerlich, denn eine solche gemeinsame Transparenzoffensive der deutschen Banken könnte ihre Position gegenüber den GAFAs deutlich stärken.

Und das wäre dringend notwendig. Denn ein starker deutscher Bankensektor ist gesellschaftspolitisch wünschenswert und volkswirtschaftlich notwendig.

#gesellschaftlicheRelevanz
#Gründungsgedanke
#FinanzielleGesundheitunsererKunden

» Sparkassen müssen sich auf ihren Unternehmenszweck fokussieren und Financial-Health Companies werden, um nicht von den digitalen Ökosystemen verdrängt zu werden und gesellschaftlich relevant zu bleiben. Wir sind zweckorientierte Institutionen und nicht produktgetriebene Banken. «

Dr. Peter Bosek

- ist CEO der Erste Bank Österreich
- ist Chief Retail Officer der Erste Group
- ist für „George", die Onlinebankingplattform der Erste Group, zuständig
- ist Universitätsrat der Sigmund-Freud Universität und Mitglied diverser Aufsichtsräte
- studierte Jus in Wien und war Universitätsassistent im Bereich des Verfassungsrechts

DR. PETER BOSEK

Persönliches: Sie haben schon viel in der Bankenbranche gesehen und erlebt. Welches Mindset fehlt heute vielen etablierten Bankern?

Etablierten Bankern fehlt manchmal die Leidenschaft für den Blick nach „außen", kombiniert mit einer überhöhten Wahrnehmung der eigenen Wichtigkeit ist das dann oftmals keine gute Mischung. Es ist für mich nicht nur notwendig, sondern auch sehr inspirierend, hochgradig daran interessiert zu sein, wie sich die Welt weiter entwickelt. Nur, wenn wir verstehen, was gesellschaftlich, politisch, kulturell und natürlich wirtschaftlich vor sich geht, gelingt es, gesellschaftlich relevant zu bleiben. Viele etablierte Banker sind sehr wirtschaftlich orientiert, aber vernachlässigen andere Bereiche. Und ohne Interesse an Technologie ist es heute nicht mehr möglich, Finanzdienstleistungsunternehmen zu führen.

Ein Gefühl für die weltweiten Entwicklungen ist für mich die Grundlage für Innovation. Europäisches Banking war sehr lange vom Blick in den Rückspiegel geprägt, statt nach vorne gerichtet zu sein. Ein offenes Mindset kombiniert mit Servant Leadership ermöglicht es ein Umfeld zu schaffen, das die Voraussetzungen in sich trägt, Innovation zu fördern. Das ist eine meiner tiefen Überzeugungen, die ich durch die Arbeit in unserer Gruppe in den letzten 23 Jahren gewinnen durfte.

A. M. Bajorat et al. (Hrsg.), *Köpfe der digitalen Finanzwelt*,
https://doi.org/10.1007/978-3-658-29644-5_4

Ich hatte und habe das Glück, in meinem beruflichen Umfeld immer Menschen um mich zu haben, von denen ich lernen kann, die selbst international tätig sind und mich inspirieren. Andreas Treichl als Mentor meiner bisherigen beruflichen Karriere hat dabei eine ganz wesentliche Rolle gespielt. Ich achte immer darauf, diverse Teams zu haben, weil ich ein Umfeld benötige, das meine Meinung challengt und nicht einfach gut findet, was ich vertrete. Nur so ist Weiterentwicklung möglich.

Ich habe schon während der Finanzkrise sehr klar gesehen, dass massive Veränderungen notwendig sind, um danach als Finanzdienstleister relevant zu sein. Während wir als Branche in einer Ausnahmesituation waren, hat die Welt begonnen sich massiv zu digitalisieren. Anfang 2007 hat das iPhone das Licht der Welt erblickt, Hadoop hat Big Data ermöglicht und Git-Hub wurde gegründet, Facebook trat seinen Siegeszug an und Google brachte Android auf den Markt. Amazon brachte den Kindle ins Spiel und IBM ging mit Watson an den Start, während Intel Mikrochips auf eine neue Ebene gebracht hat. Diese Entwicklungen haben es sehr bewusst gemacht, dass wir vor einem digitalen Tsunami standen und es notwendig war, drauf Antworten zu entwickeln. Nach einiger Zeit war erkennbar, dass da unterschiedliche Entwicklungsstränge Kräfte entfaltet haben, die unumkehrbar waren. Wir haben Ende 2012 begonnen, digitale Innovation als Teil unseres Geschäftsmodelles zu integrieren. Wir haben heute (Dezember 2019) mehr als fünf Millionen Kunden (nicht User!) auf unserer George-Plattform und sind im Moment die größte paneuropäische Bankenplattform. Das habe ich meinem Team zu verdanken, dem Vertrauen unserer Kunden und der Kultur in unserem Unternehmen, die solche Entwicklungen nicht nur zulässt, sondern fördert.

Meinungen: Welche Überlegungen stehen hinter digitalen Ökosystemen und warum ist das Thema gerade jetzt so im Fokus?

Digitale Ökosysteme haben sich in den letzten zehn Jahren schrittweise entwickelt. Im Kern geht es darum, eine möglichst hohe Useranzahl zu generieren. Netzwerkeffekte führen dazu, dass die Useranzahl immer weiter steigt. Je mehr User Facebook hat, umso mehr User können in Kontakt kommen. Je mehr Suchanfragen an Google gerichtet werden, umso besser wird die Treffsicherheit der Antworten. Im Bereich der Digitalisierung ist der First Mover Effekt von enormer Bedeutung. Facebook als Social-Media-Plattform oder Google als Suchmaschine Konkurrenz zu machen ist heute nahezu unmöglich, da das nicht nur sehr kapitalintensiv wäre, sondern eine Me-too Strategie im digitalen Bereich nicht funktioniert.

Digitalisierung ist Skalierung. Die Datensets dieser User stellen in einer datengetriebenen Ökonomie einen entsprechenden Wert dar und werden von den digitalen Ökosystemen auf die unterschiedlichsten Arten monetarisiert. Sehr oft geht es dabei darum, Verkaufsaktivitäten für Unternehmen zielgerichteter steuern zu können. Facebook und Google sind in diesem Bereich extrem weit vorne und sehr stark positioniert, was an den Werbeeinnahmen in der jeweiligen P&L abzulesen ist.

Die Userdaten werden aber nicht nur wirtschaftlich verwertet, sondern auch dazu genutzt, die Ökosystemen weiter zu entwickeln. Die Convenience wird laufend verbessert und schafft für andere Lebensbereiche veränderte Erwartungshaltungen. In Zeiten von Facebook, Amazon & Co. erwarten sich Konsumenten auch von ihren Banken einen komplett anderen digitalen Zugang, der sich nur aufgrund anderer regulatorischer Rahmenbedingungen etwas von den Techcompanies unterscheiden darf. Die Zeiten, in denen Kunden bereit waren eine komplizierte Customer Journey zu akzeptieren, sind vorbei.

Diese Veränderung im Kundenverhalten trifft dabei oft auf komplizierte IT-Systeme von Banken, die der Vergangenheit geschuldet sind, da in der Finanzdienstleistung zu lange zu wenig Augenmerk auf technologische Entwicklungen gelegt worden ist. Die IT-Einheiten waren in der Regel nicht besonders im Zentrum des Interesses. Dies hat dazu geführt, dass eine Zeit lang Fintechs sehr gehypt waren, die Banken zuerst disruptieren danach aber kooperieren wollten, da vielen dieser jungen Unternehmen allein keine Skalierung gelang und das Vertrauensthema im Bereich der Finanzdienstleistung von besonders hoher Bedeutung ist. Aus heutiger Sicht gibt es einige Fintechs, wie zum Beispiel N26 oder Revolut, die es geschafft haben, die notwendige Skalierung zu erreichen. Dies ist deswegen erwähnenswert, weil im Bereich des digitalen Bankings kaum Netzwerkeffekte existieren, da es für Kunden unerheblich ist, wie viele andere Kunden die gleiche Onlinelösung verwenden. Profitabilität ist bei diesen Unternehmen jedoch kein Kriterium. Trotzdem ist es diesen wenigen erfolgreichen Fintechs gelungen, außergewöhnlich hohe Bewertungen bei ihren Kapitalrunden zustande zu bringen. Dies zeigt deutlich den unterschiedlichen Zugang in der Bewertung von Venture Capital Fonds im Vergleich zu den öffentlichen Börsen. Wenn N26 etwas für ihre Konten verlangen würde, würden sie im Wert verlieren, wenn die Erste Group nichts mehr für Girokonten verlangen würde, würde sie an Wert verlieren. Es bleibt abzuwarten, wie sich die Bewertungen entwickeln, wenn eines der ersten Fintechs den Gang an die Börse sucht. Zum aktuellen Zeitpunkt (Dezember 2019) sind vermutlich europäische Bankenaktien eher unterbewertet und Venture Capital Fonds weisen relativ hohen Veranlagungsdruck auf. Diese gegenläufigen Trends könnten die Unterschiede in der Bewertung von Fintechs und sogenannten traditionellen Banken erklären.

Daneben gibt es aber bis jetzt kaum erfolgreiche Beispiele in Europa für die Zusammenarbeit von traditionellen Banken und Fintechs.

Der Grund, warum das Thema der digitalen Ökosysteme in der jüngeren Vergangenheit so aktuell geworden ist, liegt daran, dass es die Ebene der politischen Diskussion erreicht hat. Der Facebook-Cambridge-Analytica-Datenskandal hat im Jahr 2018 Politik selbst zum „Betroffenen" gemacht, nachdem Userdaten von Facebookprofilen von Millionen Menschen ohne deren Zustimmung zu politischen Werbezwecken eingesetzt wurden. Damit ist das unfassbare Potenzial, das solche Plattformen haben, auch in den Blickpunkt der politischen Debatte gerückt. Dies ist insofern überraschend, als Social-Media-Kampagnen bereits beim Wahlkampf von Barack Obama zum Einsatz kamen. Was damals als beispielgebend in der politischen Kommunikation erachtet wurde, hat sich Jahre später in ein Reputationsrisiko verwandelt. Die wesentliche Veränderung, die dazu geführt hat, ist eine Veränderung in der Einstellung zum Thema Daten generell. Viele Datenlücken haben weltweit Konsumenten ihre Haltung verändern lassen und Datenschutz hat massiv an Bedeutung zugenommen. Europa hatte da ohnehin immer ein anderes Verständnis als der angloamerikanische oder asiatische Raum. Es ist keine Überraschung, dass die wesentlichsten Entwicklungen der datengetriebenen Ökonomie nicht in Europa entstanden sind. Das hat nicht nur mit einem Mangel an Kapitalmärkten oder zu wenig Mut zur Innovation zu tun, sondern auch mit einem anderen kulturellen Kontext, der sich im Bereich des Datenschutzes auch in einem strengeren Rechtsrahmen niederschlägt. Mehrere Entscheidungen des EuGH haben das sehr transparent gemacht. Diese Entwicklung ist für Banken von absoluter Wichtigkeit, da sie ein wesentliches Abgrenzungskriterium zu digitalen Ökosystemen darstellt. Der vertrauenswürdige und sichere Umgang mit Kundendaten ist ein Kernelement des Bankgeschäftes und hat eine sehr lange Tradition. Dies kann einer der wesentlichen Wettbewerbsvorteile in der Zukunft werden.

Der Vorsprung, den digitale Ökosystemen am Markt haben, ist dermaßen extrem, dass weltweit immer wieder diskutiert wird, diese Unternehmen zu zerschlagen oder in ihrem Wirkungsbereich zu limitieren.

Die Idee von Facebook, in Kooperation mit anderen Unternehmen mit Libra eine digitale Währung einzuführen, hat weltweit noch einmal zu einem Weckruf geführt. Sollte Libra in der derzeit vorgesehenen Form auf den Markt gebracht werden, stellt sie das System der Zentralbanken in Frage und hat daher nunmehr die Aufmerksamkeit der Regulatorik und Politik erregt. Die Auswirkungen auf den Paymentbereich von Banken wäre dazu im Vergleich nur ein geringer Nebeneffekt. Dieses Beispiel zeigt sehr gut, welchen Einfluss die digitalen Ökosysteme haben, und dass die nächsten zwei bis drei Jahre in diesem Bereich entscheidende Weichenstellungen mit sich bringen werden, die auch das Geschäftsmodell von Banken verändern werden.

Utopien: Werden Banken die Ökosysteme der Zukunft stellen oder andere Player wie Google oder Amazon?

Es war schon länger klar, dass die größeren Bedrohungen für das Geschäftsmodell von Banken von Amazon & Co. ausgehen und nicht aus dem Fintech-Bereich kommen werden. Fintechs sind Softwareunternehmen mit hervorragenden Entwicklern, aber ein Gratisgirokonto einer Onlinebank ist per se noch keine Innovation. Die digitalen Ökosysteme sind hingegen eine Geschäftsmodellinnovation und daher von sehr hoher Relevanz. In näherer Zukunft wird keine der großen Techcompanies eine vollständige Bankfunktion ausüben wollen. In dem für deren Geschäftsmodell sehr wesentlichen Paymentbereich sind sie allerdings bereits seit längerem sehr aktiv. Zum Beispiel Amazon Pay oder Alipay haben da absolut neue Maßstäbe gesetzt. Der Paymentbereich ist die strategische Grundvoraussetzung, dass Banken ihren Grundauftrag der Beratung gegenüber ihren Kunden erfüllen können. Daher ist es dringend notwendig, das eigene Geschäftsmodell zu schärfen.

Die zuvor erwähnte Entwicklung im Bereich Datenschutz, die durch die GDPR noch einmal verstärkt worden ist, stellt einen sehr wesentlichen strategischen Vorteil für die Kreditwirtschaft dar. Daher muss sich die ganze Industrie dieses Vorteils bewusst werden und europäische Banken müssen noch viel mehr in digitale Sicherheit investieren, als sie das ohnehin schon in der Vergangenheit getan haben. Aber nicht nur die digitale Sicherheit in technischer Hinsicht muss im Fokus stehen, sondern der generelle vertrauliche Umgang mit Daten der Kunden muss noch mehr betont werden. Banken haben Kunden und keine User. Die Daten von Bankkunden stehen nur ihnen selbst zur Verfügung und dürfen nie mit Dritten monetarisiert werden. Das wird zweifellos ein ganz wesentliches Alleinstellungsmerkmal in den nächsten Jahren.

Sparkassen sind europaweit gegründet worden, um die Region, in der sie tätig sind, dabei zu unterstützen Wohlstand zu generieren. Diese Funktion ist gesellschaftspolitisch notwendiger denn je und wird gesichert nicht von digitalen Öksystemen übernommen werden. Dort steht eher Steuervermeidung in Europa auf dem Plan.

Die Verantwortung die Geschäftsmodelle zu schärfen, indem man sich am Gründungsgedanken orientiert, liegt bei den Vorständen und Aufsichtsräten aller europäischen Sparkassen. Es ist notwendig, einen digitalen Zugang für Kunden zu ermöglichen, der den heutigen Erwartungen entspricht, die durch die digitalen Ökosystemen geprägt werden. Es wird jedoch immer den Bedarf an persönlicher Beratung geben und genau diese Kombination ist notwendig, um den Gründungsauftrag zu erfüllen. Sparkassen haben den strategischen Vorteil, einen Gründungszweck zu haben, der im Privatkundengeschäft darin besteht, die finanzielle Gesundheit unserer Kunden zu unterstützen. Die finanzielle Gesundheit ist nach der physischen Gesundheit die zweitwichtigste Sache für unsere Kunden, da sie die mentale Gesundheit sehr stark beeinflusst. Es wird in den nächsten Jahren darum gehen, hochqualitative Beratung in Ergänzung mit digitalen Lösungen, die State of the Art sind, anzubieten. Nur wenn ein relevanter Mehrwert geschaffen wird, besteht eine sehr gute Chance, die digitalen Ökosystemen nicht zu sehr in das Feld der Banken eindringen zu lassen.

#Entrepreneurship
#Ökosysstem
#Execution

» Am Ende wird nicht die beste Bank das Rennen machen, sondern der Anbieter, der anhand seiner technologischen und regulatorischen Reife den Kunden den besten Service bieten kann. «

Ramin Niroumand
- ist Geschäftsführer und Gründer von finleap, Europas führendem Fintech Ökosystem, und Geschäftsführer von finleap connect
- ist Teil des Aufsichtsrates der solarisBank
- war als Innovation Manager bei der Deutschen Kreditbank (DKB) verantwortlich für den Aufbau von digitalen Innovationen
- wurde mit 24 Jahren zum jüngsten Senior Consultant bei Deloitte
- schloss sein Studium als B.Sc. in Wirtschaftsinformatik ab
- wurde vom Forbes Magazin zu den Top „30unter30" Gestaltern der europäischen Finanzszene gewählt
- wurde vom Capital Magazin in die „Junge Elite – top 40 under 40" in 2016 und 2017 gewählt

RAMIN NIROUMAND

Persönliches: Ihre Familie ist geprägt von Unternehmern. Macht Ihnen dieses Mindset das Handeln heute leichter?

Es hat mich sicherlich geprägt, dass in meiner Familie schon immer ein großes Interesse an wirtschaftlichen Themen geherrscht hat und darüber auch viel im Familienkreis diskutiert wurde.

Weiter gefestigt hat sich meine Leidenschaft fürs Unternehmertum unter anderem bei einem Schul-Auslandsjahr in Neuseeland. Dort gab es Fächer wie Wirtschaft und Rechnungswesen – in meiner deutschen Schule war das nicht im Angebot.

Weil mich die Kombination aus Praxis und Theorie schon immer begeisterte, ich aber auch nicht warten konnte loszulegen, begann ich ein duales Studium bei Deloitte. Mir wurden bereits früh Projekte anvertraut, zuerst im Bereich IT-Audit und Risikomanagement, später wechselte ich intern zu Deloitte Consulting und wurde mit 24 Jahren zum Senior Consultant. In der Zeit arbeitete ich fast ausschließlich in der Finanzbranche – und war mir nie ganz sicher, ob ich das gut oder schlecht finde. Ich fragte mich: „Was bringen die ganzen Prozessoptimierungen, wenn ein Händler das falsche Wertpapier kauft und dabei dreistellige Millionenbeträge verspielt?" Dann kann ich noch so viele Prozesse optimieren. Das wird nichts. Dennoch, das Banking ist eine Meta-Branche und der einzige Zweck ist andere – Menschen und Unternehmen – zu (neudeutsch) enablen. Dies hat mich schon immer fasziniert.

A. M. Bajorat et al. (Hrsg.), *Köpfe der digitalen Finanzwelt*,
https://doi.org/10.1007/978-3-658-29644-5_5

Die Zeit in der Beratung brachte noch eine andere Erkenntnis: Nur von außen Unternehmen zu beraten, quasi immer vom Spielfeldrand zuzuschauen, genügte mir nicht.

Was blieb? Selber gründen. Und so richtig scheitern.

Eine der prägendsten Stationen meiner Karriere: Einmal alles gegen die Wand fahren, um danach nie wieder die gleichen schmerzhaften Fehler zu begehen. Auch wenn das nur zum Teil funktioniert, denn auch heute mache ich noch deutlich mehr Fehler als mir lieb ist.

Also gründete ich, zusammen mit acht Freunden, mein erstes Start-up – es war nicht meine erste unternehmerische Aktivität, denn auch meine Beteiligung an einer Catering-Firma und der Vertrieb von Fanartikeln waren eher mittel erfolgreich.

Wir machten alles falsch: zu viele Gründer mit ähnlichem beruflichen Hintergrund, sodass keine sinnvolle Ergänzung von Fähigkeiten auf Managementebene entstand, alles Geld in den Aufbau des Produkts gesteckt, aber nichts ins Marketing investiert (bei einem Endkunden-Produkt), die falschen Leute eingestellt. Das Gute war, dass wir rechtzeitig die Reißleine zogen, bevor es finanziell wirklich schmerzhaft geworden wäre.

Später kam dann über XING eine interessante Projektanfrage, die dann in einen Wechsel zur Deutschen Kreditbank (DKB) mündete. Als Innovationsmanager trieb ich neue Geschäftsmodelle und Partnerschaften der Bank voran. Insbesondere im Bereich E- und M-Payment verantwortete ich die Implementierung von Anbietern wie PayPal, sofortüberweisung (heute Klarna) oder MasterCard. Die wichtigste Erkenntnis aus dieser Zeit, die mich auch beim Aufbau von finleap begleitet hat: „if you can't beat them, join them" oder anders ausgedrückt: Eine Kooperation, die auf Win-Win ausgelegt ist, bringt die Innovation schneller zum Kunden als ein ewiges Selbermachen. Mindestens genau so überzeugt war ich damals und bin es auch heute noch von: Geschwindigkeit ist „King".

Mit Jan Beckers fand ich jemanden, der auch so dachte. Er war zu der Zeit bereits bekannt als Seriengründer und hatte erfolgreich Unternehmen im Adtech- und Games-Bereich aufgebaut sowie die Firmenschmiede HitFox, heute Ioniq. Jetzt wollte er etwas Neues im Finanzbereich aufbauen, aber nicht nur ein Unternehmen, sondern einen ganzen Company Builder, eine Firma also, die mit einem strategischen Fokus neue Finanztechnologie-Unternehmen – Fintechs – in Serie aufbaut.

Dafür suchte er noch einen Mitgründer mit einem Finanzhintergrund. Nach nur 48 Stunden Bedenkzeit unterschrieb ich als Mitarbeiter Nr. 1 den Vertrag für finleap, Laufzeit fünf Jahre. Was ich mir damals nicht wirklich vorstellen konnte, ist dieses Jahr Realität geworden: Wir haben finleaps fünften Geburtstag gefeiert – mit mehr als 1.000 Mitarbeitern aus 65 verschiedenen Ländern, auf der Dachterrasse eines zehnstöckigen ehemaligen Bankgebäudes, das wir zum Fintech-Hub ausgebaut haben.

Wenn ich zurückblicke, bin ich immer wieder fasziniert von der Schnelligkeit, mit der sich das Unternehmen entwickelt hat – vom kleinen Company Builder mit den ersten Gründer-Teams bis hin zu einem der führenden Fintech-Ökosysteme in Europa, mit 18 gegründeten Fintech-Playern, mehreren BaFin-Lizenzen und Standorten in Spanien, Frankreich und Italien.

Meinungen: Welche Faktoren werden heute benötigt, um als Fintech/Bank schnell wachsen zu können?

Es gibt verschiedene Komponenten, die es braucht, um ein Unternehmen erfolgreich wachsen zu lassen.

Eine wichtige ist eine offene **Fehlerkultur**. Fehler sind notwendig, um zu sehen, wie man Dinge anders und besser machen kann. Sie sind der beste Lehrmeister im Entwicklungsprozess eines Produkts. Und sie sind das kollektive Gedächtnis des Unternehmens: Haben wir schon mal so probiert – hat nicht funktioniert – ein neuer Weg muss her. Dafür müssen Fehler offen besprochen und nicht unter den Teppich gekehrt werden, sonst kann das Gros des Teams keinen Lerneffekt haben.

Eine andere wichtige Komponente ist **Diversität** – und damit ist nicht nur der Gender-Bereich gemeint, also Teams zu gleichen Teilen bestehend aus Frauen und Männern, sondern auch Altersstruktur, beruflicher und kultureller Hintergrund. Ziel ist es, dass sich die verschiedenen Eigenschaften innerhalb eines Teams optimal ergänzen und so eine komplette Bandbreite an

Fähigkeiten abdecken. Aus einer Leadership-Perspektive ist es im Finanzdienstleistungssektor von Vorteil, wenn bereits auf Managementebene Tech-Talente, unternehmerisches Denken und Finanzexpertise aufeinandertreffen – drei Bereiche, die zusammen eine wirkliche Innovation schaffen können.

Bei aller Diversität muss eine Sache allerdings über das ganze Team hinweg stimmen: das Mindset. Fintechs – oder generell neu gegründete Unternehmen – haben einen großen Vorteil gegenüber traditionellen Konzernen: ihre **Agilität**. Dafür braucht es ein Team, das bereit ist, die berühmte Extra-Meile zu gehen und sich schnell neuen Prozessen anzupassen, wenn es erforderlich ist. Sie können neue Produkte kurzfristig und schnell aufbauen und direkt ausprobieren, indem sie auch mal mit einem Produkt auf den Markt gehen, das statt 50 Funktionen erst mal nur drei anbietet, und es dann mit den Kunden zusammen weiterentwickeln.

Großen Konzernen hingegen fehlt es oft an **Mut** – ebenfalls ein wichtiger Faktor für Skalierung – Innovationen auch als MVP (Minimum Viable Product, also quasi in der Beta-Version) an ihre Kunden zu geben, obwohl sie, im Gegensatz zu Fintechs, meist über diese wertvolle Komponente „großer Kundenstamm“ zur Genüge verfügen. Aber sie nutzen es nicht zu ihrem Vorteil. Statt wie die meisten jungen und digitalen Unternehmen das Produkt im Beta-Status mit Kunden zu verproben und es nach deren Feedback zu optimieren, werden Innovationen meist immer noch im stillen Kämmerlein – auch gern abgespalten vom Mutterkonzern in „Innovation Labs“ – gebaut und dürfen dann erst zu den Kunden gelangen, wenn sie aus Sicht des Konzerns 100 Prozent perfekt sind. Das verlangsamt nicht nur enorm die Schnelligkeit des Innovationszyklus, sondern unterschätzt auch gewaltig den Markt. Andere Player schlafen nicht, sondern gehen mit ihren MVPs auf die Kunden zu.

Womit wir beim fünften Faktor für Wachstum wären: **Kundenbedürfnisse**. Es ergibt sich von selbst, dass ein Unternehmen nur erfolgreich wachsen kann, wenn es auch seine Kundenzahl nach oben skaliert. Dafür muss es wissen, was seine Kunden wollen.

In unserer aktuellen Zeit stellen Kunden den Finanzdienstleistungssektor vor große Herausforderungen. Denn genau wie bei anderen digitalisierten Services, zum Beispiel beim Online-Shopping, erwarten Kunden, dass Prozesse in wenigen Minuten komplett digital und medienbruchfrei (also ohne den Wechsel von online zu analog) stattfinden. Zusätzlich soll es eine sogenannte „Instant Action“ geben, zum Beispiel in Form einer Bestätigung per Push Nachricht nach Abschluss einer Transaktion, sowie auch die Möglichkeit zum „Instant Feedback", also der Bewertung der Transaktion online.

Im Banking machen Kunden da keine Ausnahme. Sieht man sich allerdings das Angebot im klassischen Finanzdienstleistungssektor an, klaffen zwischen den Erwartungen der Kunden und der Realität noch immer große Lücken: zu wenig digital, zu viel Papier, zu umständliche Sicherheitsvorkehrungen, zu viel Zeit, die der Kunde persönlich in Filial- oder Kundencentern verbringen muss. Kritiker werden jetzt sagen, dass es auch den regulatorischen Anforderungen im Finanzbereich geschuldet ist, dass Abläufe so sind, wie sie sind. Aber müssen deshalb trotzdem viele Vorgänge immer noch nur durch den Besuch in der Filiale gelöst werden? Nein.

Fintechs machen es vor: Diejenigen, die Regulatorik erfolgreich meistern, sind auch diejenigen, die langfristig Erfolg am Markt haben. Regulatorik ist ein Vorteil – wenn alle nach den gleichen Regeln spielen. Regulatorische Sandboxes, wie sie für Fintechs in UK aufgesetzt wurden, bewirken allerdings das Gegenteil. Dadurch werden zwei Klassen aufgemacht: Fintechs in der regulatorischen Light-Version und die Finanzkonzerne als vollwertig-regulierte Player. Stattdessen muss das Ziel sein, dass Banken und Fintechs in der gleichen Liga spielen und dadurch auch als Kooperationspartner auf Augenhöhe agieren können.

Utopien: Welche Felder im Banking werden in Zukunft besonders stark wachsen?

Im Banking wird zukünftig das Augenmerk noch stärker auf dem Technologiesektor liegen. Warum? Weil viel von der Technologie abhängt, wie schnell und einfach der Kunde Banking erleben wird.

Am Ende wird nicht die beste Bank das Rennen machen, sondern der Anbieter, der anhand seiner technologischen und regulatorischen Reife den Kunden den besten Service bieten kann.

Derzeit gibt es eine Menge Fintechs in Europa auf nationaler Ebene, die meist nur einen Teilbereich des Finanzsektors digitalisieren, wie zum Beispiel Buchhaltung, Reisekostenerstattung, Kartenzahlungssysteme, Echtzeit-Überweisung und vieles mehr. Das hat alles seine Berechtigung, aber ein richtiger Mehrwert ergibt sich erst, wenn diese Einzelanbieter sich zusammentun und einen kompletten Rund-um-Service anbieten – sich also auf einer Plattform bündeln. Das ist eine Wertschöpfungskette, die in die Horizontale wächst.

Betrachtet man die Vertikale, hat man unter der Benutzeroberfläche der Fintechs meist als erstes einen Kooperationspartner in Sachen Technologie, der zum Beispiel die digitale Infrastruktur oder einen entscheidenden Baustein, wie Online-Identifikation des Nutzers, bereitstellt. Noch eine Ebene darunter befindet sich das Basis-Fintech, das meist die nötige Lizenz besitzt und als White-Label-Lösung agiert, sprich der Kunde weiß oftmals gar nicht, dass es dahinter steht.

In Zukunft werden wir sehen, dass die Fintech-Plattformen sich über nationale Grenzen hinweg vernetzen und dazu jeweils die für sie optimalen Tech-Anbieter und regulierten Basis-Fintechs nutzen werden, um weiter zu wachsen und ihr Geschäft zu internationalisieren. Es entsteht ein dezentrales, europäisches Ökosystem, das im Optimalfall zu keinem Konzern gehört, sondern in sich selbstständig agiert, sprich wo die besten Anbieter durch Kooperationen neue Kundensegmente erschließen und letztendlich neue Produkte erschaffen.

Traditionelle Banken müssen sich dem anpassen, indem sie erkennen, dass es eben nicht optimal ist, alles selbst aufzubauen, sondern sich passende Dienstleister, die agiler und schneller agieren können, durch Kooperationen zu sichern. Finanzkonzerne haben derzeit noch den Vorteil der größten Kundenbasis und der größten Markenbekanntheit, gekoppelt mit Vertrauen in die Sicherheit. Aber auf lange Sicht holen die Fintechs massiv auf. Der richtige Weg wäre, sich zu öffnen und Innovationen zuzulassen, quasi als Basis-Fintech zu agieren.

Das wäre ein Gewinn für beide Seiten: die Bank, die sich ihren Kunden als State-of-the-Art-Plattform präsentieren kann und für die Fintechs, die wiederum ihre Technologie im Einsatz bei einem signifikanten Stamm an Kunden sehen.

Die Technologie ist längst da, die Regulatorik langsam auf einem guten Weg und wenn jetzt noch die Öffnung der Konzerne gelingt, kann die Vision von einem zu 100 Prozent digitalisiertem Finanzsektor in Zukunft Wirklichkeit werden.

#commerzventures
#corporateventurescapital
#valuationbubble

» In der Venture-Capital-Szene wird von Blasenbildung und dem Platzen der selbigen gesprochen, als ob es das Ende der Welt bedeutet. Historisch sind nach längeren Wachstumsphasen aber immer mehr oder weniger starke Korrekturen erfolgt. Tatsächlich resultieren solche Korrekturen auch in dem gesunden Effekt einer Trennung der ‚Spreu vom Weizen' im Start-up- und Investoren Universum. «

Patrick Meisberger

- ist Managing Partner der CommerzVentures, den Venture Capital Fondsgesellschaften der Commerzbank AG
- hat mit fast 20 Jahren im (Corporate) Venture-Capital-Geschäft auch schwierige Marktphasen für Start-ups und Venture Capital Investoren erlebt
- ist nach mehr als 20 Jahren Karriere als Angestellter bei verschiedenen Konzernen (PwC, Deutsche Bank, Allianz, Deutsche Telekom, Commerzbank) nun selber als Venture-Capital-Fondsmanager unter die Unternehmer gegangen
- hat in den USA und an der Universität zu Köln studiert

PATRICK MEISBERGER

Persönliches: Sie sind ein Urgestein der VC-Szene – welche persönlichen Fähigkeiten muss man heute aus Ihrer Sicht als Gründer haben, damit ein VC zufrieden ist?

20 Jahren Tätigkeit als Venture-Capital-Investor sind für den deutschen Markt eine beachtliche Zeit. Insbesondere die Tätigkeit als Corporate-Venture-Capital-Manager, an der Schnittstelle zwischen Großkonzernen auf der einen und agilen Start-up-Firmen auf der anderen Seite, erlaubt tiefe Einblicke und wertvolle Erkenntnisse über die wesentlichen Unterschiede beider Organisationsformen.

Hierbei konnte ich oft wiederkehrende Verhaltensweisen in großen Konzernorganisationen beobachten: Fehlentwicklungen und falsche Planungen werden unter den Tisch gekehrt. Fehler gesteht man sich nicht ein, sondern „der Gaul wird selbst dann noch geritten, wenn er schon so tot ist, dass er zum Himmel stinkt". Agilität ist meist nur ein Schlagwort, das auf Wunschdenken und vielen bunten Powerpoint-Folien beruht. Dadurch werden viele Ressourcen verschwendet: Kapital, Mitarbeiterkapazitäten und schlichtweg Zeit für andere vielversprechende Projekte.

Für mich war es immer ein besonderes Privileg als Corporate-Venture-Capital-Manager im Spannungsfeld zwischen schwerfälligen Konzernen auf der einen und agilen Start-ups auf der

A. M. Bajorat et al. (Hrsg.), *Köpfe der digitalen Finanzwelt*,
https://doi.org/10.1007/978-3-658-29644-5_6

anderen Seite zu wandeln und zu beobachten, wie beide Seiten immer das wollten, was die andere ausmachte: Konzerne waren verzweifelt auf der Suche nach Agilität und unternehmerischer Umsetzungsstärke, die Start-ups gierten nach dem wertvollen Kundenstamm und der Kapitalkraft der Konzerne.

Eine Stärke von Start-up-Gründern ist für mich besonders prägend gewesen. Im Vergleich zu einer häufig beobachtbaren Schwäche der Großkonzerne sticht die natürliche Agilität der Gründer heraus. Insbesondere die Fähigkeit, Fehlentwicklungen rechtzeitig zu erkennen und dann initiativ und konsequent auf diese mit Veränderungen zu reagieren.

Denn im Gegensatz zu großen Konzernen haben Start-ups nur sehr begrenzte Ressourcen. Entsprechend müssen sie besonnen mit diesen umgehen und sie sehr zielgerichtet einsetzen:

- Ressourcen Zeit und Kapital: Meist starten Gründer im „Bootstrapped"-Modus, später sind sie kontinuierlich im Fundraising-Prozess. Denn nach der Series A ist vor der Series B, und wenn man beachtet, dass Start-ups pro Finanzierungsrunde Kapital für durchschnittlich 18 Monate einsammeln und auch bis zu sechs Monate vor Ende der Kasse erneut ins Fundraising gehen müssen, bedeutet das kurze zwölf Monate, um sich um Teamausbau, Produktentwicklung und das eigentliche Geschäft zu kümmern.
- Ressource Personal: Start-up-Teams sind insbesondere in den ersten Jahren immer unvollständig und die Gründer „Mädchen für alles". Das Team ist immer zu klein. Arbeitszeiten von 9 bis 17 Uhr sind unbekannt. Gründer schlagen die Arbeitszeiten jedes Investmentbankers.

Diese Agilität und die unternehmerische Fähigkeit, mit stark begrenzten Ressourcen ein Unternehmen aufzubauen, sind das wesentliche Merkmal erfolgreicher Gründer. Unternehmergeist und die damit verbundene Passion, neue Dinge zu erschaffen und das nötige persönliche Risiko sowie die Verantwortung zu tragen, sind Charaktereigenschaften des erfolgreichen Gründers, die den Unterschied machen.

Die Fähigkeit, schnell auf Fehlentwicklungen zu reagieren, bis hin zum „Pivot" (das heißt der radikalen Änderung) des Geschäftsmodells – mit allen damit verbundenen Konsequenzen – findet man hingegen nur sehr selten in großen Organisationen.

Meinungen: Hat sich eine Blase gebildet, wenn man auf die hohen Bewertungen der Fintechs schaut oder sind die Preise gerechtfertigt?

In vielen Diskussionen zum Thema Venture Capital und insbesondere zu Fintechs wird in wachsender Regelmäßigkeit die Einschätzung geäußert, dass sich eine „Bewertungsblase" gebildet hat, und dass diese Blase schon bald platzen wird. Aber wie so oft ergibt sich kein eindeutiges Bild:

a) Steigende Bewertungen & Blasenbildung

In den letzten Jahren sind immer höhere Beträge in Fintechs (und alle anderen Tech Start-ups) investiert worden und die Bewertungen sind gestiegen. So zeigt eine KPMG-Untersuchung („The Pulse of Fintech 2019 Report"), dass sich die Median Bewertungen für die Jahre 2014 bis einschließlich erstes Halbjahr 2019 in allen drei Start-up Phasen (Seed-, Early- und Later Stage Finanzierungsrunden) ungefähr verdoppelt haben.

Dabei lässt sich eine „Zwei-Klassen-Gesellschaft" beobachten. Ein Teil der Firmen wird als besonders innovativ und erfolgreich empfunden. Oft entsteht um diese Firmen fast ein Hype. Diese Fintechs ziehen überproportional viel Venture Capital an. Oft kommt das Investment von strategischen Investoren. Diesen Effekt sieht man insbesondere bei Later-Stage-Finanzierungsrunden. Der andere Teil der Start-ups muss um jedes Investment kämpfen und bleibt meist unterfinanziert.

Als aktiver Venture-Capital-Investor gibt es gefühlt mehr Wettbewerb um die guten Fintech-Investments. In der Tat scheinen Finanzierungsrunden immer größer und Bewertungen immer höher geworden zu sein. Bestätigt wird diese Vermutung durch eine weitere Untersuchung aus dem KPMG-Report, in der Venture-Capital-Investmentvolumina mit der Anzahl der Venture-Capital-Investments für europäische Fintechs gegenübergestellt werden.

Hier zeigt sich, dass der Anstieg der vierteljährlichen Investmentvolumina signifikant größer als der Anstieg der Anzahl der Investments war. Entsprechend kann festgestellt werden, dass die durchschnittliche Finanzierungsrunde statistisch größer geworden ist. Allgemein kann man auch beobachten, dass das Wachstum der durchschnittlichen Finanzierungsvolumina in Later-Stage-Runden größer ist als in den früheren Entwicklungsphasen der Fintechs.

Treiber dieser hohen Bewertungen, gerade in Wachstumsphasen, sind meist nicht die Venture-Capital-Investoren selber, sondern oft Strategen oder nicht-traditionelle Venture-Capital-Investoren (Staatsfonds aus MENA oder Asien) sowie Growth Fonds. Mit ihren Engagements verschieben sie die üblicherweise in solchen Phasen vorbereiteten Börsengänge zeitlich weiter nach hinten, um mehr Wert aus dem vermuteten Wachstum zu schöpfen.

b) Weiter gute Investments für Venture-Capital-Investoren

Für Investoren, die bereit sind, die Extra-Meile zu gehen, ergeben sich allerdings weiterhin interessante Fintech-Investment-Gelegenheiten. Sogar vernünftig gepreiste Start-ups, die von vorausschauenden Gründern geführt werden, sind zu finden. Diese Gründer haben verstanden, dass die angebotene Bewertung nicht das einzige Auswahlkriterium für einen Investor sein sollte. Stattdessen ziehen sie zudem Eigenschaften des Investors wie Verlässlichkeit auch in schwierigeren Zeiten, Erfahrung als erfolgreicher Investor und Aufsichtsrat oder das Netzwerk im jeweiligen Industriesegment zur Beurteilung heran. Gute Gründer haben auch verstanden, dass sie für die jeweilige Entwicklungsphase angemessene Bewertungen fordern sollten. Denn wenn zu früh zu viel Kapital zu hohen Bewertungen eingesammelt wird, legen sich Gründer die Latte selbst sehr hoch und vergessen dabei, dass sie auch noch darüber springen müssen. Investoren, denen überaus hohes Wachstum versprochen wurde, reagieren nicht selten sehr hart, wenn Gründer ihre Versprechen nicht halten können.

Als Investor kann man Marktübertreibungen begegnen, indem man sein Verhalten anpasst und beispielsweise langfristige Beziehungen zu Gründern und vielversprechenden Fintechs aufbaut. Selbst als B-Runden-Investor kann man interessante Fintechs früh begleiten und lange vor der passenden Finanzierungsrunde gegenseitiges Vertrauen aufbauen. Zusätzlich kann man seinen Mehrwert als Investor herausstellen und auch vor dem eigentlichen Investment mit Rat und Netzwerk zur Verfügung stehen.

Mit solch langfristig ausgerichtetem Handeln kann man als Investor bei anstehenden Finanzierungsrunden sehr schnell und mit Wissens- und Vertrauensvorteil agieren und dem Gründer zügig ein verbindliches Investmentangebot übermitteln. Damit stellt der Investor den Gründer vor die Wahl zwischen einem (vielleicht) niedriger bewerteten, aber sicheren Investment und einem noch unsicheren Investment durch einen unbekannten Investor zu einer (erhofft) höheren Bewertung.

Investoren sind bei der Analyse von Geschäftsmodellen gut beraten, fundamentale Kriterien zur Bewertung heranzuziehen. Das heißt: Kann ein bestimmtes Geschäftsmodell gut monetarisiert werden, produziert es attraktive (Rohertrags-)Margen, kann die Firma ihr Alleinstellungsmerkmal nachhaltig verteidigen und stark wachsen? Ein weiteres wichtiges Kriterium sind die sogenannten Unit Economics (zum Beispiel LTV/CAC) und Kohortenanalysen zur Beurteilung der operativen Umsetzungsstärke der Fintechs. Benötigt eine Firma beispielsweise fünf Jahre, um über ihre Rohertragsmarge die Kundenakquisekosten (CAC) wieder einzuspielen, könnte ein Investor das als zu lang und damit weniger attraktiv empfinden.

Bei CommerzVentures sehen wir weiterhin attraktive Investments zu einigermaßen vernünftigen Bewertungen. Wenn wir Investments absagen, dann eher, weil uns das Geschäftsmodell oder die Unit Economics nicht überzeugen, weniger weil die Bewertung zu hoch ist.

Utopien: Wie entwickelt sich das VC-Umfeld in Zukunft und wie muss sich die deutsche Investorenszene wandeln?

Trotz einer mehr als zehn Jahre währenden Bullenphase in der Venture-Capital-Branche und kontinuierlichem Wachstum aller wesentlichen Metriken kann die weitere Entwicklung des Venture-Capital-Marktes daraus nicht kurzfristig abgeleitet werden. Wie in jedem Gewerbe haben makroökonomische und politische Entwicklungen in Europa und der ganzen Welt wesentlichen Einfluss auf das weitere Geschehen. Beispielsweise ist die weitere Entwicklung davon abhängig, ob es eine starke wirtschaftliche Abkühlung gibt oder ob die sich anbahnenden Handelskriege der USA mit dem Rest der Welt weiter ausufern.

Grundsätzlich ist das Venture-Capital-Geschäft in den letzten 20 Jahren in Deutschland erheblich professioneller geworden. Stärkere internationale Vernetzung und Einflüsse aus den USA haben diese positive Entwicklung gefördert. Gleichzeitig ist mit Bedauern festzustellen, dass sich einige der alt-etablierten Venture-Capital-Firmen mit der wertvollen Erfahrung mehrerer erfolgreicher Fondszyklen zuletzt stark aus dem Markt zurückgezogen haben (TVM, Wellington).

Dafür sind viele neue VCs auf den Plan getreten, die zunächst den Erfahrungsvorsprung aufholen müssen, den die etablierten Venture-Capital-Firmen über Jahrzehnte aufgebaut haben. Diese neue Generation von Venture-Capital-Fondsverwaltern („die jungen Wilden“) wird zu einem großen Teil von Managern mit Gründererfahrung geprägt, was absolut positiv bewertet werden sollte. Diese Investoren sind persönlich sehr unternehmerisch engagiert und motiviert, kennen die täglichen Probleme und Kämpfe in Start-ups und können daher sehr sensibel und verständig mit den Gründern ihrer Portfoliofirmen zusammenarbeiten. Insbesondere in Krisenzeiten kann das ein sehr wichtiges Erfolgskriterium sein. Dennoch ist zu beachten, dass viele, vor allem jüngere Venture-Capital-Manager bisher nur Bullenmärkte und allgemein sehr gute Marktbedingungen kennengelernt haben. Gute Fondsperformance zu erzielen, ist in solchen Zeiten bedeutend einfacher.

Sollte kurzfristig eine größere Marktkorrektur erfolgen, werden viele Venture-Capital-Fonds wieder vom Markt verschwinden. Die Investoren werden dann den wenigen etablierten und vermeintlich erfolgreicheren Fonds folgen. Wer keinen sogenannten „Track Record" aufbauen konnte, wird keine weiteren Investoren gewinnen. Schlimmstenfalls – je nach Stärke der wirtschaftlichen Abkühlung – wird es überhaupt keine Investoren geben, die in die Assetklasse Venture Capital investieren wollen oder können.

Corporate-Venture-Capital-Firmen und Inkubatoren werden den gleichen „Shake-out" erleben wie wir ihn nach dem Platzen des Neuen Marktes schon einmal erlebt haben. Gerade in diesem Segment sind allein in den letzten fünf Jahren sehr viele neue Engagements gestartet worden. Leider werden diese zu häufig von Managern angeführt, die sicher sehr erfolgreich im eigenen Konzern gearbeitet haben, aber viel zu oft keine Erfahrung im Venture-Capital-Geschäft vorweisen können.

Bei all der Ungewissheit und den brutalen Konsequenzen einer möglicherweise rapiden Abkühlung des Marktes bleibt festzuhalten, dass Marktkorrekturen eine natürliche Entwicklung sind. Insbesondere nach einer so langen Wachstumsperiode wie der jetzigen kann eine Korrektur sogar heilsam sein. Bewertungsniveaus und Investmentvolumina reduzieren sich auf gesündere Maße. Weniger erfolgreiche Investoren treten aus dem Markt aus. Allgemeine Marktübertreibungen werden zurückgenommen und Gründer müssen wieder lernen, kapitaleffizient zu arbeiten. Letztlich werden auch Phänomene wie Softbank's Vision Fund wieder von der Bildfläche verschwinden.

All dies sind durchaus wünschenswerte Konsequenzen, die in den nächsten fünf Jahren erwartet werden können.

Literatur: KPMG (2019): The Pulse of Fintech 2019.

#FinancialFitness
#CoCreation
#FosteringLastingTechnologySolutionsWithAPurpose

» Auch die beste Idee scheitert, wenn niemand den Mut hat, sie auszuprobieren. «

Michael F. Spitz
- ist CEO bei main incubator, Forschungs- und Entwicklungseinheit der Commerzbank Gruppe
- war zuvor in unterschiedlichen Rollen im Investmentbanking bei Dresdner KW, Credit Swiss First Boston, Nomura und der Commerzbank tätig
- erfand das digitale Orderbuch-Verfahren bei der Dresdner Kleinwort Benson in den 1990er-Jahren
- war in verschiedenen Ingenieurfirmen im Bereich erneuerbare Energien und fliegende Bauten tätig
- studierte Betriebswirtschaftslehre in Mannheim
- ist überzeugter Europäer. Seine Stationen gingen über Frankfurt am Main, Caracas, Los Angeles, Moskau und London

MICHAEL F. SPITZ

Persönliches: Glauben Sie, der Beruf des Bankers ist für Schüler, die jetzt in die Schule kommen, ein zukunftsweisendes Berufsbild?

Das Bankwesen ist eine der tragenden Säulen der Volkswirtschaft. Ihm kommt eine zentrale Funktion bei der Finanzierung von Unternehmen jeglicher Art – egal ob Groß-, Klein- oder mittelständischen Unternehmen – zu. Damit unterstützen Banken in erheblichem Maß wirtschaftliches Wachstum, Handel und Beschäftigung.

Genauso vielfältig wie die Wirtschaft mit ihren verschiedenen Branchen, ist auch der Beruf des Bankers. Als Banker kann man in unterschiedlichen Geschäftsbereichen tätig sein – sei es im Kredit- oder Risikomanagement, im Fonds- oder Wealth Management oder als Privat- und Firmenkundenbetreuer.

Schon allein an dieser kurzen Aufzählung lässt sich gut erkennen, dass es kein allumfassendes Berufsbild gibt, welches all das widerspiegeln könnte, was sich hinter dem Beruf des Bankers verbirgt.

Der Beruf des Bankers zeichnet sich durch seine Vielfältigkeit und sein Facettenreichtum aus. Entgegen aller Vorurteile, die diesem Beruf vor allem seit der letzten Finanz- und Wirtschaftskrise entgegengebracht worden sind, ist der Banker von heute ein Mix aus Finanz- und Technologieexperte, Menschenkenner und Kommunikationsprofi.

A. M. Bajorat et al. (Hrsg.), *Köpfe der digitalen Finanzwelt*,
https://doi.org/10.1007/978-3-658-29644-5_7

Neben diesen Eigenschaften ist die Bereitschaft zur ständigen Weiterentwicklung, vor allem im Hinblick auf den Umgang mit neuen digitalen Technologien, unabdingbar. Der Bankensektor ist seit jeher ein stark technologisch getriebener Wirtschaftssektor, bei dem Verständnis für und Spaß an Technologie essenziell für die Arbeit ist.

Zukunftstechnologien wie Blockchain- und Distributed Ledger-Technologien (DLT), Künstliche Intelligenz (KI), Big Data, Quantencomputer und Co. werden die Arbeit zunehmend erleichtern oder Routineaufgaben sogar komplett übernehmen. Dadurch wird es Bankern möglich, sich noch stärker auf Kundenberatung und -betreuung zu fokussieren. In sogenannten Co-Creation-Prozessen werden Banker künftig gemeinsam mit ihren Kunden an individuellen Lösungen arbeiten und sich dabei neuer Technologien bedienen. Dadurch werden sie sich so immer mehr zu Financial Fitness Coachs entwickeln, die ihren Kunden in allen Lebenslagen mit Rat und Tat zur Seite stehen.

Ob man bei jüngeren Generationen in Zukunft noch Interesse für eine Karriere in der Banken- und Finanzdienstleistungsbranche wecken kann, hängt ganz eindeutig von der Branche selbst ab. Die Entwicklung in den kommenden Jahren wird darüber entscheiden, ob Banken als Arbeitgeber weiterhin attraktiv bleiben.

Darüber hinaus müssen sich alle Wirtschaftsbranchen jedoch auch mit dem fortschreitenden gesellschaftlichen Wertewandel, der vor allem von Millennials und der Generation Z getragen wird, auseinandersetzen. Für diese Generationen spielen Profit oder andere wirtschaftliche Unternehmensziele untergeordnete Rollen. Viel wichtiger ist ihnen der Purpose bei der Arbeit, also einer sinnstiftenden Tätigkeit in einem Unternehmen nachzugehen, das einen gesellschaftlichen Mehrwert schafft.

Unternehmensreputation, Corporate Social Responsibility und weiche Faktoren wie Work-Life-Balance oder flexible Arbeitszeiten gewinnen für potenzielle Nachwuchskräfte immer mehr an Bedeutung und dürfen von Arbeitgebern aller Branchen nicht außer Acht gelassen werden.

Meinungen: Forschung und Entwicklung war lange Zeit nicht das Kerngeschäft von Finanzdienstleistern – welche Rolle sollten neue Technologien in der Strategie von Banken einnehmen?

In Zeiten des digitalen Wandels und der Globalisierung stehen Finanzinstitute zunehmend unter Druck. Fintech-Unternehmen und auch neue Technologien setzen in der Unternehmerwelt vermehrt die Standards und zwingen etablierte Geschäftszweige zum Umdenken. Eine triumphierende Antwort auf den Druck und das Potenzial des disruptiven Wandels verspricht die digitale Transformation, also die konsequente Einbeziehung digitaler Technologien und Geschäftsmodelle in die Unternehmensstrategie.

Der technologische und digitale Fortschritt erfordert es, dass Banken und Finanzdienstleister ihre bisherigen Geschäftsmodelle überdenken und neu gestalten. In Zukunft wird es nicht genügen, mit einfachen Weiterentwicklungen bestehender Produkte und Services Kundenbedürfnissen nachzukommen. Kunden erwarten neue, innovative Lösungen auf die herausfordernden Probleme unserer Zeit. Für Banken und Finanzdienstleister besteht die Herausforderung darin, diese Lösungen gemeinsam mit ihren Kunden im Co-Creation-Ansatz zu erarbeiten.

Um dies erfolgreich umzusetzen, brauchen Finanzinstitute eine Forschungs- und Entwicklungseinheit, die sowohl technologische als auch gesellschaftliche Veränderungen und Trends identifiziert und analysiert: Welche Auswirkungen haben Entwicklungen auf die Finanzbranche? Wie könnte eine zukunftsweisende Lösung aussehen?

Finanzinstitute, die die Notwendigkeit begreifen, sich mit den kommenden technologischen Entwicklungen und Veränderungen auseinanderzusetzen und versuchen, diese aktiv mitzugestalten, werden Innovationen künftig vorantreiben und damit auch die Relevanz ihres eigenen Instituts weiterhin gewährleisten können. Jene Institute, die sich diesen Entwicklungen verschließen, werden am stärksten von einer möglichen Disintermediation betroffen sein. Denn im digitalen Zeitalter bedarf es nicht nur einer festgeschriebenen Digitalisierungsstrategie, sondern einer Strategie, die sich an Bedürfnisse und Entwicklungen anpassen kann.

Mit ihrer im September 2019 vorgestellten Strategie „Commerzbank 5.0" investiert die Commerzbank in technologische Innovation und in ihr Kerngeschäft. Damit beschleunigt sie die Digitalisierung, schafft Wachstum und erhöht ihre Effizienz.

Neben der kontinuierlichen Digitalisierung verschiedener Geschäftsbereiche, ist es jedoch unerlässlich, den konsequenten Kundenfokus nicht zu verlieren. Denn jede noch so gut durchdachte Strategie ist zum Scheitern verurteilt, wenn die eigenen Kunden bei der Umsetzung außer Acht gelassen werden.

Daher ist es immens wichtig, neben digitalen und effizienten Geschäftsprozessen zeitgleich auch digitale Produkte und Services für Kunden zu entwickeln, die diesen in nichts nachstehen. Hier kommen Forschungs- und Entwicklungseinheiten wie main incubator ins Spiel.

Als Forschungs- und Entwicklungseinheit der Commerzbank Gruppe leistet main incubator einen aktiven Beitrag zur digitalen Transformation der Bank. Um diese Entwicklung voranzutreiben, werden zurzeit insgesamt sieben Forschungslabore für verschiedenste Zukunftstechnologien betrieben. Diese Technologien umfassen unter anderem Cross Reality, Künstliche Intelligenz (KI), Robotik, Quantencomputer und das Internet der Dinge (Internet of Things – IoT).

Allein oder in Kooperation mit branchenübergreifenden Unternehmen werden Lösungen auf der Basis eines Minimum Viable Product (MVP) entwickelt, die der Commerzbank sowohl wichtige praktische Erfahrung als auch Erkenntnisse zur Einsatzfähigkeit verschiedener Technologien im Bereich Finanzdienstleistungen liefern.

Mittlerweile wurden so schon mehr als 80 MVPs allein zu Blockchain- oder DLT-basierten Technologien entwickelt. Viele dieser MVPs wurden bereits zur Weiterentwicklung und Skalierung an die Commerzbank übergeben, um diese Produkte und Services für Kunden schnellstmöglich verfügbar zu machen.

Doch wie kann der main incubator den Entwicklungsstand neuer Technologien beurteilen? Der Entwicklungsstand einer Technologie lässt sich mithilfe der Technology Readiness Level (TRL) bewerten. Auf einer Skala von eins bis neun geben diese Level an, wie weit eine Technologie bereits entwickelt ist, angefangen von der bloßen Idee (TRL 1) bis hin zur vollständigen kommerziellen Anwendung (TRL 9). Sobald eine Technologie praktische Anwendung in Form eines MVPs gefunden hat und so dem zweithöchsten Level zugeordnet werden kann, bedeutet dies für den main incubator, das MVP zur Weiterentwicklung an die Commerzbank zu übergeben.

Mit der Entwicklung dieser MVPs beweist main incubator, dass viele neue digitale Technologien immenses Innovationspotenzial bergen. Darüber hinaus schafft main incubator mit diesen MVPs die Grundlage für innovative Lösungen, die sich an den Bedürfnissen der Commerzbank und ihrer Kunden orientieren.

Utopien: Sie arbeiten schon intensiv an Themenfeldern wie Blockchain, Künstlicher Intelligenz & Co. Was ist aus Ihrer Sicht die nächste große Technologierevolution für Banken?

„Probleme kann man niemals mit derselben Denkweise lösen, durch die sie entstanden sind."
(Albert Einstein)

Diese Worte von Albert Einstein, einem der berühmtesten theoretischen Physiker und Wissenschaftler der Neuzeit, verdeutlichen auf einfache Weise, dass man den Blick über den Tellerrand wagen und den Einsatz neuer, bisher unbekannter Mittel zur Lösung von Problemen in Erwägung ziehen muss.

Vor einigen Jahren wurden viele der Technologien, mit denen der main incubator heute Minimum Viable Products (MVP) entwickelt, noch als kurzfristige Modeerscheinung oder vorübergehender Hype abgetan. Mittlerweile hat sich jedoch gezeigt, dass viele dieser zunächst unterschätzten Zukunftstechnologien großes Potenzial bergen und branchenübergreifenden Nutzen bringen können. Zu diesen Technologien zählen vor allem die Blockchain- oder auch Distributed Ledger-Technologien (DLT).

Bereits seit 2017 führt der main incubator in Zusammenarbeit mit Partnern aus Industrie, Wirtschaft, Verwaltung und Wissenschaft zahlreiche Projekte mit Blockchain- oder DLT-basierenden Technologien durch. Die Anwendungsbereiche fokussieren sich dabei auf den Kapitalmarkt, die Handelsfinanzierung, programmierbares Geld sowie digitale Identitäten.

Ziel und Zweck dieser Projekte ist, Produkte und Dienstleistungen zu entwickeln, von denen Firmenkunden verschiedenster Branchen in ihrem Alltagsgeschäft profitieren können – sei es durch Kosten- oder Zeitersparnis oder durch mehr Sicherheit bei nationalen wie internationalen Geschäftsabwicklungen.

Im heutigen globalisierten und zunehmend digitalisierten Wirtschaftsumfeld ändern sich Markt- und Kundenbedürfnisse fortlaufend. Als Forschungs- und Entwicklungseinheit ist es daher essenziell, das Ohr am Markt zu haben und stets im intensiven Austausch mit Kunden zu stehen. Geschäftsabläufe zu analysieren, bestehende Probleme zu identifizieren und auf dieser Basis technologiebasierte Lösungen zu erarbeiten, sind Kernaufgaben einer Forschungs- und Entwicklungseinheit.

In den kommenden fünf Jahren werden sowohl das Internet der Dinge und die damit verbundene Sensorik, aber auch Quantencomputer für die Wirtschaft weiter an Bedeutung gewinnen und daher auch mehr in den Forschungsfokus des main incubator rücken.

Nano-, Raumfahrt- und Biotechnologie ebenso wie Umwelt- und Energiesysteme sind Themen, die unsere Gesellschaft im nächsten Jahrzehnt nachhaltig beeinflussen werden und dadurch langfristig Auswirkungen auf die Finanzdienstleistungsbranche haben könnten.

#Timing
#Momentum
#Innovation

» Es empfiehlt sich für alle Banken, Sparkassen, Fintech und Bigtech das Kundenverhalten, neue Technologien und regulatorische Anforderungen genau zu beobachten und ein eigenes Regelwerk entlang von messbaren Größen aufzustellen mit dem Ziel das richtige Timing zu finden, um dann konsequent zu handeln und das Momentum der zunehmenden Digitalisierung für sich zu nutzen. «

Frank Schwab

- ist Board Member der Gulf International Bank, Bahrain und Chairman des Innovations- und Digitalisierungs-Committee
- ist Mitglied des Risk Advisory Committee von PayU Amsterdam
- ist Mitbegründer des Frankfurter Fintech-Forums
- ist ehemaliger CEO der GIZS (Sparkasse/paydirekt) und Fidor Solutions AG
- war Dozent für Kreativität und Innovation an der Mannheim Business School
- war Senior Advisor bei McKinsey
- war Direktor für Innovation, IT Strategie und Architektur der Deutschen Bank

FRANK SCHWAB

Persönliches: Sie sind einer der Pioniere des Digital Bankings. Was hat sich seit Ihren Anfängen verändert?

Als gelernter Bankkaufmann und an der Uni Mannheim ausgebildeter Wirtschaftsinformatiker verbrachte ich meine ersten Berufsjahre als Computerspezialist und Programmierer in der Börsenabteilung der Deutschen Bank in Mannheim. Mit Einführung der Deutschen Terminbörse im Jahr 1990 begann die Computerisierung der internationalen Handelsgeschäfte in Banken. Computer zogen in die Börsenabteilungen rund um die Welt ein und bestimmen seitdem zunehmend das Geschehen. Nach acht Jahren in Mannheim wechselte ich 1997 in die IT Zentrale der Deutschen Bank nach Eschborn. Dort konnte ich in der Abteilung „Technologische Entwicklung" als Analyst für IT Innovationen an ersten Prototypen zu Chipkarten, Biometrie, Voice-over-IP-Technologien, objektorientierten Datenbanken, interaktivem TV und Internet-basierten Agententechnologien mitarbeiten. Es stelle sich heraus, dass es manchmal Jahrzehnte dauert, bis eine Technologie reif genug für den breiten Einsatz in der Finanzindustrie ist, beispielsweise der mobile Zugriff aufs Bankkonto mittels biometrischer Verfahren – die TouchID bei Smartphones. Und manche Technologien, wie zum Beispiel interaktives TV, konnten sich bis heute nicht durchsetzen.

Meinen ersten Heureka-Moment der Digitalisierung in der Finanzwirtschaft erlebte ich als Bereichsleiter „Internet und Neue Medien" der Bank 24 und der Deutschen Bank 24 zwischen 1998 und 2002. Jeden Monat meldeten sich bis zu

A. M. Bajorat et al. (Hrsg.), *Köpfe der digitalen Finanzwelt*,
https://doi.org/10.1007/978-3-658-29644-5_8

100.000 neue Kunden fürs Internet Banking an. Damals kam die Deutsche-Bank-Gruppe kaum mit dem Einbau zusätzlicher Computer ins Rechenzentrum nach, um den Kundenansturm zu bewältigen. In nur wenigen Jahren wurden Millionen Kunden zu Internet Banking Nutzern. Das war die erste Phase der Digitalisierung des Retailbanking. Einher ging der Rückbau von Filialen und Abbau von Mitarbeitern. Die Deutsche-Bank-Gruppe nutzte das Internet-Momentum zu ihren Gunsten und konnte im Internet Banking Wettbewerb ihren Marktanteil im Vergleich zum stationären Filialgeschäft verdoppeln – zulasten von Sparkassen und Volksbanken.

Nachhaltigen Eindruck hinterließ das 1999 veröffentlichte Buch „Business at the Speed of Thought" von Bill Gates. Alle Prozesse zu automatisieren, sodass alle Informationen zu Mitarbeitern, Kunden und dem eigenen Unternehmen jederzeit und in Echtzeit zur Verfügung stehen – das waren und sind prägende Gedanken, die ich verinnerlichte und die bis heute meine Gedanken zur Digitalisierung prägen.

Prägend waren auch meine Erfahrungen im Rahmen der Mobile-Banking-Kooperation zwischen Nokia und Deutsche Bank. Zur CeBIT 2000 konnte die Deutsche Bank das erste sichere Mobile Banking auf dem durch den Film Matrix berühmt gewordenen Nokia 7110 präsentieren. Bereits damals waren viele Funktionen (Kontostandanzeige, Überweisung, Wertpapierkäufe) verfügbar. Leider viel zu früh, weil sich nur wenige Kunden das teure Nokia Mobiltelefon leisten wollten, die Mobilfunk Bandbreite noch sehr gering und die Nutzeroberfläche noch umständlich zu bedienen war. Nach zwei Betriebsjahren wurde der Service mangels Kundenzuspruch eingestellt. Kein gutes Timing. Das Mobile Banking Momentum sollte sieben Jahre später mit dem Erscheinen des ersten iPhones beginnen.

Auch die Kooperation zwischen der Deutsche Bank 24 und dem damals weltweit führenden Webportal Yahoo! im Jahr 2000 war ihrer Zeit weit voraus. Deutsche Bank und Yahoo! brachten eine gemeinsame Kreditkarte mit E-Cash-Funktionalität heraus. Und Deutsche Bank 24 Kunden konnten in ihrem personalisierten Yahoo! Meine Finanzen Portal ihre Kontostände einsehen. Das war revolutionär im Jahr 2000. Aber Kundeninteresse und Nutzen wurden stark überschätzt. Nach nur zwei Jahren mussten wir Kooperation, Kreditkarte und Services wieder einstellen.

Als Direktor einer globalen Innovationsinitiative der Deutsche Bank konnte ich nach mehreren Anläufen ein Innovationslabor für Banken-IT im Eschborner Campus durchsetzen. Im Jahr 2007 war es das erste seiner Art und Vorreiter unter anderem für GRID Computing in Banken und Touch Banking. Inzwischen hat fast jede Bank eine derartige Einrichtung.

Auch als Mitbegründer des Frankfurter Fintech-Forums bewies ich im August 2013 ein gutes Timing, was die Digitalisierung der Finanzindustrie betrifft. Fintech war 2013 ein in Deutschland noch weitgehend unbekannter Begriff. Mit einer Vielzahl von Veranstaltungen und starker Online-Präsenz entfachte und fördert das Fintech Forum heute noch das deutsche Fintech-Ökosystem. Inzwischen haben mehr als 250 Fintech-Start-ups in jeweils sieben Minuten ihr Start-up mehr als 100 Investoren und Business Angels vorgestellt, viele Kontakte geknüpft und mehrere erfolgreiche Finanzierungen erhalten.

Als erster CEO der Fidor Solutions gestaltete ich die Technologiestrategie der Fidor Bank. Das Kernprodukt, die digitale Banking-Plattform fidorOS, führt das traditionelle Bankgeschäft (Konto, Zahlung, Einlagen, Darlehen) nahtlos mit neuem Banking (P2P, Crowd, Crypto, Realtime) zusammen. fidorOS war die erste offene API-Banking-Plattform dieser Art, die weltweit mehrfach ausgezeichnet wurde und unter anderem den „Model Bank of the Year 2015“ Award gewann.

Und als erster Mitarbeiter und CEO der GIZS (Sparkasse/paydirekt) half ich den Sparkassen beim Markteintritt von paydirekt, dem Online-Zahlverfahren der deutschen Banken und Sparkassen. Obwohl es gelungen ist, in nur wenigen Monaten alle 400 Sparkassen an paydirekt anzubinden, 800 neue Online Händler und 750.000 paydirekt Kunden zu gewinnen, ist es inzwischen offensichtlich, dass die deutsche Finanzwirtschaft den Zeitpunkt für einen wettbewerbsrelevanten Markteintritt um viele Jahre verpasst hat.

Die Aufgabe als Chairman von Hufsy hat mich ebenfalls stark beeinflusst. Hufsy, Ende 2015 in Dänemark geboren und im Herbst 2019 in Berlin vom Markt genommen, war ein auf Freelancer und Geschäftskunden spezialisiertes Fintech. Die Lektion hier: Auch perfektes Timing und vorhandenes Momentum schützen vorm Scheitern nicht. Konsequente Implementierung und Zusammenhalt des gesamten Teams sind weitere notwendige Bedingungen, um im Wettbewerb erfolgreich zu sein.

Aktuell sitze ich für den Public Investment Fonds von Saudi-Arabien im Board of Directors der Gulf International Bank in Bahrain und bin dort unter anderem als Chairman des Innovations- und Digitalisierungs-Committee tätig. Darüber hinaus sitze ich für Naspers/Prosus im Risk Advisory Committee des internationalen Zahlungsdienstleisters PayU.

Meinungen: Markttiming ist oftmals entscheidend. Haben Banken in der Vergangenheit zu viele wichtige Trends und Entwicklungen verschlafen?

Wie schwierig es ist, das richtige Timing und Momentum zu treffen, zeigt beispielsweise der Artikel „Das Ende der Bargeld-Ära" der Londoner Wochenzeitung „The Economist" vom 15. Februar 2007. Bereits 2007 waren die Autoren davon überzeugt, dass Bargeld auf dem Rückzug ist, angesichts des mobilen Internets, Smartphones und Smartcard Readern. Richtigerweise stellten sie aber auch fest: „Niemand weiß, wie schnell Bits und Bytes Metall und Papier austreiben." Heute, 13 Jahre später, im Jahr 2020, können wir feststellen, dass einige Länder, vor allem in Skandinavien und im asiatischen Raum, tatsächlich auf dem Weg zur bargeldlosen Gesellschaft sind. Schweden will beispielsweise bis zum Jahr 2030 das Bargeld komplett abschaffen. In Deutschland sind wir davon noch weit entfernt. Drei Viertel aller Zahlungen leisteten die Deutschen 2019 noch mit Bargeld. In diesem Zusammenhang durchaus erstaunlich: In Kenia nutzen über 75 Prozent der Bevölkerung das SMS-basierte Prepaid Gutenhaben System m-Pesa ihrer Mobiltelefone für Zahlungen.

Es ist vermutlich so, dass die Digitalisierung in unterschiedlichen Geschwindigkeiten und unterschiedlichem Ausmaß in Abhängigkeit von vorhandenen Infrastrukturen und nützlichen Anwendungen stattfindet.

Wenn man auf die letzten 20 Jahre der Digitalisierung der Finanzwirtschaft in Deutschland zurückblickt, dann fällt einem vor allem der Aufstieg der ING-DiBa ins Auge. Um die Jahrtausendwende startete die ING-DiBa mit einem Verlust von vier Millionen Euro, 914 Mitarbeitern und 1,8 Millionen Kunden eine hoch fokussierte internetbasierte Direktbankstrategie. Bis heute konnte die ING-DiBa damit circa sieben Millionen Neukunden gewinnen und erwirtschaftete ab 2015 über eine Milliarde Euro jährliche Gewinne. Ganz offensichtlich perfektes Timing und das Momentum des Internetnutzerwachstums fürs eigene Geschäft optimal genutzt. Nicht zuletzt durch eine konsequente Internetnutzerorientierung und hoch automatisierte, fast fehlerlose Kundenserviceprozesse.

Mit dem Marktauftritt der Deutschen Bank 24 mit einem Schwerpunkt im Internet Banking zum 1. September 1999 bewies die Deutsche Bank ebenfalls gutes Timing. Doch bereits 2002 wurde die Deutsche Bank 24 als eigenständige Marke bereits wieder aufgegeben. Wesentliche Marktanteile konnte die Deutsche Bank im Retailbanking in der Folge nicht gewinnen. Daraus lässt sich lernen, dass es nicht nur auf gutes Timing ankommt, sondern auch auf die langfristige, konsequente Umsetzung einer Strategie – mit Halbwertzeiten von weniger als fünf Jahren in den Führungsetagen ist das schwierig.

Ebenfalls gutes Timing und Momentum haben Onlinebanken wie die DKB, Comdirect und GLS Bank genauso wie die Online „Auto"-Banken von VW, BWM und Mercedes gezeigt, die das Internet zum erfolgreichen Auf- und Ausbau ihrer Geschäfte nutzten. Dagegen haben viele traditionelle Banken, Volksbanken und Sparkassen im Retailbanking schlechtes Timing gezeigt und deutliche Marktanteile an diese neue Onlinebanken abgeben müssen. Nicht zuletzt ein Grund, weshalb in den vergangenen 20 Jahren rund die Hälfte aller Volksbanken und Sparkassen vom Markt verschwunden sind.

Inzwischen beschleunigt sich die Digitalisierung der Finanzwirtschaft deutlich. Allein in Deutschland wurden in den letzten sechs Jahren mehr als 800 Fintech-Start-ups gegründet, um die Finanzwelt zu digitalisieren und den traditionellen Banken und Sparkassen weitere Kunden abzujagen. Besonders erfolgreich N26: In wenigen Jahren konnte N26 bereits 3,5 Millionen Nutzer gewinnen, Tendenz steigend.

Gemäß FT Partners FinTech Insights haben die weltweiten Investitionen in Fintech-Start-ups in den vergangenen Jahren deutlich zugenommen. Während im Jahr 2010 ungefähr fünf Milliarden US-Dollar in Fintechs investiert wurden, verzehnfachten sich mit mehr als 50 Milliarden US-Dollar die Fintech-Investitionen im Jahr 2018. Und auch die Nutzerzahlen zeigen, dass Fintech inzwischen die Nische verlassen hat. Beispielsweise bringt es die Crowd-Investing Plattform eToro bereits auf neun Millionen Nutzer und die Kryptowährungsbörse coinbase auf mehr als 13 Millionen Nutzer.

Auch die großen Technologiekonzerne (Bigtech) Google, Apple, Facebook und Amazon steigen inzwischen erfolgreich mit ersten Bezahldienstleistungen ins Banking ein. Nicht zuletzt ist vor allem PayPal mit über 20 Millionen Nutzern in Deutschland als mächtiger digitaler Finanzanbieter zu nennen.

Gleichzeitig ermöglichen neue digitale Technologien wie Blockchain, Kryptologie, Open Source, Cloud, API, IoT, Edge Computing und Künstliche Intelligenz neue digitale Finanzkonzepte wie beispielsweise Kryptowährungen, Peer-to-Peer Privatkredite und Crowd-Mittelstandsfinanzierungen.

Stellt sich die Frage: Wie können Banken und Sparkassen zu einem guten Timing kommen und das Momentum der Digitalisierung für sich nutzen und das Schicksal von Kodak oder Nokia vermeiden?

Winston Churchill formulierte es sehr treffend: „Prognosen sind schwierig, besonders wenn sie die Zukunft betreffen". Aber die elf Denkweisen des amerikanischen Trend- und Zukunftsforschers John Naisbitt können einerseits helfen, die relevanten Treiber der Digitalisierung der Finanzwirtschaft zu erkennen und andererseits Hinweise zum Timing geben.

Besonders relevant bezüglich „Timing" ist beispielsweise Naisbitts dritte Denkweise: „Konzentriere Dich auf die Punkte im Spiel". Ein Beispiel: Nach vielen gescheiterten Technologieexperimenten im Retailbanking hat sich die Deutsche Bank im Jahr 2002 dazu entschlossen, nur noch dann eine Technologie auszuprobieren, wenn es bereits mehr als eine Million Anwender in Deutschland dazu gibt. Die Anzahl der Anwender sind die „Punkte im Spiel". Vermutlich ist das eine sinnvolle Strategie für alle Banken und Sparkassen.

John Naisbitts siebte Denkweise „Der Widerstand gegen Veränderungen sinkt, wenn die Vorteile real sind" ist vermutlich eine der wichtigsten. Mit Hilfe von Open Source Banking Software und Rechenpower aus der Cloud können Finanzdienstleister beispielsweise ihre IT-Kosten um bis zu 90 Prozent reduzieren. Im stark umkämpften deutschen Retailbanking-Markt kann es einen großen Unterschied in Bezug auf die eigene Wettbewerbsfähigkeit machen, ob man erfolgreich derartige Technologien einsetzt oder nicht.

Es ist kein Zufall, dass erfolgreiche Fintech- und Bigtech-Unternehmen auf genau derartige neue Technologien setzen, diese konsequent implementieren und weiterentwickeln und sich so, neben viel höherem Bedienerkomfort und gezielterer Kundenansprache, vor allem auch deutliche Kostenvorteile im Vergleich zu traditionellen Banken und Sparkassen erarbeiten. Fintech und Bigtech haben die Zeichen besser erkannt als die traditionellen Anbieter und setzen das Momentum der Digitalisierung der Finanzindustrie zu ihrem Vorteil ein.

Veränderungen beschleunigen sich. Neue Technologien reifen schneller. Das Kundenverhalten ändert sich auch im Banking. Gleichzeitig steigen auch für die digitale Finanzwirtschaft die regulatorischen Anforderungen.

Deshalb empfiehlt sich für alle Banken, Sparkassen, Fintech und Bigtech die Dynamik von verändertem Kundenverhalten, neuen Technologien und regulatorischen Anforderungen genau zu beobachten und ein eigenes Regelwerk entlang von messbaren Größen aufzustellen mit dem Ziel das richtige Timing zu finden, um dann konsequent zu handeln und das Momentum der Digitalisierung für sich zu nutzen.

Bei aller Dynamik empfiehlt sich auch mal innezuhalten und sich John Naisbitts achte Denkweise zu Herzen zu nehmen: „Dinge, von denen wir erwarten, dass sie passieren, passieren immer langsamer". Und wenn man die Diffusion von Innovationen studiert, stellt man fest, dass zunächst vieles länger braucht als man denkt, dann aber, sobald relevante Rahmenbedingungen geschaffen sind, und eine bestimmt Nutzergröße erreicht wurde, sich Dinge wesentlich schneller entwickeln als man denkt.

Utopien: Wo werden Banken in Zukunft vermutlich wieder Entwicklungen verschlafen?

Wir schreiben das Jahr 2120. Die einzige Konstante ist die Veränderung. Immer neue Technologien, Künstliche Intelligenz, Ideen und Konzepte beschleunigen die Digitalisierung der Finanzwirtschaft. Für Menschen, Maschinen, Unternehmen, Plattformen und Ökosysteme ist es zunehmend wichtig, Veränderungen von Nachfrage nach Finanzdienstleistungen möglichst frühzeitig zu erkennen, mit gutem Timing im eigenen Angebot zu antizipieren oder gar eigene Trends mit völlig neuen Finanzdienstleistungen zu setzen.

Traditionelle Finanzdienstleister, die vor Jahrzehnten nicht schnell genug Prozesse und Dienstleistungen digitalisierten, hatten die Zeichen der Zeit nicht erkannt und sind vom Markt verschwunden. Heute sind Finanzdienstleistungen in die Primärbedürfnisse von Kunden und Maschinen eingebettet. Beispielweise werden Lebensmittel automatisiert – von Küche, Kühlschrank und Lagerung nachgefragt – nach Hause geliefert und die Bezahlung gemäß hinterlegten Zahlungsvereinbarungen getätigt, wie bereits 100 Jahre zuvor mit Uber. Doch auch Uber gibt es nicht mehr. Dafür gibt es autonome Fahrzeuge, die sich selbst gehören – mit eigenem Wallet. Diese übernehmen Lieferungen und transportieren auch Personen. Mit dem erwirtschafteten Geld zahlen sie ihre eigenen Betriebskosten, Wartungen, Abschreibungen und sparen für ihren eigenen Ersatz nach acht Jahren.

Klassische Banken und Sparkassen sind aus der Fläche verschwunden. Einige konnten sich in die Nische oder als Banklizenz- und Bankinfrastruktur-Provider retten. Ihre volkswirtschaftliche Gesamtleistung ist aber heute kaum noch messbar.

Diejenigen, die sich am schnellsten an die Veränderungen anpassen, können im zunehmend globalen Wettbewerb der Finanzdienstleistungen bestehen. Die Erfolgreichen, die sich an der Spitze der digitalen Finanzwirtschaft halten, sind meist in Finanz-Ökosystemen organisiert, hatten in den vergangenen Jahrzehnten digitale Frühwarnsysteme implementiert, diese permanent weiterentwickelt und verfeinert. Sie erkannten so frühzeitig neue lokale, internationale und globale Finanzdienstleistungsbedarfe von Privatkunden, autonomen Maschinen und Firmen, die sie mit neuen Angeboten und Finanzdienstleistungen bedienten. Die erfolgreichsten Ökosysteme der Finanzwirtschaft sind mit agilen Methoden und Verfahren der Selbstorganisation sogar in der Lage bei ihren Kunden Markt-Momentum auszulösen.

#OpenBanking
#Fintech
#Ecosystem

» Digitalisierung ist keine Technologie. Digitalisierung ist ein Mindset, das durch die Grundhaltung der Offenheit geprägt ist. «

Marianne Wildi

- ist Vorsitzende der Geschäftsleitung (CEO) der Hypothekarbank Lenzburg AG
- ist Präsidentin der Aargauischen Industrie- und Handelskammer
- ist Vorstandsmitglied von Economiesuisse
- ist Vizepräsidentin des Verbands Schweizer Regionalbanken und Verwaltungsratsmitglied der Schweizerischen Bankiervereinigung
- startete ihre Berufskarriere als Informatikerin und Kernbankensystemprogrammiererin
- studierte Betriebsökonomie an der Fachhochschule Zürich und verfügt über einen Abschluss als eidgenössisch diplomierte Bankfachexpertin

Digitalisierung als Regionalbank

MARIANNE WILDI

Persönliches: Wie schaffen Sie es persönlich, in Ihrem Institut global zu denken und regional zu handeln?

Die Hypothekarbank Lenzburg hat im Jahr 2000 mit der Entwicklung ihres eigenen Kernbankensystems Finstar begonnen. Zu dieser Zeit arbeitete ich in der Informatikabteilung der Bank. Die treibende Kraft in unserer Abteilung war Niklaus Müller. Er war mein Vorgesetzter und ein visionärer Geist. Als man nämlich einen Nachfolger bzw. eine Nachfolgerin für ihn suchte, kam das Gespräch auf mich. Ich sagte Niklaus, dass ich ein ganz anderer Typ sei als er – er wollte grundsätzlich immer alles selbst entwickeln. Ich wollte das nicht. Ich fragte ihn also: „Wieso meinst Du, dass ich die richtige Person für die Führung der Informatikabteilung bin?" Er sagte, in der Informatik der Zukunft müsse man nicht mehr alles selbst programmieren. Es ginge viel mehr darum, die Menschen und die Systeme optimal zu kombinieren. „Und das ist Deine Stärke, also bist Du die Chefin der Zukunft", so Niklaus Müller.

Seit 2010 bin ich die Vorsitzende der Geschäftsleitung (CEO) der Hypothekarbank Lenzburg AG. Was Niklaus Müller sagte, hat sich inzwischen bewahrheitet: Plattformen und Ökosysteme sind heute in aller Munde. Als CEO schaue ich vor allem, wie Menschen, Systeme und Firmen in kollaborativen Strukturen zusammenwirken müssen, damit sie nachhaltig gute Resultate erzielen. Ich analysiere und suche Lösungen für immer komplexere Fragestellungen. Ich pflege intensiv mein Netzwerk – innerhalb und außerhalb der Bank und auch außerhalb der

A. M. Bajorat et al. (Hrsg.), *Köpfe der digitalen Finanzwelt*,
https://doi.org/10.1007/978-3-658-29644-5_9

Finanzbranche. Unter meiner Leitung hat die Hypothekarbank Lenzburg Finstar zu einem Ökosystem mit offenen Schnittstellen ausgebaut. Zehn Partnerinstitute und verschiedene Fintech-Unternehmen haben sich an diese Open-Banking-Plattform angedockt und nutzen das System für ihre Zwecke. Niklaus Müller hat das offenbar schon vor rund 20 Jahren vorausgesehen. Das war visionär.

Mittelgroße regionale Institute haben grundsätzlich den Vorteil, dass sie flexibler sind und schneller auf Marktveränderungen reagieren können als Großbanken. Das trifft auch auf die Hypothekarbank Lenzburg zu. Wir können als regionales Institut auch auf globale Trends, wie denjenigen der Digitalisierung, schnell und schlau reagieren. Unsere Zeit ist von ständig zunehmender Komplexität geprägt. Sei es im technologischen, im regulatorischen oder bankfachlichen Bereich. Für mich als Führungspersönlichkeit ist deshalb klar, dass sich ein Unternehmen wie das unsere am besten auf einer offenen Plattform entwickeln kann. Zusammen mit Menschen unterschiedlicher Herkunft und Prägung, die offen sind für passende firmenübergreifende Partnerschaften und sich dafür engagiert ins Zeug legen.

Auf einer offenen Plattform können wir zusammen mit Partnerfirmen mehr Marktmacht entfalten und mehr Kunden und Kundinnen erreichen. Wir sind seit 2017, als wir mit dem Umbau von Finstar zu einer offenen Bankplattform begonnen haben, relativ stark gewachsen und wir haben die Bank digital einen wichtigen Schritt vorwärtsgebracht. Dank unserer offenen Systemarchitektur nutzen uns heute zum Beispiel verschiedene Fintech-Unternehmen als Transaktionsbank. Das eröffnet uns neue Einkommensquellen, bringt uns aber auch neue Kunden. Aus eigener Kraft hätte die Hypothekarbank Lenzburg in dieser kurzen Zeit nie so viel erreicht.

Auf die Idee einer Ökosystemstrategie hat mich die Industrie gebracht. Insbesondere die Veränderungen in den Printmedien haben mich inspiriert und die Diskussion um die sogenannte Industrie 4.0. Vor ein paar Jahren machten allenthalben Begriffe wie Ökosystem, APIs (Application Programming Interfaces, deutsch: Programmierschnittstellen) oder Internet of Things die Runde. Man sprach davon, wie die im Internet of Things zusammengeschlossenen Systeme über offene Schnittstellen kommunizieren und dabei viele Wertschöpfungsketten komplett verändern würden.

Ich erinnere mich an einen Besuch bei einer Elektronikfirma, wo man mir in einer Präsentation Aufbau und Funktion eines Ökosystems darlegte. Das waren hochtrabende Ideen: Smart

Factories, Smart Cars, Smart Homes, Smart Cities – alles mit Sensoren ausgestattet, über das Internet miteinander verbunden. Mitten drin der Mensch, der alles per Smartphone oder Sprachanweisungen steuert.

Bemerkenswerterweise fehlte darin der Bankenteil. Für mich war dies typisch: Erst ganz am Schluss denkt man an die Bank. Erst dann, wenn es finanzielle Mittel braucht. Als Bank wären wir aber gern von Anfang an dabei. Aber die menschlichen Emotionen haften offenbar mehr an Dingen der realen Welt, an Autos, am Wohnen, an unseren Städten. Aber irgendwann kommt auch das Geld ins Spiel und mit ihm die Bank. Für mich war deshalb klar: Um Teil der Digitalisierung des Lebens zu werden, müssen Banken ökosystemfähig sein.

So haben wir im Mai 2017 bekanntgegeben, dass die Hypothekarbank Lenzburg als erste Schweizer Bank ihr Kernbankensystem mit einer offenen Schnittstellenarchitektur ausstattet. Dies war natürlich auch inspiriert von der Entwicklung in Europa und der Diskussion um die zweite Zahlungsdiensterichtlinie (PSD2). Dabei muss man wissen, dass die PSD2 in der Schweiz nicht gilt. Das hat zur Folge, dass es Fintech-Unternehmen in der Schweiz schwerer haben, sich ans Bankensystem anzuschließen. Mir war klar: Wenn wir einen PSD2-kompatiblen Anschluss zur Verfügung stellen würden, dann sind wir die Ersten in der Schweiz, und wir werden für den Aufbau unseres Ökosystems oder seine Integration in das übergelagerte digitale Ökosystem der Gesellschaft viel mehr Varianten zur Verfügung haben als ohne diesen Anschluss. Die Time-to-Market war für uns wichtig.

So fiel 2017 der Startschuss für Finstar Open API, die offene Schnittstellenarchitektur unseres Banksystems. Seither haben sich zahlreiche Unternehmen mit unserer Bank verbunden. Spannend daran ist, dass uns Branchenbeobachter attestieren, dass wir heute schon dort sind, wohin andere Banken in Zukunft erst folgen werden. Heute ist es Standard, dass der Kunde direkt mit der Bank interagiert. In Zukunft werden zwischen Banken und den Endkunden vermehrt auch Drittparteien zwischengeschaltet sein, wobei die Interaktionen zwischen Endkunden, Bank und Drittanbietern wie Fintech-Unternehmen noch fließender ineinander übergehen werden.

Als Katalysator beim Aufbau des Finstar-Ökosystems hat sich auch unsere Mitgliedschaft bei Swiss Fintech Innovations (SFTI) herausgestellt, einem Branchenverband, der 2016 gegründet wurde. Dies brachte mich in Kontakt mit innovativen Akteuren der digitalen Finanzwirtschaft, woraus interessante Opportunitäten für die Hypothekarbank Lenzburg entstanden sind.

Die meisten Fintech-Unternehmen sind ja schon kompatibel mit den europäischen Standards und wir versuchen diese Normen für die Schweiz zu adaptieren.

Große Marktplayer verstehen sich in der Regel selbst als Zentrum eines Ökosystems. Man könnte diese Netzwerke als zentralisierte oder unilaterale Ökosysteme bezeichnen. Die Investitionssummen für den Aufbau solcher Strukturen sind immens, ein regionales Institut kann sie nicht aufbringen. Als Alternative bleiben regionalen Instituten dezentralisierte oder multilaterale Ökosysteme, in denen sich viele kleine Firmen aus unterschiedlichen Branchen um jeweils eine zentrale und gemeinsam geteilte Value Proposition (Wertversprechen) herum gruppieren. Mit der Open-Banking-Plattform Finstar hat die Hypothekarbank Lenzburg ein solches multilaterales Netzwerk geschaffen. Die darin angeschlossenen Partner verbindet das zentrale Wertversprechen, dass sie gemeinsam das Finanzgeschäft in der Schweiz digitaler gestalten und weiterentwickeln wollen. Durch die Verschiedenartigkeit der Teilnehmer funktioniert das Ökosystem wie eine Crowd, die unterschiedliches Know-how vereinigt und geografisch diversifiziert ist. Die Hypothekarbank Lenzburg ist durch das Ökosystem quasi global vernetzt und kann die Ergebnisse dieser Zusammenarbeit im persönlichen Beratungsprozess lokal anbieten.

Meinungen: Ist das Modell regionaler Banken in Zeiten von digitalen Angeboten, die vor allem am Skalierungspotenzial gemessen werden, überholt?

Die Beratung einer Regionalbank muss kompetent und persönlich sein und regional angeboten werden. Solange Menschen Roboter als Berater ablehnen, hat eine gut verankerte Regionalbank einen Wettbewerbsvorteil, wenn sie eine persönliche Beratung mit hoher Qualität und Emotionalität anbieten kann. Die Beratung muss so gut sein und einen so großen Mehrwert bieten, dass der Kunde bereit ist, dafür etwas zu bezahlen.

Die Mund-zu-Mund-Propaganda zufriedener Kundinnen und Kunden ist für eine Regionalbank von unschätzbarem Wert.

Mit dem Einsatz digitaler Hilfsmittel kann die Qualität der Beratung verbessert werden. Deshalb investiert auch die Hypothekarbank Lenzburg in die Entwicklung neuer Technologien wie zum Beispiel die des Live-Papers. Wir haben dieses interaktive Gerät zusammen mit der Universität Zürich und der Fachhochschule Nordwestschweiz entwickelt. Das Ziel war es, für Kunden ein neues Beratungserlebnis zu schaffen. Die Technologie ergänzt den persönlichen Kontakt mit dem Kunden, wirkt aber nicht dominant oder störend. Wir schaffen damit eine neue Customer Journey, indem wir die Informationsvermittlung in der Gesprächssituation mit digitalen Hilfsmitteln anreichern und verbessern. Etwa mittels Projektion von Google-Maps-Karten auf eine Tischfläche im Beratungsgespräch für einen Immobilienkauf. Über offenen Schnittstellen können weitere Applikationen von Drittanbietern eingebunden werden. Auch unsere Geschäftsstellen verändern sich in diese Richtung. Sie werden hybrid in dem Sinne, als darin das analoge Erlebnis mit digitaler Technologie erweitert wird. Auch Regionalbanken können so für ihre Kunden neue Erfahrungsräume für das Bankerlebnis schaffen.

Den Prototypen einer solchen Geschäftsstelle der nächsten Generation hat die Hypothekarbank Lenzburg vor kurzem in der Aargauer Kleinstadt Wohlen eröffnet. Die ersten Rückmeldungen von Kunden und Mitarbeitenden sind sehr positiv. Das beweist auch: Die Menschen, die mit Regionalbanken reden wollen, sind lokal und regional verankert. Trotz oder gerade wegen dieses Regionalitätsanspruchs von Seiten der Kunden haben regionale Finanzinstitute im persönlichen Beratungsgeschäft Wachstumspotenzial. Die Hypothekarbank Lenzburg ist bisher in einem überschaubaren Raum im Zentrum des Kantons Aargau tätig, der Hauptsitz befindet sich in Lenzburg. Mit der Eröffnung der Geschäftsstelle in Wohlen will die Bank nun die Region Freiamt erschließen. Die persönliche Beratung ist dabei eine Unique Selling Proposition.

Andere, weiter entfernte Regionen in der Schweiz will die Hypothekarbank Lenzburg dagegen digital oder mittels intelligenter Partnerschaften erschließen. Digitale Angebote sind ubiquitär verfügbar und nicht an eine Region gebunden, das heißt, auf dem digitalen Kanal können Regionalbanken ihre Kunden überall begleiten. Die Hypothekarbank Lenzburg etwa hat 2019 durch die Kooperation mit dem Smartphone-Konto-Anbieter Neon Switzerland innerhalb von ein paar Monaten viele neue Kunden aus der ganzen Schweiz gewonnen. Beziehungen zu ausländischen Kunden hingegen unterhält die Lenzburger Bank wegen ihrer

Cross-Border-Politik keine. Rein technisch gesehen wären ihre Systeme aber für das Onboarding ausländischer Kunden bereit.

Bei der Partnerschaft mit Neon tritt die Hypothekarbank Lenzburg nicht direkt in Erscheinung, sie agiert im Hintergrund als Transaktionsbank. Anders gesagt: Drittanbieter können quasi über eine Banklizenz as a Service Kapazitäten im Kernbankenbereich abrufen. Die Bank stellt damit sicher, dass die Kunden der Ökosystempartner im In- und Ausland an Automaten Geld beziehen, ihre Karten beim Einkauf nutzen oder Überweisungen auf ihrem Smartphone-Konto ausführen können.

Als Transaktionsbank im Ökosystem findet dann auch die Skalierung statt. Für die Zukunft verortet die Hypothekarbank Lenzburg in diesem Bereich weiteres Wachstumspotenzial. Aber das gilt nicht für Regionalbanken allgemein. Denn die Hypothekarbank Lenzburg unterscheidet sich – mindestens in der Schweiz – in einem zentralen Punkt von den Mitbewerbern vergleichbarer Größe: Mit Finstar betreibt die Bank eine eigene Transaktionssoftware. Hier skaliert die Bank ihr Angebot durch die Menge der Transaktionen und die Anzahl der am Finstar-Ökosystem angeschlossenen Partnerunternehmen.

Die Partnerschaft mit Neon Switzerland brachte der Hypothekarbank Lenzburg zum Beispiel in wenigen Monaten 10.000 neue Kunden. Die Investition in ein eigenes Smartphone-Banking-Angebot analog zu Neon oder Zak (ein mobiles Angebot einer anderen Schweizer Bank) hätte die Hypothekarbank Lenzburg nicht zustande gebracht, weil dies ihre finanziellen Möglichkeiten überschritten hätte. Um weitere Skalierungspotenziale im Transaktionsbereich realisieren zu können, werden künftig aber dennoch Investitionen in den Ausbau der Systeminfrastruktur notwendig sein.

Für ein rein digitales Geschäftsmodell wäre die Hypothekarbank Lenzburg wahrscheinlich zu klein. Früher oder später würde ihr ein größerer Anbieter mit mehr Marktmacht das Geschäft wegschnappen. Deshalb hat die Bank entschieden, im digitalen Bereich in einer Ökosystemstruktur voranzukommen. Mit vertrauensvollen Partnerschaften auf einer stabilen Plattform kann die Bank in nachhaltigen Kooperationen wachsen. Sie ist Teil eines professionellen Expertennetzwerkes, in dem Produkte und Dienstleistungen im Interesse der Kunden kokreativ entwickelt werden.

Im klassischen Geschäft wird eine Regionalbank dagegen immer an ihren Mitarbeiterinnen und Mitarbeitern und an der Qualität ihrer Beratung gemessen. Künstliche Intelligenz,

Crowd-Intelligence oder Robo-Advisor schaffen zwar neue Formen der digitalen Beratung. Die Komplexität der Bankgeschäfte – etwa im Bereich der Altersvorsorge – fordert oder überfordert die Kunden aber in einem Maße, dass sie auch in Zukunft die persönliche Beratung der maschinellen vorziehen werden. In wenig komplexen Bankgeschäften dagegen machen Roboter, etwa in Form von Chatbots, oder automatisierte Selbstbedienungsangebote durchaus Sinn. Daher müssen Regionalbanken auch in diesem Bereich innovativ sein.

Die persönliche Beratung kann eine Regionalbank dagegen immer regional anbieten. Der Wert der persönlichen Beratung bemisst sich aber nicht am Skalierungspotenzial, sondern an der Beratungsqualität und an der Güte der Kundenbeziehung. Das gesamte Geschäftsstellennetz einer Regionalbank muss in erster Linie auf diese Qualitäten und nicht auf Skalierung ausgerichtet sein. Banken müssen einen hervorragenden Service erbringen und ihre Kundinnen und Kunden auf Händen tragen. Für die Zukunft stellt sich vor allem die Frage, wie neue Technologien sinnvoll in die Beratungsprozesse integriert werden können. Die Qualität der Beratung muss verbessert werden, ohne dass die Bank dabei den Augenkontakt zum Kunden verliert.

Utopien: Welche Rolle werden individuelle und persönliche regionale Angebote gegenüber internationalen Standardprodukten in der Finanzwelt in Zukunft spielen?

Standardprodukte kommen heute vor allem beim Bezahlen zum Einsatz. Deshalb sind Bezahlprodukte, wie sie derzeit Amazon, Google oder Apple lancieren, auch hoch im Kurs. Sie lassen sich einfach in die digitale Customer Journey integrieren: Der Kunde surft durchs Warenangebot im Internet, sucht ein Produkt aus und bezahlt, am einfachsten gleich mit dem Zahlungssystem des entsprechenden Produktanbieters (zum Beispiel Apple Pay,

Google Pay oder Amazon Pay). Das wird sich in Zukunft durchsetzen, unabhängig davon, ob die Unternehmen dafür eine Banklizenz brauchen oder nicht.

Die großen Internetplattformen stellen aber auch für Regionalbanken eine Chance dar. Die Plattformen verkaufen alles, was es gibt. So könnte eine auf Hypotheken spezialisierte Regionalbank zum Beispiel eine Standardhypothek entwickeln, und diese auf Amazon zum Kauf anbieten. Ob sie gekauft wird, ist eine Frage des Preises und der einfachen Abwicklung. Für einen Käufer, der Amazon Pay nutzt, würde die Abwicklung schlank durchgehen.

Das Angebot könnte aber auch eine Beratungsoption beinhalten. Auch das muss dann aber wieder schlank und ohne große Hindernisse – wie beispielsweise inadäquate Compliance-Anforderungen – umzusetzen sein: Die persönliche Beratung auf dem digitalen Kanal, im Fall der Hypothekarbank Lenzburg für den Schweizer Markt oder regional, wenn die Beratung im persönlichen Gespräch stattfinden soll.

Google oder Facebook sind ja in erster Linie große Handelssysteme. Als Anbieter von Bankprodukten kann auch eine Regionalbank künftig auf diesen Systemen mit den eigenen Produkten präsent sein. Auch wenn es sich um reine Beratungsprodukte handelt.

Umgekehrt ist es denkbar, dass Regionalbanken Produkte von Drittanbietern ins Verkaufsangebot aufnehmen. Bei Anlagefonds im Wertschriftenbereich ist das schon länger der Fall. Die Hypothekarbank Lenzburg könnte aber auch Hypotheken von anderen Banken vermitteln. Das Motto für Regionalbanken der Zukunft muss lauten: Sie bieten umfassende und nachhaltige Beratung im Interesse des Kunden an. Insofern werden sie sich in Richtung des Finanz-Coachings entwickeln. Der Kunde bezahlt die Bank für die Expertise, nicht für die Produkte. So wäre es auch egal, ob sie eigene Produkte oder die von Drittanbietern verkauft. Es ist das Vertrauen des Kunden in die Berater und Dienstleistungen einer Bank, das ihn nachhaltig an die Bank seiner Wahl bindet.

Offenheit und Plattformfähigkeit bringen ein regionales Institut dagegen auf eine andere Art weiter. Man kann in kollaborativen Strukturen mit anderen Unternehmen die Angebotspalette ausbauen, ohne dass man die Produkte selbst machen muss. Für hohe Investitionen in eine große Produktvielfalt fehlt regionalen Instituten oft die kritische Größe. Aber in einem Netzwerk, das technologisch modular zusammengesetzt ist und viele kleine flexible Teile umfasst, sind auch kleinere Banken in der Lage, ihre Angebote flexibel zu gestalten und in bester Manier für ihre Kunden auszubauen.

Dies auch aus dem Grund, weil die Digitalisierung weiter voranschreiten wird. Ganz allgemein wird diese Entwicklung mit sich bringen, dass die Veränderungsgeschwindigkeit zunimmt und sich die Unsicherheit und die Komplexität wegen Unkenntnis von Variablen und ihren Beziehungen untereinander erhöht. Zugleich reduziert sich der Grad an Klarheit, weil vieles mehrdeutig wird und der Interpretation bedarf.

Das heißt, die Komplexität der Technologie nimmt so stark und schnell zu, dass sie von regionalen und globalen Einzelakteuren je länger, je weniger im Alleingang beherrscht werden kann. Die Abkehr von einem holistisch begriffenen Wasserfalldenken, das Probleme mit einem einzigen allumfassenden System lösen will, ist die logische Konsequenz. Das Software Engineering etwa, das die Hypothekarbank Lenzburg als Kernbankensystementwicklerin auch betreibt, operiert heute dank Methoden wie Scrum viel agiler und schlanker und kann sich zum Beispiel innerhalb eines Systems auf Problemstellungen eines Teilbereichs konzentrieren, ohne deswegen gleich das ganze System einem neuen Design unterwerfen zu müssen.

Diese Veränderungen beeinflussen auch die Art der Zusammenarbeit. In einzelnen Unternehmensbereichen hat die Hypothekarbank Lenzburg diesen Entwicklungen zu entsprechen versucht, indem sie flache Hierarchien, transparente und partizipative Prozesse, klare und direkte Kommunikationsformen und iterative Vorgehensweisen eingeführt hat. So kann die Bank am besten und proaktiv auf rapide globale Veränderungen reagieren und die Zukunft digital und persönlich angehen.

#newtech
#corporateforesight
#Innovationlabs

» InnovationLabs sind ein wichtiger Baustein, aber nicht das Allheilmittel zur Transformation einer Bank. Labs können nur dann erfolgreich sein, wenn sie einer definierten Innovationsstrategie des Unternehmens folgen. «

Simon Oberle

- ist Senior Manager für Strategie und Innovation bei der ING-DiBa AG
- baute die Managementberatung Sopra Steria NEXT auf und leitete dort das Financial-Services-Geschäft
- gründete 2015 das erste DigiLab bei der Management- und Technologieberatung Sopra Steria in Deutschland
- leitete zahlreiche Digitalisierungsprojekte als interner und externer Projektleiter

SIMON OBERLE

Persönliches: Banker sind häufig nicht die Vorreiter bei Innovationen. Woher kommt Ihre Begeisterung, sich mit Innovationen und neuen Technologien zu beschäftigen?

Mich hat dieses Klischee der trägen Banken, in dem leider auch viel Wahrheit steckt, in meiner Zeit als Banker immer gewurmt. Und mehr noch hat mich gestört, dass Viele dies als in Stein gemeißelt hinnahmen. Für mich gab es dann nur einen Weg, das zu ändern: selbst anpacken. Ich habe mich deshalb sehr früh dafür entschieden, in das Projektgeschäft einzusteigen und die teilweise verstaubten Prozesse in Banken schneller und effizienter zu machen. Mit dem Boom der Direktbanken wurde mir klar, dass es nicht nur um bessere und schnellere Prozesse, sondern auch um einfache und verständliche Anwendungen für den Endkunden geht. In dieser Phase wurde mir die strategische Relevanz von IT immer bewusster.

Ich bin in einer spannenden Zeit aufgewachsen. In meiner Jugend haben PCs jedes Jahr hardwaretechnisch große Sprünge gemacht. Ich konnte keine neue PC-Generation oder neuen Spielekonsolen auslassen. Während meiner Ausbildung zum Bankkaufmann kam schließlich das Smartphone auf den Markt. Diese Zeit hat mich sehr geprägt. Ebenso wie die erste Generation von Social-Media-Plattformen: Ich sehe es als Privileg, den Übergang miterleben zu können und zu verstehen, wie sich

A. M. Bajorat et al. (Hrsg.), *Köpfe der digitalen Finanzwelt*,
https://doi.org/10.1007/978-3-658-29644-5_10

die Interaktionen mit Freunden sukzessive neugestalteten. Aus dieser Zeit ist viel hängengeblieben, und ich konnte viel in mein berufliches Umfeld von heute mitnehmen – vor allem den Blick auf die Chancen, die sich aus den Technologien und Kommunikationsformen ergeben.

Der Schritt in eine Beratung war naheliegend, wenn man die Veränderungsgeschwindigkeit und die Taktzahl der Veränderungsprozesse für sich selbst steigern will. Bei Sopra Steria konnte ich die Kombination aus Banking und IT zur Entwicklung kreativer Lösungen sehr häufig erleben und gestalten. Zudem war das die Zeit eines weiteren Digital Shift. Viele neue Technologien eröffneten uns komplett neue Möglichkeiten zur Generierung von Innovation. Die ersten Gehversuche von Augmented-, Virtual- bis hin zu Mixed Reality oder die Fokussierung von Businessentwicklungen auf Technologiefelder wie Blockchain oder Künstliche Intelligenz lösten so etwas wie Goldgräberstimmung aus. Für mich war das wie ein Zauberkasten, mit dem man neue Wege erschaffen und einschlagen kann.

Geprägt hat mich in dieser beruflichen Phase die Gründung der ersten DigiLabs für Sopra Steria im Jahr 2015 und die Interaktion mit den übrigen Lab-Betreibern der Sopra Steria Gruppe in der ganzen Welt. Das hat mir viel Inspiration gegeben, Antworten auf die Frage nach der Zukunft des Bankings zu finden, die mit der Tempoverschärfung bei der Digitalisierung ins Rollen kam. Eine Diskussion über das mögliche Aus einer ganzen Branche entbrannte, die ich so noch nicht kannte. Was mich inspirierte, war der Umstand, dass der Fokus nicht mehr nur auf Effizienz durch den Einsatz von Technologien gelegt wurde, sondern mehr und mehr auf die Suche nach neuen Geschäftsmodellen und Ertragsquellen. Gerade die strategischen Facetten und die Potenziale für neue Geschäftsfelder mit neuen Technologien waren für mich besonders spannend.

In meinen Projekten in der Bankenlandschaft habe ich zudem gemerkt, dass der größte Erfolgsfaktor für das systematische Generieren von Innovationen die Einstellung der Mitarbeiter und des Managements ist. Vorstände, die neue Technologien und Digitalisierungskonzepte als Chance für ihr Geschäft sehen, auch wenn es zahlreiche Hürden in der Umsetzung geben wird, bringen immer wieder Inspiration. Ein Management, das sich darauf stützt, was in der Vergangenheit erfolgreich war und sich deshalb nicht auf die Zukunft ausrichtet, zeigt jedoch auch, welche Unternehmen in Zukunft die Verlierer der Digitalisierung sein werden.

Meinungen: InnovationLabs haben in den letzten Jahren einen wahren Boom erlebt. Nahezu jedes Unternehmen, das etwas auf sich hält, betreibt ein solches Lab. Woran liegt das?

Es ist richtig, die Zahl der InnovationLabs steigt weiter an – auch bei den Banken. Forschung und Entwicklung war im Vergleich zu produzierenden Unternehmen noch nie die Kernkompetenz von Finanzdienstleistern. Wirklich explorative Facetten waren in Banken immer Mangelware. Das ändert sich gerade: Mit der Digitalisierung wird die Diskussion über die Zukunft der Finanzdienstleistungsbranche zunehmend radikaler geführt. Die Frage, wie Blockchain die Infrastruktur und die Zusammenarbeit von Marktteilnehmern verändern wird oder welche Automatisierungs- und Individualisierungspotenziale Künstliche Intelligenz in den nächsten Jahren mit sich bringt, geht deutlich über die Fragestellungen traditioneller Softwareimplementierungsprojekte hinaus, mit denen sich Banken normalerweise beschäftigen.

So verfügen mittlerweile nicht mehr nur noch die Konzerne wie die Deutsche Bank und die Commerzbank über Vorzeigelabore, auch mittelständische Regionalbanken gründen eigene Labore. Das resultiert nicht zuletzt aus dem Gefühl im Management, dass sie als Unternehmen noch nicht genug tun, um sich auf das allgegenwärtige Thema Digitalisierung einzustellen. Dieses Gefühl ist häufig gepaart mit der Ratlosigkeit, wie man sich verändern sollte und dem fehlenden Mut, große und unbequeme Unternehmenstransformationen anzustoßen. Der Weg zu einer dynamischeren Unternehmenskultur und kürzeren Veränderungszyklen führt somit häufig über Innovationslabore, die die Chancen in einer sich schnell wandelnden Welt für das Unternehmen nutzen aber auch um Risiken aus dieser Veränderung abwenden sollen.

Die InnovationLabs von Banken unterscheiden sich häufig in ihrer Ausrichtung:

InnovationLabs zur Digitalisierung des Kerngeschäftes
Die Aufgabe vieler Innovationslabore ist, das klassische Bankgeschäft mit neuen Methoden und Technologien in die Zukunft zu führen. Das Kerngeschäft soll unter neuen Bedingungen weiterlaufen. Dafür werden die passenden Stellschrauben für Anpassungen gesucht, getestet und umgesetzt. Dies ist ein hehres Ziel für vergleichsweise kleine InnovationLabs in großen, von Hierarchien geprägten Banken.

Die InnovationLabs werden häufig bewusst außerhalb der Kernorganisation in hippen Räumlichkeiten und mit großer Nähe zur Fintech-Szene aufgebaut. Diese Ausrichtung ermöglicht es somit, bewusst bewährte Vorgehensweisen in Frage zu stellen. Die geschaffene Distanz birgt jedoch auch das Risiko, dass die Speedboote der InnovationLabs mit ihrer Umsetzungsgeschwindigkeit an den Mauern der traditionellen Organisationsstrukturen zerschellen. Passiert das, sind die Labs reine Spielwiesen. Die Verbindung von schnellen Initiativen zur Ideengenerierung und -evaluierung mit auf Konstanz und Robustheit ausgelegten Unternehmensstrukturen ist aktuell die große Herausforderung für InnovationLabs.

Die Labs haben die Aufgabe zu experimentieren, anstatt nur zu implementieren. Das gilt für den Einsatz und die Bewertung neuer Technologien – beispielsweise Künstliche Intelligenz – aber auch die Anwendung neuer Methoden wie Design Sprints.

Die Prinzipien der eingesetzten Methoden geben in der Regel auch die Ziele in den Labs vor:

- Innovationen aus Kundensicht denken
- Aufbrechen von Silostrukturen durch interdisziplinäre Teams
- Ideen schnell verproben und schnell daraus lernen

Dabei verschwimmen die Aufgaben, das eigene Unternehmen zu transformieren und der Aufbau neuer Geschäftsmodelle und digitaler Services sehr häufig. Nicht selten werden in den Labs auch Mitarbeiter der Kernorganisation geschult, bis hin zu der Verantwortung für den kompletten Innovationsprozess der Bank übernommen.

In den Labs wird vor allem die langfristige Entwicklung von Digitalisierungskonzepten und Technologien angesiedelt. Gerade das Know-how über neue Technologien wie Blockchain, KI und Co. lässt sich nicht im Tagesgeschäft aufbauen.

Hier können Finanzdienstleister von Unternehmen des produzierenden Gewerbes lernen. Diese entwickeln selbstfahrende

E-Autos auch nicht durch die Produktionsbereiche, die gerade unter Volllast Dieselfahrzeuge herstellen.

Die Suche nach neuen Geschäftsfeldern und Ertragsquellen
Andere InnovationLabs sind darauf ausgerichtet, die Chancen der Digitalisierung zur Generierung neuer Ertragsquellen zu nutzen und somit einen Ausweg aus der Abwärtsspirale bei Zinserträgen zu finden.

Die Suche nach neuen Ertragsfeldern kann dabei sowohl im eigenen Kerngeschäft als auch in branchenfremdem Terrain stattfinden. Die Entscheidung, in neue digitale Geschäftssegmente einzusteigen, erfordert eine große Investitionsbereitschaft sowie die passenden Steuerungselemente, die auf einen langfristigen Aufbau eines neuen Geschäftssegments abzielen. Häufig werden in den ersten Phasen eines solchen Ansatzes Teams in den Labs komplett für die Entwicklung der Produkte freigestellt und teilweise nach dem Launch eines ersten marktfähigen Produktes als eigenes Start-up ausgegründet. Dieser Company-Builder-Ansatz erfordert ein deutlich stärkeres Commitment zum Wandel der Firma als die evolutionäre Weiterentwicklung des Kerngeschäftes.

Einbettung des Unternehmens in das digitale Ökosystem
InnovationLabs dienen häufig auch quasi als physische „API" zum digitalen Ökosystem des Unternehmens. Die Interaktion mit anderen Marktteilnehmern spielt in der schnellen Umsetzung digitaler Lösungen eine bedeutende Rolle. Für eine gesteigerte Innovationsgeschwindigkeit müssen Unternehmen in der Lage sein, neue Lösungen am Markt – beispielsweise von Fintechs – schnell adaptieren und in ihre Unternehmensprozesse einbauen zu können.

Durch den Wandel der Wirtschaft hin zu einer Plattformökonomie geht es zudem darum, dass man die eigentliche Wertschöpfungskette durch Drittanbieter erweitert. Dieser offene Ansatz zur Entwicklung von Innovationen, über Unternehmens- und Branchengrenzen hinaus, wird häufig in Labs aktiv gelebt.

Insbesondere bei größeren Unternehmen rücken zudem die Investitionen in aufstrebende Start-ups verstärkt in den Fokus der Labs. Als Kontaktfläche dienen häufig Accelerator- und Inkubatorenprogramme. Viele Banken siedeln ihre Venturing-Initiativen und Investitionen in die Digitalisierung in den Labs an.

Utopien: Wird die Zukunft der Banken in den nächsten fünf Jahren in Labs entstehen?

InnovationLabs allein werden die Transformation der traditionellen Organisation nicht bewältigen. In fünf Jahren werden viele InnovationLabs verschwunden sein, die in den vergangenen Jahren aus dem Boden gestampft wurden.

Das liegt daran, dass die Bedeutung der InnovationLabs für die Entwicklung des Unternehmens in vielen Fällen unklar ist. Insbesondere der eigene Anspruch an Innovationen und somit an den Investitionshorizont ist häufig nicht definiert. Vertritt die Geschäftsleitung eine Follower-Kultur und die InnovationLabs sondieren Technologien und Geschäftsmodelle, die in drei bis fünf Jahren eine Praxistauglichkeit erreichen werden, führt dies unweigerlich dazu, dass die Investments in die InnovationLabs nicht zu den erwünschten Resultaten führen.

Ist diese strategische Ausrichtung geklärt und die Erwartungshaltung an die InnovationLabs für alle im Unternehmen klar, so werden die Labs wertvolle Rollen in Unternehmen spielen können.

Die evolutionäre Weiterentwicklung des Kerngeschäftes wird perspektivisch nicht in den Labs stattfinden. Die Rolle der Labs muss sich primär auf die Evaluierung von langfristigen Trends und Entwicklungen im Sinne eines Corporate Foresight fokussieren, das die Verantwortung für neue Technologien und Impulse in die Organisation trägt. Die eigentliche Weiterentwicklung von Prozessen und Produkten sollte in der Kernorganisation stattfinden. Nur so kann langfristig die skalierte Transformation der Organisation gelingen, die Kultur großflächig gewandelt und somit die Größe der Banken als Vorteil gegenüber neuen Marktteilnehmern genutzt werden. Banken sollten vermeiden, dass ein „Not-invented-here-Syndrom" in der Kernorganisation eintritt und die Verantwortung für Innovationen nur noch in den Labs gesehen wird. Die Zusammenarbeit zwischen Strategieabteilung, IT und den Labs wird in Zukunft deutlich enger und intensiver ausfallen, um die operativen Weiterentwicklungen langfristig mit den richtigen Impulsen zu versorgen.

Bei Ideen außerhalb des Kerngeschäftes werden die Labs ihre Wertschöpfungskette deutlich erweitern und ihre Rollen bis hin zur Markteinführung wahrnehmen müssen. Das ermöglicht eine deutlich bessere Risikosteuerung für die Investments. Es wird somit auch eine Kernfähigkeit sein, ganze Teams und Lab-Bereiche schnell aufzulösen, wenn diese nicht den gewünschten Erfolg erzielen und auf neue Themen zu allokieren. Für diese Company-Builder-Ansätze ist jedoch – deutlich mehr als heute – eine klare Ausrichtung der Geschäftsleitungen auf den Ausbau von neuen Geschäftsfeldern erforderlich. Wie eine solche Investitionsstrategie aussehen kann, macht beispielsweise die Otto Group – digital solutions vor. Nur so können bei langfristig schwieriger Ertragssituation die Investments in die Digitalisierung fließen.

Projekte mit einem gesellschaftlichen, langfristig disruptivem Charakter werden wir in den Finance-Labs auch weiterhin wenig bis gar nicht finden. Moonshot-Projekte wie die SpaceX oder die Entwicklung von selbstfahrenden Autos durch Google erfordern einen Investitionshorizont von teilweise mehr als zehn Jahren. Hierfür benötigen Unternehmen eine große Bereitschaft, Risiken einzugehen und über viele Jahre hinweg große Summen zu investieren. Hierfür sind die deutschen Banken weder kulturell noch finanziell richtig ausgestattet.

#AnalogeÖkosysteme
#Interdisziplinarität
#CoworkingSpacesInBanken

» Kreditinstitute müssen nicht nur ihre APIs öffnen, um Innovationen zu fördern – sondern auch den Zugang zu ihren Gebäuden. NewWork und Coworking Spaces bieten eine Vielzahl von Erfolgspotenzialen für Finanzdienstleister! «

Dr. Harald Brock
- ist Geschäftsführer von investify, einem Software- und Regulatorik Provider für Financials und Non-Financials
- übernahm vorher diverse Führungsfunktionen in einem Kreditinstitut
- baute einen der ersten Coworking Spaces im Bankenkontext auf
- ist Aufsichtsratsmitglied der Cowork AG
- ist Lehrbeauftragter für strategisches Management an der Rheinischen Fachhochschule Köln
- promovierte zum Thema „Shared-Value im Geschäftsmodell von Finanzdienstleistern"
- veröffentlicht seit Jahren zu den Themen Banking, Digitaliserung und NewWork

Dr. Harald Brock

Persönliches: Wie kommt man als Geschäftsführer eines Fintechs dazu, sich seit vielen Jahren mit Filialen zu beschäftigen?

Meinen Einstieg in die Finanzwelt machte ich nach dem Abitur und dem Zivildienst zunächst ganz klassisch durch eine Ausbildung zum Bankkaufmann. Anfang der 2000er Jahre habe ich somit viel Zeit in großen und vermutlich damals schon überdimensionierten Bankgebäuden verbracht. Bereut habe ich meine Ausbildung bis heute nie. Ich bin der festen Überzeugung, dass man die Zukunft erfolgreicher gestalten kann, wenn man die Vergangenheit kennt. Von Digitalisierung und Innovationen im heutigen Sinne war natürlich während meiner Ausbildung noch nicht viel zu spüren – genau genommen gar nichts. Der dot.com Hype hatte die Bankenwelt in weiten Teilen links liegen gelassen.

Es wäre gelogen zu sagen, dass mir diese alte Bankenwelt, mit dem ihr eigenen (baulichen) Charme nicht gefallen würde. Umso mehr freut es mich, dass ich heute genau diese tollen Bankgebäude transformieren und in eine innovative und wirtschaftsfördernde Nutzung überführen kann – dazu aber später mehr.

Nach meiner Bankausbildung zog es mich zur RWTH in Aachen. Die Hochschule sollte seitdem immer wieder zum Anker-, Anlauf- und Absprungpunkt für mich werden. In der Zeit, als es darum ging, ein Thema für meine Masterarbeit zu finden, es muss Anfang 2012 gewesen sein, wurde ich durch die altbackenen Aussagen eines heutigen „Top-Bankers" bei einem Kongress so schockiert, dass ich mich intensiv mit dem stationären Vertrieb

A. M. Bajorat et al. (Hrsg.), *Köpfe der digitalen Finanzwelt*,
https://doi.org/10.1007/978-3-658-29644-5_11

und der Digitalisierung beschäftigen wollte. Bis heute hat mich das Thema nicht mehr losgelassen.

Nach dem Studium sollte das Gründerzentrum der RWTH um Professor Brettel für einige Monate meine Heimat werden. In dieser kurzen Zeit sind rückblickend erstaunlich viele berufliche Weichen und private Freundschaften entstanden. Damals war es für mich etwas völlig Neues, mit Menschen in Kontakt zu kommen, die dabei waren zu gründen oder schon erfolgreich gegründet haben. Viele von ihnen „Aachen-typisch" mit einem technologischen Fokus. Dieser Gründergeist hat mich damals total fasziniert und seitdem ebenfalls nicht mehr losgelassen – der zweite Themenkomplex hatte mich gefesselt. Hierzu muss man wissen, dass Entrepreneurship und Start-up-Shows damals in Deutschland keine gesellschaftliche Rolle spielten. Auch an den Unis war es noch schicker, bei den Big4 oder bei einem großen Dax-Unternehmen zu arbeiten – aber bestimmt nicht in einer Start-up-Bude.

Im Jahr 2013 habe ich zum ersten Mal in ein Start-up investiert und sehen können, wie man innerhalb von drei Jahren einen ungeheuren internationalen Erfolg mit einem kleinen schlagkräftigen Team erreichen kann. Das Patentportfolio des Start-ups stammte übrigens von einem bedeutenden Global Player, der die Potenziale im Konzern selbst nicht nutzen wollte und damit ein überaus interessantes Geschäftsfeld an sich vorbeiziehen ließ. Das heißt, es ist nicht nur ein Bankenthema, dass die Potenziale neuer Geschäftsmodelle in Deutschland häufig nicht erkannt werden.

Nach meiner Zeit am Gründerzentrum kehrte ich zurück in die Bankenwelt mit einer berufsbegleitenden Promotion im Gepäck. Meine in den letzten Jahren liebgewonnenen Themen habe ich allerdings nie aus den Augen verloren. In Projekten habe ich mich mit der Digitalisierung des Bankenvertriebs beschäftigt. Parallel zu meiner Arbeit und Promotion ist 2014/15 das Herausgeberwerk „Multi- und Omnichannel Management in Banken und Sparkassen" entstanden – eines der ersten Fachbücher zur Digitalisierung im Bankenkontext. In wenigen Jahren wurde ich in der Bank zum Direktor – auch dank Thomas Pennartz, der mich und meine Themen früh gefördert hat. Er hat mir deutlich gemacht, wie wichtig neue Geschäftsmodelle, Netzwerkeffekte und die Schaffung eines gesellschaftlichen Nutzens für ein Kreditinstitut sind. Diese Denkweise sollte sich später im Aufbau von Coworking Spaces wiederfinden.

Es hat mir persönlich immer wieder in der Bank geholfen, dass ich mich mit innovativen Themen beschäftigt habe. Hierdurch konnte ich mich immer abgrenzen und gut positionieren. Heute ist es aus meiner Sicht sogar fast ein Muss, Erfahrungen und Kontakte außerhalb der Bankenwelt zu sammeln, um dann mit neuem Wissen, Denk- und Arbeitsweisen gestärkt eventuell wieder eine Bank zu betreten. Dies betrifft das Servicepersonal, das beispielsweise Erfahrungen in der Hotellerie sammeln sollte, genauso wie den Topmanager, der mal für einige Zeit in einem Fintech gearbeitet haben sollte. Denn Wissen und Erfahrungen aus dem klassischen Bankgeschäft werden immer mehr zum Commodity, so wie viele Bankdienstleistungen selbst. Zudem muss eine stärkere Kundenzentrierung in die Köpfe. Das heißt, es kommt in der digitalen Bankenwelt immer mehr darauf an, die dicken Türen zu öffnen und Synapsen zwischen Bankdienstleistungen und der sonstigen Welt aufzubauen. Passend in diesem Kontext sagte Steve Wozniak: „Wherever smart people work, doors are open".

Vor einiger Zeit durfte ich dann selbst die Erfahrung machen, dass eine Entscheidung gegen eine Führungsfunktion mit repräsentativem Chefbüro in einer Bank, großem Mitarbeiterstab etc., und für ein Start-up mit Ikea Möbeln und jeder Menge Dynamik dann doch nicht leicht zu treffen ist. Obwohl ich das zuvor geschriebene zutiefst vertrete, fiel es mir schwerer als gedacht, das Angebot von Professor Rüdiger von Nitzsch und Martin Kölsch (ehemals Vorstand der Hypo Vereinsbank, Mitgründer der Fidor Bank AG) direkt anzunehmen und Geschäftsführer eines Fintechs zu werden. investify baut Software für Finanzdienstleister im Bereich der digitalen Geldanlage. Die Lernkurve, die mich erwarten würde, war mir die ganze Zeit bewusst, dennoch gehörte für mich viel Mut dazu, den sicheren, erfolgversprechenden Hafen zu verlassen und neue Wege zu gehen. Das Buch „Disrupt Yourself" von Christoph Keese hat vielleicht meine Gedanken und beruflichen Strategien in der Entscheidungsphase so ordnen können, dass ich nach einigen Wochen in der Lage war, mich dann doch für ein innovatives Start-up zu entscheiden. Zur gleichen Zeit habe ich mich an der Cowork AG beteiligt, um unter dem Namen „Worqs" ein standardisiertes Konzept mitzuentwickeln, das es insbesondere Banken ermöglicht, neue interne und externe Impulse durch die Umnutzung von Immobilien zu setzen. Vereinfachend kann man sagen, dass die Cowork AG die Scherben, die die Digitalisierung in den Bankgebäuden hinterlässt, aufnimmt, um damit Neues für die Bank und die umliegende Wirtschaft zu schaffen.

Meinungen: Welche Kundenbedürfnisse können Banken mit Coworking Spaces adressieren?

Bis zu den 1990er-Jahren war ein möglichst dichtes Filialnetz im Retailbanking ein Garant für eine ausgezeichnete Marktpositionierung und hohe organische Wachstumsraten. Mit einem dichten Filialnetz konnten Banken über viele Jahrzehnte wettbewerbsrelevante Kooperationsrenten erzeugen, die auch zu einer starken Kundenbindung geführt haben. Der Erfolg der Sparkassen und Genossenschaftsbanken dient als Beleg. Zudem erzeugten Filialen über Jahre einen gesellschaftlichen Nutzen, indem sie vielen Menschen überhaupt erst den Zugang zu Finanzdienstleitungen ermöglichten.

Seit etwa Anfang der 2000er-Jahre ist allerdings im Markt zu erkennen, dass sich das Differenzierungsdelta zwischen Filialbanken auf der einen Seite und Direktbanken/Fintechs auf der anderen Seite immer mehr verringert. Die Entwicklung des iPhones, von Android und neuartigen Microchips um das Jahr 2007 beschleunigten den Prozess zusätzlich. Zur Einordnung: Klassische Banken mussten sich in dieser Zeit mit den Folgen der Finanzkrise herumquälen, statt in die digitale Gestalterrolle zu wechseln. Die heute zutage tretenden Digitalisierungsdefizite und Disintermediationstendenzen in Banken haben somit eine 20-jährige Historie (Beispiel: 1998 Gründung von PayPal – ohne Gegenreaktion), die Folge eines unreflektierten monolithischen Handelns ist! Durch die zunehmende Digitalisierung (Multichannel-Angebot) haben sich Filialen als Ort immer mehr zu physischen Hüllen entwickelt, die sich von der Schaffung des Kundennutzens entkoppelt haben. Begriffe wie beispielsweise „Erlebnisfiliale“ entpuppen sich im Rahmen dieser Betrachtung immer mehr als Naivität bzw. Oxymoron. Was als Nutzenstifter bleibt, ist die Beratung – wo und wie diese auch stattfinden mag.

Kreditinstitute sind daher gut beraten, wenn sie auf Basis ihrer zur Verfügung stehenden Ressourcen neue Lösungen für Bankgebäude entwickeln, die zum einen wieder den gesellschaftlichen Nutzen in den Vordergrund stellen und zudem positive Ausstrahlungseffekte auf die eigenen Mitarbeiter haben. Open-Banking- und Banking-as-a-platform-Konzepte müssen sich auch in der realen Bankenwelt wiederfinden. Auf digitaler Ebene stellen bereits viele Banken ihre Schnittstellen (APIs), Unternehmen und Fintechs zur Verfügung, um neuartige Angebote zu schaffen und ihre Wettbewerbsposition zu verbessern. In der realen Welt haben die meisten Banken die Relevanz eines solchen Ansatzes noch nicht verinnerlicht und umgesetzt. Banken bleiben daher häufig Orte mit verschlossenen Türen und dicken Wänden – unzugänglich für den organisierten Wissenstransfer, neue Denk- und Arbeitsweisen und gesellschaftliche Impulse. Die in der Bankenwelt geführte Fintechdebatte „Kampf vs. Kooperation“ zeigt erstaunlich klar, wie defizitär der Bankensektor bisher im Wissens- und Kooperationsmanagement sowie bei der Wertschöpfungsarchitektur aufgestellt ist.

Coworking Spaces in Kreditinstituten können ein sehr probates Mittel sein, um den notwendigen Wandel sowohl innerhalb (Mitarbeiter) als auch außerhalb der Bank (Gesellschaft) zu gestalten. Durch den systematischen Aufbau von eigenen Coworking Spaces können Finanzdienstleister zu bedeutenden Akteuren in der Sharing Economy und NewWork-Bewegung aufsteigen – außergewöhnliche und geeignete Räumlichkeiten haben sie hierzu im Überfluss. Unternehmen, wie beispielsweise Mercedes und BMW (Share Now), LendingClub, Airbnb, Uber, freelancer.com oder WeWork haben schon lange verstanden, dass hier interessante Zukunftsmärkte liegen – nur viele Banken wieder einmal nicht, obwohl derartige Angebote näher am Kerngeschäft liegen als gedacht!

Coworking Spaces sind modern gestaltete Flächen, wo Teambüros, Schreibtische, Besprechungs-, Veranstaltungs- und Workshopräume auf Zeit, das heißt pro Tag, Woche, Monat oder länger, vermietet, aber auch durch die Bank selbst genutzt werden können. Durch die flexible Bereitstellung von Räumen können Kreditinstitute eine neue Form der Fristen-(Mietdauer) und Losgrößentransformation (Arbeitsplatzgröße) anbieten. Banken sind hierdurch im Stande, neuartige Intermediärsfunktionen zu übernehmen.

Bei den Nachfragern handelt es sich meist um Start-ups, Freelancer, Projektteams etablierter Unternehmen, digitale Nomaden und Kreative. Das unternehmerische Risiko der Mieter wird durch die Flexibilität der Mietverträge deutlich reduziert (Risikotransformation) und damit der Wirtschaftsförderungsgedanke einer Bank gestärkt.

Eine weitere wichtige Nutzkomponente entsteht in einem Space durch eine lebendige Innovation und Start-up-Community. Der Plattform-, Open-Innovation- und Vernetzungs-Gedanke unterscheidet Coworking Spaces von Gründerzentren, Technologieparks oder Business Center. Entscheidend ist vereinfachend ausgedrückt, dass man an der Kaffeemaschine (sinnbildlich), beim Mittagessen oder bei Veranstaltungen den IT-Nerd genauso treffen kann, wie den Gründer, Banker oder Grafiker und voneinander durch Wissenstransfer und Ideen-Challenges profitiert. Für Coworking Spaces sind somit Netzwerkeffekte von großer Relevanz.

Wenn Kreditinstitute flächendeckend innovative Spaces in Kombination mit Events, wie zum Beispiel Hackathons, Meet-ups, Start-up Pitches, Barcamps, Start-up-Infotagen, anbieten, werden sie mit Menschen in Kontakt kommen, die sonst nie den Weg in eine Bankfiliale gefunden hätten. Coworking-Clubs bieten zudem etablierten Unternehmern und Geschäftspartnern die Möglichkeit, sich gezielt mit Start-ups, kreativen und innovativen Menschen zu vernetzen und Beziehungen aufzubauen. Die Bank wird plötzlich zum Scharnier, Impulsgeber und damit zur Wissenstransfer- und Wirtschaftsförderungsplattform. Kreditinstitute haben auf diese Weise die Chance, extern wirkende Flächen zu betreiben, die ihnen ein völlig neues und modernes Image geben können.

Coworking Spaces in Bankgebäuden können natürlich auch leicht von den eigenen Mitarbeitern genutzt werden. Derartige Plattformen unterstützen den internen Change-Prozess, der immer wichtiger wird. In Spaces treffen Bankmitarbeiter und Digital Experts aufeinander. Zudem sollte ein Space Kreativität und agiles Arbeiten, jenseits der lähmenden Legacy-Welt, gezielt unterstützen und fördern. Zudem werden High Potentials durch moderne Arbeitswelten und gute Netzwerke immer stärker angezogen, motiviert und gebunden. Dies haben Google, Apple und Co. schon lange erkannt und ködern die Generation Y und Millennials ganz gezielt mit den Vorzügen des NewWork. Der Recruiting-Faktor von realen Ökosystemen wird daher ebenfalls immer mehr an Bedeutung gewinnen, gerade für Fachkräfte mit hoher Innovations- und Digitalkompetenz. Sensible Bankdaten sind in Spaces natürlich nicht zu finden. Vergleichbar mit einem digitalen Ökosystem bleibt die Kernbank mit ihren hohen Sicherheitsanforderungen bewusst abgeschottet.

Utopien: Wie wird sich der Markt in Ihrem Bereich in Zukunft verändern?

In Zukunft wird es immer stärker in der Bankenwelt darauf ankommen, neue Geschäftsmodelle und Maßnahmen zu entwickeln, die sich von klassischen und commodifizierten Finanzdienstleistungen lösen und stattdessen neue Nutzenmomente in den Vordergrund stellen. Mit Blick auf Ansoff wird das Matrix-Element „Neue Produkte/neue Märkte" immer wichtiger. Das heißt, die Suche nach neue Märkten, effizienten Prozessen und Clustern wird in Zukunft der Schlüssel zum Erfolg sein. Manchmal sind diese sicherlich mit klassischen Finanzdienstleistungen verwandt, manchmal nicht. Um die Komplexität zu reduzieren und unterschiedliche Ressourcen für Neues zu haben, muss eine konsequente Vereinfachung und Standardisierung das klare Ziel im Banking sein. Zudem werden jegliche Arten von Plattformstrategien forciert werden müssen, die eine stärkere Trennung zwischen Produktentwicklung, Vertrieb und Abwicklung ermöglichen.

Eine gezielte Nutzbarmachung neuer Nutzenmomente setzt allerdings voraus, dass entsprechende Strategien und Mitarbeiter, die sie entwickeln und umsetzen, vorhanden sind. Damit verbunden müssen sich die Ausbildungsprofile und Expertisen der Mitarbeiter in Zukunft deutlich verändern. Eine reine Bankausbildung oder ein Finance-Studium wird nicht mehr das alleinige Mittel der Wahl sein – es braucht in Zukunft deutlich mehr Diversität. Die Öffnung einer Bank für neue Expertisen und Experimente (MVPs etc.) wird zu einem entscheidenden Erfolgsfaktor. Hinzu kommt die Fähigkeit, mit untypischen Partnern (also nicht nur mit Fintechs) im Sinne der integrativen Wertschöpfung zusammenzuarbeiten. Die Herausforderung wird in Zukunft immer stärker sein, das Bankenimage so zu verändern, dass die benötigten High Potentials und Kreativen überhaupt für eine Bank arbeiten wollen. Nur mit Geld lassen sich diese immer seltener locken. Die Börse hat ihr Urteil zur Attraktivität deutscher Banken bereits seit geraumer Zeit gefällt. Vermutlich werden ihr viele gute Mitarbeiter folgen, wenn sich die Arbeitsbedingungen in Banken nicht stärker verändern. In der Konsequenz wird neben der Digitalisierung, der Bereich NewWork deutlich an Relevanz gewinnen müssen. Mitarbeiter müssen stärker in Entscheidungsprozesse involviert werden. Zudem muss die Entscheidungsautonomie von Teams in einer immer agileren Gesellschafts- und Arbeitsstruktur gestärkt werden. In Zukunft wird es immer weniger Führungskräfte geben, die gleichzeitig die beste Fachexpertise im Team besitzen. Führungskräfte müssen stärker zu (Kultur-) Enablern bei der Neuausrichtung werden. Natürlich werden sich in Zukunft auch die Arbeitsorte und Arbeitszeiten stärker den neuen Anforderungen anpassen müssen. Fachlich-/technische Agilität muss durch organisatorisch/räumliche Agilität in Gestalt von geeigneten Arbeitswelten stärker unterstützt werden. Dies ist heute gerade häufig in Banken nicht der Fall. Es braucht mehr kreative und interdisziplinäre Millieus in den Instituten. Platz für unterschiedliche Coworking-Formate und innovative Arbeitswelten wird es in Kreditinstituten in Zukunft mehr als genug geben, da die Zahl der Bankmitarbeiter weiter deutlich sinken wird. Bereits 2017 ist die Zahl der Mitarbeiter bei Banken um mehr als 22.000 gesunken – 2018, 2019 und 2020 noch mal mehr. Ganze Bürotrakte und Gebäude werden in Zukunft durch Fusionen frei und müssen umgenutzt werden, viele davon in interessanten A-Lagen. Diese Immobilienpotenziale müssen Finanzdienstleister strategisch zu ihren Gunsten nutzen.

VE
P

RTRIEB &
RODUKTE

#dsgv
#digitalbanking
#sparkasse

» Sparkassen wurden explizit dazu gegründet, um dem Einzelnen mehr wirtschaftliche Entscheidungsfreiheit zu bieten – der Kerngedanke von Omnichannel geht genau in diese Richtung. Es geht um die Eigenständigkeit des Kunden. Er soll entscheiden können – diskriminierungsfrei. „Voice" wird erheblich zur „Financial Inclusion" im digitalen Alltag beitragen. Umso wichtiger ist es dann, dass in diesem Bereich keine Monopolbildung stattfindet. «

Dr. Joachim Schmalzl

- ist geschäftsführendes Vorstandsmitglied des Deutschen Sparkassen- und Giroverbandes
- war ordentliches Vorstandsmitglied, Dezernent für Organisation, Prozess- und Produktmanagement, Controlling, Finanzen und Risikomanagement bei der heutigen Sparkasse KölnBonn
- war Bereichsleiter Organisation und Datenverarbeitung/ Bereichsleiter für Medialen Vertrieb bei der damaligen Stadtsparkasse Köln
- war Leiter Informatik-Strategie und Teile der Anwendungsentwicklung der BHF-Bank, Frankfurt
- hatte seinen Berufseinstieg bei McKinsey & Comp. in Düsseldorf
- promovierte im Fachbereich BWL an der Universität Göttingen am Lehrstuhl für Wirtschaftsinformatik über Systemarchitekturen von Kreditinstituten

DR. JOACHIM SCHMALZL

Persönliches: Sie haben vieles gesehen von der Strategieberatung, über eine Geschäftsbank und Sparkasse, und jetzt sind Sie im Deutschen Sparkassen und Giroverband aktiv. Wo kann man am meisten bewegen?

Am meisten bewegt sich bei den Sparkassen – im positiven Sinne. Sie hatten schon immer eine selbstverständliche und vergleichsweise hohe Wertschätzung für die IT. Das war für mich persönlich auch der größte Kulturbruch und gleichzeitig Erkenntnisgewinn, als ich 1997 in die Sparkassenwelt gekommen bin. Hier sind schon vor geraumer Zeit große technische Investitionen getätigt worden. Das ist ein Vorsprung, in den wir weiter konsequent investieren, sicher mit steigenden Volumina und in immer größerer Vielfalt – aber auf sehr guter Grundlage.

Früher war ja die sehr verbreitete Problematik, dass es in Unternehmen, gerade auch in Finanzunternehmen, im Grunde keinen Dialog gab zwischen IT und Geschäftsstrategie. IT war bestenfalls dazu da, einen Rationalisierungsbeitrag zu bringen oder Infrastruktur zur Verfügung zu stellen. Das Potenzial der IT als „Geschäftsermöglicher" wurde erst spät erkannt.

A. M. Bajorat et al. (Hrsg.), *Köpfe der digitalen Finanzwelt*,
https://doi.org/10.1007/978-3-658-29644-5_12

Anfangs waren es nach meiner Beobachtung die IT-ler selbst, die damit begonnen haben, sich mit geschäftsstrategischen Fragestellungen zu befassen. Das war gewissermaßen aus der Not geboren. Denn die IT braucht Vorgaben, um langfristig investieren zu können. Diese Vorgaben kommen aus der Strategie oder sollten von dort kommen. Andererseits kann auch die IT eben mehr sein als eine reine Zahlenmaschine oder ein Rechenzentrum. Sie kann neue Möglichkeiten eröffnen und dadurch selbst strategische Impulse setzen. Sie dient der Strategie – aber sie ist kein stummer Diener, sondern durchaus auch Treiber – eben Innovator.

In der Finanzwirtschaft ist dieser Zusammenhang vor allem durch die Erfolge der US-Geschäftsbanken bewusst geworden, die als erste über die IT einen Marktzugang geschaffen haben. Das waren seit den frühen Neunzigerjahren die Online-Broker wie Charles Schwab, denen in Deutschland die Direktbanken gefolgt sind – im Kern eigentlich „IT-Buden".

Auch in der Unternehmensberatung wurde das strategische Potenzial von IT für die Geschäftsstrategie von Finanzinstituten aktiv aufgegriffen. In meiner Zeit als Unternehmensberater bei McKinsey & Company (1990-1993) eröffnete McKinsey in San Francisco ein Business Technology Office. Das war ein relativ früher Zeitpunkt. Menschen mit betriebswirtschaftlichen und gleichzeitig IT-technischen Kenntnissen waren selten – und wurden entsprechend stark gefordert.

IT lässt sich nach meinem Eindruck am besten evolutionär weiterentwickeln, brachiale Schritte sind angesichts der hohen Komplexität mit zu viel Risiko verbunden. Das hat viele Banken strategisch zurückfallen lassen.

Die größte Herausforderung für Kreditinstitute ist ja die Einstellung: „IT kostet nur und schwächt die Profitabilität anderer Geschäftsbereiche, also muss sie selbst auch vor allem zur Kosteneffizienz beitragen". Bei den Sparkassen habe ich das gleich anders erlebt. Hier gibt es eine deutlich höhere Sprachfähigkeit untereinander, also zwischen IT und Strategie. Davon profitieren wir heute, gerade beim stufenweisen Ausbau unseres Omnikanal-Angebots.

Herrn Dr. Thomas Noth würde ich rückblickend als meinen wichtigsten Mentor während meines Berufseinstiegs beschreiben. Er war mein Projektleiter bei McKinsey, dann mein Chef als Vorstand der BHF-Bank, später dann in der Stadtsparkasse Köln. Danach war er Vorsitzender der Geschäftsführung der FinanzIT (einem Vorgänger der heutigen Finanz Informatik).

Der Stellenwert der IT ist auf Ebene der Geschäftsstrategie richtig eingeordnet – aber sie sollte doch subsidiär bleiben. Denn Banking bleibt auch in Zukunft mehr als „Zahlen zusammenrechnen“. Es ist vor allem eine Vertrauensbeziehung. Und es gibt diesen Hunger nach Vertrauen bei allen Kunden. Vertrauen kann aber in Zeiten von fake IDs, Falschbewertungen auf Portalen oder fehlgesteuerten Algorithmen und allen Formen der Cyberkriminalität sehr leicht missbraucht werden. Deshalb brauchen Kunden mehr als eine rein technische Verbindung zu ihrer Bank oder Sparkasse.

Es sind drei Erfahrungen, die mich vor allem geprägt haben. Erstens: Wer IT strategisch nutzen will, muss die Möglichkeiten und Relevanz von Technologie wirklich verstehen und einschätzen können. Zweitens: Technische Euphorie ist oft ein gemachter Hype. Man muss nüchtern unterscheiden, was interessegeleitet, und was ein echter Fortschritt ist – sonst läuft man Gefahr, auf falsche Trends hereinzufallen. Und drittens: In der Finanzwelt wird die IT immer einen wichtigen strategischen Beitrag leisten. Sie ist eine Geschäftsnotwendigkeit. Aber sie darf nie Selbstzweck werden.

Im Grunde liegt darin auch der Kern für das, was Omnichannel leisten muss: Jede Form von Zugang muss für den Kunden wählbar sein. Eben auch der persönliche, von Mensch zu Mensch.

Meinungen: Ein gutes Omnichannel-Management lässt digitale Angebote und Filialen verschmelzen. Profitieren Sparkassen und Volksbanken derzeit vom deutlichen Rückzug der Privatbanken?

Ich komme aus einer Sparkasse, die schon früh begonnen hat, die unterschiedlichen Kanäle auszubauen, die schon 1997 Database-Marketing eingeführt und 2004 das erste Handybanking für Finanzstatus und Fahrplan der Kölner Verkehrsbetriebe eingeführt hat. 2005 zum Weltjugendtag in Köln gab es diesen sogar in lateinischer Sprache.

Es war ein großer organisatorischer Kraftakt, diese für sich entwickelten Kanäle zusammenzubinden – und etwa die Videoberatung mit der Filialkultur und den Abläufen in der Filiale zu integrieren. Dies ist nicht nur technisch, sondern auch kulturell eine dauernde Herausforderung.

Ich sehe es deshalb als eine meiner Kernaufgaben im Verband, dass wir Lösungen entwickeln, die von vornherein „omnikanal" angelegt sind. Der nächste große Schritt wird sein, die S-App und die Internetfiliale der Sparkassen auf einen gemeinsamen Datenhaushalt aufzusetzen und dies durch ein gezieltes API-Management auch nach außen schnittstellenfähig zu machen. So bauen wir etwas, das andere vielleicht Finanzplattform nennen würden. Bei den Sparkassen sagen wir: das finanzielle Zuhause der Kunden.

Sparkassen wurden explizit dazu gegründet, um dem Einzelnen mehr wirtschaftliche Entscheidungsfreiheit zu bieten, seine persönlichen finanziellen Möglichkeiten zu verbessern und seine Souveränität als Teil der Gesellschaft durch finanzwirtschaftliche Leistungen zu stärken.

Der Kerngedanke von Omnichannel geht genau in diese Richtung. Es geht um die Eigenständigkeit des Kunden. Er soll entscheiden können – diskriminierungsfrei.

Sparkassen profitieren dabei am meisten von ihrer eigenen Stärke – nicht von den Schwächen anderer. Die größte Stärke der Sparkassen liegt darin, dass sie mit dem Kern ihres Geschäftsmodells kundenzentriert ausgerichtet sind. Wir sehen den Bedarf und die Kunden dazu jeden Tag. Es gibt eine direkte Rückkopplung über die Präsenz vor Ort; und die Vorstände, die ebenfalls vor Ort sind und nicht weitab im Headquarter, nehmen diesen Bedarf auf und tragen ihn in die Gremien der Gruppe.

„Kundenzentrierte Entwicklung" muss die Sparkassen-Finanzgruppe also nicht erst künstlich lernen. Für Sparkassen besteht die Herausforderung vielmehr darin, diese direkte Nähe auch digitalisiert in ihrem Geschäftsmodell abzubilden und persönliche Nähe für den digitalen Alltag nachzubauen, um den Markt auch aus Daten herauszulesen.

Es ist ein großer Vorteil, dass die Sparkassenwelt immer schon von technischen Innovationen geprägt ist. Und das ist so, weil es hier aufgrund der hohen Marktdurchdringung immer auch um Mengenbewältigung und die bessere Steuerung und Unterstützung des Vertriebs ging. Daraus hat sich eine grundsätzliche Wertschätzung technischer und digital abbildbarer Vorgänge und Strategiebeiträge etabliert. Davon profitieren wir heute, weil wir Strategie und Technik von vornherein stärker zusammendenken, und auch in den Prozessen so aufgestellt sind: IT und Organisation ist in der Sparkasse klassischerweise als eine Einheit zusammengefasst. Das haben andere so nicht. „Agil" ist deshalb eine Methode, die weitgehend Probleme lösen will, die die Sparkassenorganisation nicht hat – das spart manches Brachialprogramm. Es gibt schlicht weniger aufzubrechen und nachträglich zu verbinden, weil die Verbindungen mitgewachsen sind.

Das größte Potenzial liegt bei Sparkassen darin, dass sie sich an die Breite der Gesellschaft wenden – alle Arten von Ansprüchen, alle Lebenslagen, jede Altersgruppe, alle Regionen und alle Branchen erreichen und weiterhin erreichen wollen. Sie sind also auch bei der Marktausrichtung per se omnikanal unterwegs – denn ein großer Teil der Menschen ist eben bislang nicht allein digital sondern nutzt ein gemischtes Set an Zugangswegen. Vor allem letzteres wird für die Mehrheit der Kunden typisch bleiben. Man sieht, dass die Wahl des bevorzugten Kanals je nach Tagesform, Situation oder Dienstleistung verschieden ausfällt. Die Sparkassen sehen sich deshalb auch als Helfer der Kunden, sich den digitalen Unterstützungsmöglichkeiten im selbstgewählten Tempo zu nähern, quasi eine Demokratisierung der Digitalisierung.

Echtes „Omnichannel" sieht man allerdings heute im Markt noch nicht. Es wird noch nicht angeboten – und zum Teil wird es auch versperrt.

Echtes Omnichannel würde bedeuten, dass Zugangswege frei wechselbar sind und dass parallel auf allen Kanälen immer transparent ist, was ich als Kunde bereits unternommen habe. Omnichannel ist erreicht, wenn der Kunde für jedes Teilthema den Kanal (auch in Teilschritten) selbst bestimmen kann. Das ist leicht gesagt – aber schwer zu organisieren, weil es Exzellenz in allen einzelnen Zugangsformen erfordert und daher mit einem hohen Innovations- und Investitionsbedarf und sehr hoher Spezialisierung in Teilbereichen verbunden ist.

Omnichannel ist deshalb nichts, was ein Anbieter allein für seine Kunden herstellen kann. Es geht ja gerade umgekehrt darum, dass der Kunde entscheidet, was und wie er bei wem abruft. Deshalb ist die Kundenschnittstelle so wichtig und so stark umkämpft.

Der diskriminierungsfreie Zugang, den Omnichannel eigentlich will, existiert de facto nicht. Auch für Anbieter aus dem Nonbank-Bereich sollte deshalb gelten, dass sie ihre technische Infrastruktur nicht mit „Wegezöllen“ belegen oder soweit verschließen, dass sie dadurch eigene Geschäftsmodelle befördern können. Voice und die NFC-Schnittstelle im Paymentbereich sind beispielsweise ein wichtiger Zugangskanal vom Kunden zu seiner Hausbank.

Ein zweites Merkmal von Omnichannel – neben dem potenziell diskriminierungsfreien Zugang – ist die notwendige Spezialisierung in Teilbereichen, die sich aus einer immer größeren Vielfalt von Zugangswegen ergibt. In Teilen der Wertschöpfungskette sind hier in den letzten zehn Jahren sehr viele neue Geschäftsmodelle entstanden. Sie sind willkommen, weil sie zeigen, was man besser machen kann – das sind wichtige Innovationsimpulse. Auch hier bin ich aber für einen fairen und offenen Wettbewerb.

Einige dieser neuen Geschäftsmodelle agieren nicht im Sinne des Kunden. Sie gewinnen Marktanteile über den „Preis“, statt über eine gute Leistung. Das kann nicht im Sinne der Kunden sein – denn wenn man für ein Produkt nichts bezahlt, ist man bekanntlich selbst das Produkt.

Manchmal scheint es, als handele es sich um Wetten, wie mit viel (fremdem) Eigenkapital durch schicke Teillösungen und sehr viel Werbung virtuelle Werte aufgebaut werden, die dann möglichst schnell an Dritte verkauft werden sollen.

Man hat heute schon genug Evidenz, um zu sagen: Geschäftsmodelle, die sich auf Teilbereiche des Omnichannel konzentrieren, mit der einzigen Absicht, dort Umsatz zu machen, haben eigentlich kein in sich tragfähiges Geschäftsmodell, sondern leben weitgehend von Fremdkapital. Sie sind dadurch von vornherein auf Verkauf angelegt. Schwierig ist auch, wenn solche Geschäftsmodelle regulatorisch privilegiert und dadurch zusätzlich subventioniert werden.

Solche Geschäftsmodelle werden dann sowohl mit ihrer Innovationsleistung als auch mit dem Kundenzugang am Ende bei großen Digitalkonzernen oder sogar bei staatlichen Fonds oder Versicherungskonzernen vor allem aus Asien landen. Sie tragen also zur Monopolisierung der Digitalwirtschaft bei – aber nicht zur Souveränität der Kunden.

Utopien: Welche Kanäle gewinnen in Zukunft im Omnichannel-Mix an Bedeutung und werden weitere Kanäle hinzukommen?

Der nächste wichtige Zugangsweg nach online und mobil ist die Sprache. Das Potenzial wird hier noch unterschätzt. „Voice" hat deshalb so viel Kraft, weil diese Zugangsform Hemmnisse vieler Menschen, mit Technik umzugehen, ganz stark abbaut. „Voice" wird erheblich zur „Financial Inclusion" im digitalen Alltag beitragen. Umso wichtiger ist es dann, dass in diesem Bereich keine Monopolbildung stattfindet.

Die Sparkassen-Finanzgruppe ist auf Voice-Banking sehr gut vorbereitet. Zum einen erleben Sparkassen bei ihren Kunden, dass diese die mobilen Anwendungen meist gar nicht für ein voll umfängliches Bankingangebot nutzen, sondern mit weitem Abstand vor allen anderen Funktionen der S-App die Kontostandsabfrage und andere transaktionsbezogene Funktionen wählen, im Schnitt mehrfach am Tag. Diese Funktionen kann man sehr einfach auch „versprachlichen", und es liegt für uns nahe, das zu tun.

Für die weitere Entwicklung des Omnichannel gibt es drei Entwicklungslinien.

Erstens: Die zunehmende Vielfalt im Omnikanal macht Anbieter immer mehr zu „Dienstleistern aus dem Hintergrund". Je selbstständiger der Kunde agieren kann, desto stärker erwartet er, dass sich finanzwirtschaftliche Leistungen (sicher gilt das auch für andere Dienstleistungsbereiche) selbst zurücknehmen. Das ist auch eine Herausforderung an die Markenbildung im Omnikanal: dezent, allgegenwärtig und dennoch vertrauensbildend zu agieren. Dies erfordert vor allem, an noch mehr und immer weiteren Kontaktpunkten für Kunden sichtbar und nützlich zu sein.

Zweitens: Daten werden dominant strategieleitend. Kunden gewichten Bequemlichkeit gegenüber Sicherheit deutlich stärker, als sie selbst sagen. Deshalb ist es ja so wichtig, das echte Verhalten aus den Daten lesen zu können – sie sprechen eine deutlichere Sprache als jede Marktbefragung.

Drittens: Aus Omnichannel wird Multi-Kontaktmanagement. Als nächste Stufe werden wir eine Entwicklung sehen, die eigentlich die Auflösung von Kanälen bedeutet. Denn wenn wir in „Kanälen" denken, ist das im Grunde immer die Anbietersicht, nicht die Kundensicht.

Deshalb kann man erwarten, dass sich die vertrieblichen Kanäle und die verschiedenen Formen der medialen Präsenz stärker ergänzen werden. Zum anderen werden sich die Grenzen zwischen finanzwirtschaftlichen und nicht-finanzwirtschaftlichen Leistungen zunehmend auflösen. Schon heute ist für Kunden das Informieren, das Bewerten und das Kaufen eins. Daraus können neue Geschäftsmodelle entstehen. Daran werden sich die Sparkassen und ihre Verbundpartner aktiv beteiligen.

Klar ist: Die Sparkassen müssen ständig ihre Reichweite ausbauen, um Kunden entlang der Kundenreise jederzeit erreichen zu können – oder, noch wichtiger: von ihnen gefunden zu werden. Dabei werden Kooperationen (auch branchenübergreifend) immer wichtiger werden, da sie ein schnelles und vielfältiges Agieren ermöglichen.

Spannend wird deshalb, ob sich der Hype um viele vermeintliche Innovationen (nicht nur des Finanzbereichs) weiter fortsetzen wird. Für eine Fortsetzung spricht, dass im Moment einfach sehr viel Geld im Markt ist. Die Kombination aus einer expansiven Geldpolitik bei gleichzeitig guten wirtschaftlichen Entwicklungen hat eine Art Anlagenotstand geschaffen. Anders sind die Summen nicht zu erklären, mit denen derzeit in der Gründerszene jongliert wird.

Was jedoch für eine Bereinigung spräche, ist der faktisch geringe Innovationsbeitrag vieler Neuerungen. Nach ökologischen, sozialen und wirtschaftlichen Kriterien ist nur ein geringer Teil wirklich nachhaltig und gleichzeitig breitenrelevant. Echte Innovationssprünge kommen bislang eher aus staatlichen Initiativen oder aus schon tief im Markt verankerten Unternehmen.

Es wird deshalb immer stärker zu einer strategischen Aufgabe von Finanzanbietern, gehypte Geschäftsmodelle möglicher Partner frühzeitig als solche zu erkennen.

Denn die Finanzbranche ist im Umbruch. Sie hat eben gerade keine unbegrenzten Mittel. Deshalb müssen diese Mittel doppelt klug eingesetzt werden: So, dass sie einen echten Nutzen für Kunden haben – und so, dass die eigene Innovationskraft damit dauerhaft erhalten und verbessert wird.

Es ist weitaus nachhaltiger, organisch zu wachsen. Deshalb konzentriert sich die Sparkassen-Finanzgruppe auf die relevanten

Schritte zur Weiterentwicklung des Omnichannels: So wie bisher mit Instant Payment, einem integrierten Datenhaushalt, einer Finanzplattform, neu gestalteten Filialen, mit Voice, ersten Schritten des biometrischen Zugangs – und einer Architektur, die offene Schnittstellen für gezielte Partnerschaften vorsieht.

#Fintech
#DigitalChampions
#EuropeanStartups

» In der Fintech-Branche werden die digitalen Champions aus Europa kommen. «

Raffael Johnen

- ist CEO und Mitgründer von auxmoney, der führende Kreditmarktplatz in Kontinentaleuropa
- war zuvor über sechs Jahre bei der Investmentbank Rothschild in den Bereichen Mergers & Acquisitions und Debt Advisory tätig
- ist Angel Investor und Mentor bei verschiedenen Start-ups, vorrangig Fintechs

RAFFAEL JOHNEN

Persönliches: Bereits 2007 gründeten Sie auxmoney. Wie kam die Idee zustande, das Geschäftsmodell einer digitalen Plattform, das damals bereits in anderen Branchen seine Wettbewerbsvorteile verdeutlichte, im Bereich Kredit zu etablieren?

Lange Zeit schien eine Karriere in der klassischen Finanzindustrie für mich vorgezeichnet. Schließlich war ich mehrere Jahre für eine Investmentbank in London und Frankfurt tätig. Es kam jedoch anders als gedacht, denn ich spürte: Ich will etwas Eigenes aufbauen. So bedeutete eine Idee, die im Jahr 2006 entstand, kurze Zeit später meinen Seitenwechsel von der traditionellen zur digitalen Finanzwelt.

Damals war ich gemeinsam mit meinem Studienfreund und späteren Mitgründer Philip Kamp im Frankfurter Bankenviertel unterwegs. Er erzählte mir von seinen persönlichen Erfahrungen mit mehreren Banken, bei denen er als Selbstständiger mit seinen Kreditanfragen abgewiesen wurde. Uns war schnell klar, dass diese Lücke in der Kreditversorgung nicht nur Philip, sondern Millionen Menschen in Deutschland betrifft, selbständig

A. M. Bajorat et al. (Hrsg.), *Köpfe der digitalen Finanzwelt*,
https://doi.org/10.1007/978-3-658-29644-5_13

oder nicht. Menschen, die aufgrund einer zu pauschalen Risikoprüfung bei Banken vom Kreditzugang ausgeschlossen werden, bei genauerer Betrachtung aber durchaus kreditwürdig sind. Unsere Hypothese war dabei von Beginn an, dass die intelligente Nutzung von Technologie und Daten eine bessere Kreditversorgung für mehr Menschen ermöglicht. Beim Anblick der mächtigen Banktürme fragten wir uns: Warum kann Geld nicht einfach von Mensch zu Mensch verliehen werden? Banken haben das Internet als Vertriebskanal hinzugenommen, aber Prozesse und Bonitätseinschätzung blieben unverändert. Die Idee, die später in die Gründung von auxmoney mündete, war geboren.

Zu dieser Zeit hatte der digitale Wandel die Finanzindustrie weitgehend noch nicht erfasst. In anderen Branchen, in denen die Digitalisierung bereits deutlich weiter vorangeschritten war, zeigten sich bereits die enormen Wettbewerbsvorteile digitaler Technologien und Plattformen. Ein Beispiel von vielen: Amazon kreierte ein einzigartiges Kundenerlebnis im E-Commerce und setzte damit völlig neue Maßstäbe im Einzelhandel.

Uns war schnell klar, dass sich die Erfolgsfaktoren der aufstrebenden digitalen Plattformen auf die Finanzindustrie übertragen lassen:

- Konsequente Orientierung an den Bedürfnissen des Kunden: schneller, einfacher und komplett digitaler Zugang zu Produkten.
- Technologie baut Zugangshürden für den Kunden ab, zum Beispiel kein Besuch einer Bankfiliale oder Gespräch mit Bankberatern erforderlich.
- Intelligente Nutzung von Daten ermöglicht auch bislang von Banken ausgeschlossenen Menschen einen Kreditzugang zu fairen Konditionen.
- Präzises Matching von Anbieter und Nachfrager: Kreditnehmer unterschiedlicher Bonitätsklassen treffen auf Anleger mit unterschiedlichen Risikoappetiten.

So entstand die Idee für einen Kreditmarktplatz, die 2007 schließlich zur Gründung von auxmoney führte. Unsere Vision war und ist es, die bestehenden Defizite in der Kreditversorgung zu beheben und damit einen Beitrag zu einer fairen und einfachen Finanzwelt zu leisten. Dies war der ausschlaggebende Faktor für meine persönliche Entscheidung, der traditionellen Finanzwelt den Rücken zu kehren und ein Fintech-Start-up zu gründen.

Meinungen: Plattformen aus USA und Asien dominieren viele Branchen. Warum hat ausgerechnet die Fintech-Branche das Potenzial, digitale Champions aus Europa hervorzubringen?

Digitale Plattformen gehören heute in vielen Bereichen zu den führenden Branchenvertretern. Dies trifft auf Alphabet, Facebook oder Amazon in den USA ebenso wie auf Tencent oder Alibaba in Asien zu. Das zeigt sich beispielsweise im Wert und in der Entwicklung. Rechnet man die 15 führenden Plattformen zu einem Aktienindex zusammen und lässt ihn gegen klassische Indizes von Standardaktien laufen wie den DAX, den Dow Jones oder auch den US-Technologieindex Nasdaq, so fällt das Ergebnis eindeutig aus: Die Plattformaktien haben sich deutlich besser entwickelt als alle klassischen Indizes und ihren Wert in den vergangenen drei Jahren nahezu verdoppelt. (Quelle: platt-form-index.com; Stand: 30.03.2020)

Das Volumen dieser Branche ist gigantisch. Zusammengenommen kamen die weltweit 100 größten Plattformunternehmen 2019 auf einen Gesamtwert von fast neun Billionen US-Dollar. Allerdings ist dabei der Blick auf die globale Landkarte für uns Europäer ziemlich ernüchternd. Während sich in Nordamerika und Asien regelrechte Cluster mit vielen erfolgreichen Plattformen gebildet haben, liegt Europa weit zurück.

Im Fintech-Bereich wird es anders sein. Hier haben Gründer aus Europa bereits viel Pionierarbeit geleistet und einige wirklich bemerkenswerte digitale Champions geschaffen, die im globalen Wettbewerb erfolgreich mitspielen oder sogar eine marktführende Stellung erreicht haben. Es sind europäische Fintechs wie Adyen, Klarna oder TransferWise, die stellvertretend für diese dynamische Entwicklung stehen. Auch beim Wachstumskapital, das in europäische Fintechs fließt, ist ein positiver Trend zu verzeichnen: Allein im ersten Halbjahr 2019 wurden 5,1 Milliarden US-Dollar in Fintechs aus Europa investiert. Damit haben sie bereits mehr Geld als ihre Pendants aus Asien im gleichen Zeitraum eingesammelt. Auch die Lücke zu den USA schließt sich weiter. Das ist gut, ermutigend und wichtig für die digitale Wettbewerbsfähigkeit Europas.

Betrachtet man die europäischen Champions der Fintech-Branche näher, so entdeckt man einige Parallelen. Unter anderem liegt der Rückschluss nahe, dass die schnelle internationale Expansion, die einen hohen Kapitalaufwand und große Finanzierungsrunden bedeutet, ein wichtiger Erfolgsfaktor ist. Ist also vor allem die Internationalisierung der entscheidende Indikator für einen digitalen Champion?

Die Antwort muss differenziert ausfallen. Fintech ist nicht gleich Fintech. Es ist wichtig zwischen verschiedenen Fintech-Segmenten und ihren Marktmechanismen zu unterscheiden: Nicht für jedes Modell, für jedes Vertical der Finanzbranche ist die schnelle Internationalisierung die richtige Strategie. Es gibt Segmente im Fintech-Spektrum, die komplexer als andere sind und deshalb Spezialisierung erfordern.

Der Bereich Kredit gehört genau zu diesen komplexeren Verticals: Denn Risikoprüfung und Scoring sind immer eine Kombination aus Technologie und Erfahrungswerten auf Basis von Big Data. Bei entsprechendem Fokus wird die Risikoprüfung mit der Zeit immer besser, trennschärfer und effizienter. Durch die Möglichkeiten der Künstlichen Intelligenz (KI) wird die Zeitachse zwar verkürzt, dennoch bleibt ein gewisses Spannungsfeld zum oben dargestellten Erfolgsdogma der schnellen Internationalisierung.

Aber auch Fintechs, die mit spezialisierten Modellen operieren, haben eine große Chance als digitaler Champion erfolgreich zu sein. Die Basis dafür besteht aus drei Punkten.

- Erstens: Der Heimatmarkt muss groß genug sein, damit sich das Investieren in mehr Komplexität lohnt. Für den deutschen Kreditmarkt trifft dies zweifelsohne zu: Der Markt für neu finanzierte Konsumentenkredite ist mit einem jährlichen Volumen von über 100 Milliarden Euro riesig. Gleichzeitig gibt es Defizite in der Kreditversorgung durch die etablierten Player, also die klassischen Banken. So sind für einen Innovationsführer zweistellige Wachstumsraten von mehr als 50% im Jahr darstellbar. Hervorragende Marktbedingungen!
- Zweitens: So zäh die ersten Schritte auch sein mögen, paradoxerweise wird ausgerechnet die Komplexität des Geschäfts mit der Zeit zu einem Wettbewerbsvorteil. Ist sie erst in Technologie und effizienten Verfahren abgebildet, gibt es kaum Wettbewerber auf technologischer Augenhöhe. Die Markteintrittsbarrieren sind entsprechend hoch.
- Drittens: Innovationsführerschaft lohnt sich nicht nur mit Blick auf die Erträge, sondern auch in Bezug auf die Skalierbarkeit

des Geschäfts. Der digitale Champion als Innovationsführer bekommt die zusätzliche Möglichkeit, strategische Partnerschaften mit klassischen Finanzdienstleistern wie zum Beispiel mit etablierten Banken einzugehen, um Wachstum und Marktführung auszubauen. Banken setzen hier in der Regel auf den Marktführer mit entsprechendem Track-Record, um ihr eigenes Produktangebot zu erweitern.

Kurzum: Produkt, Segment und Geschäftsmodell entscheiden, welche Strategie im Einzelfall erfolgversprechender ist. Bei stark standardisierten, weniger komplexen Produkten ist das Erfolgsrezept meist die schnelle internationale Expansion. In Verticals mit höherer Komplexität ist die Fokussierung auf den Heimatmarkt, verbunden mit einer stetigen Vertiefung des Produkt- und Marktverständnisses zunächst die bessere Entscheidung. Die internationale Expansion folgt dann möglicherweise im zweiten Schritt, häufig wenn das Modell im Heimatmarkt bereits etabliert und profitabel ist.

Wenn Europa seinen Führungsanspruch im Bereich Fintech wahrnehmen möchte, muss es zu einer tieferen Vernetzung kommen. Die schnell internationalisierten Fintechs und die spezialisierten Player werden kooperieren oder sogar fusionieren, um nachhaltige, starke globale Champions zu schaffen. Diese tiefere Vernetzung ist eine wichtige Voraussetzung für die zukünftige Wettbewerbsfähigkeit der Finanzwirtschaft Europas.

Utopien: Wie kann Deutschland künftig mehr digitale Champions hervorbringen? Brauchen Start-ups und digitale Plattformen mehr Wachstumskapital, um im internationalen Wettbewerb erfolgreicher zu sein?

In den vergangenen Jahren wurden die Stimmen aus Politik und Wirtschaft lauter, die eine stärkere finanzielle Unterstützung von Start-ups durch den Staat fordern. Als Beispiele werden staatlich geförderte Gründerfonds wie in Frankreich oder Dänemark angeführt. Sie sollen mehr Wachstumskapital in junge Unternehmen spülen und damit die Entwicklung digitaler Champions aus Deutschland fördern. Die Forderung nach mehr Risikokapital erscheint eine einfache und verheißungsvolle Lösung, um mehr Start-ups und digitale Plattformen hervorzubringen, die im internationalen Wettbewerb erfolgreich mithalten können. Indes behandelt man so nur die Symptome, aber nicht die eigentlichen Ursachen, die dazu führen, dass europäische Start-ups im Vergleich zu ihren Pendants aus den USA und Asien häufig das Nachsehen haben.

Fakt ist: Trotz des positiven Trends der vergangenen Jahre wird in Deutschland weiterhin deutlich weniger Risikokapital investiert als in den USA und China. Und natürlich ist es richtig, dass Wachstumskapital eine wichtige Voraussetzung ist, um neue, große Unternehmen aufzubauen. Aber Ursache und Wirkung werden in der Diskussion um die Finanzierung von Start-ups häufig vertauscht. Kapital ist insbesondere in der Frühphase schnell verfügbar, wenn der Dreiklang aus überzeugendem Geschäftsmodell, gutem Team und nachweisbarem Marktpotenzial stimmt. Das Kapital in der späteren Phase kommt fast ausschließlich von Investoren aus den USA oder Asien: Dies ist zwar für die Start-ups kein Problem, aber eine vergebene Chance, wenn die attraktiven Renditen im Ausland erzielt werden. Gleichwohl sind es strukturelle Ursachen, die dafür sorgen, dass die deutsche Gründerszene international hinterherhinkt. Es reicht nicht aus, einfach mehr Geld in das System zu spülen. Vor allem im Wettbewerb um die besten Talente haben wir in Deutschland einen Standortnachteil.

Es ist enorm aufwendig, dringend benötigte, hochqualifizierte Fachkräfte aus dem Nicht-EU-Ausland einzustellen. Allein die Bewilligung von Visum und Arbeitsgenehmigung dauert häufig mehrere Wochen oder gar Monate. Hier besteht auch nach Beschluss des Fachkräftezuwanderungsgesetzes der großen Koalition weiterhin Handlungsbedarf, damit deutsche Start-ups schneller und einfacher internationale Top-Talente beschäftigen können.

Ein weiteres wichtiges Instrument, um die allerbesten Talente zu gewinnen und langfristig zu binden, sind Beteiligungsprogramme für Mitarbeiter. Mitarbeiter beteiligen sich dabei finanziell am Unternehmen, in dem sie beschäftigt sind, und partizipieren so auch an der Steigerung des Unternehmenswerts. Im Vergleich zu vielen Ländern, mit denen wir im Wettbewerb stehen, werden

Beteiligungen von Mitarbeitern in Deutschland allerdings doppelt so hoch besteuert. Diesen gravierenden Standortnachteil müssen wir beseitigen und attraktivere steuerliche Rahmenbedingungen für Mitarbeiterbeteiligungen schaffen. Nicht ohne Grund hat die neue Führung des Start-up-Verbandes dieses Thema zu ihrer Top-Priorität erklärt.

US-Start-ups haben weiterhin einen entscheidenden Wettbewerbsvorteil: Sie verfügen über einen großen, homogenen Heimatmarkt mit gemeinsamer Sprache, Kultur sowie einem weitestgehend einheitlichen Rechts- und Steuersystem. Dies ermöglicht Unternehmen einen einfachen Zugang zu über 300 Millionen Menschen und damit auch potenziellen Kunden. In Europa stehen Start-ups hingegen vielen Staaten mit unterschiedlicher Sprache, Kultur, Gesetzen und Regulierungsvorschriften gegenüber. Dies ist vor allem in stark regulierten Branchen wie der Finanzindustrie ein Expansions- und damit Wachstumshemmnis. Start-ups, die in mehreren europäischen Märkten aktiv sind, kostet es viel Zeit und Geld, die einzelnen landesspezifischen Regelungen umzusetzen. Vor allem mit Blick auf die steuerliche und rechtliche Grundlage ist deshalb eine weitere europäische Harmonisierung dringend erforderlich.

Fazit: Allein der Ruf nach mehr Risikokapital ist kein ausreichender Lösungsansatz, um die Digitalwirtschaft voranzubringen. Es bedarf einer gemeinsamen Initiative von Politik, Wissenschaft, Investoren, Konzernen und Gründern. Nur durch den Ausbau eines attraktiven Ökosystems für europäische Start-ups wird es gelingen, die hochqualifizierten, digitalen Arbeitsplätze der Zukunft in Europa zu schaffen. Dies sollte ein gemeinsamer Ansporn für alle Beteiligten sein.

#TechBank
#KundenNutzen
#NetworkEconomy

» Allein durch herausragende Produkte, die dem Kunden das Leben wirklich erleichtern, können sich Banken in Zukunft differenzieren. «

Arnulf Keese

- ist seit Mitte 2018 Chief Digital Officer der Deutschen Kreditbank AG (DKB)
- sitzt im FinTechRat des Bundesministeriums der Finanzen (BMF), schreibt für das Handelsblatt als Gastautor eine Kolumne über Digitalisierung und ist Teil der FinTech Start-up Community als Angel Investor
- war Vice President für die PayPal DACH Region und hat so als einer der Vorreiter in Deutschland das digitale Bezahlen im Online-Geschäft für zahlreiche Verbraucher erschlossen
- hat das Online-Bezahlverfahren giropay mitgegründet und war Vorstand des eCommerce Pioniers QXL Ricardo
- brachte als Mitglied der AOL-Geschäftsleitung das Internet in die deutschen Haushalte

ARNULF KEESE

Persönliches: Sie haben mit AOL das Internet und mit PayPal ein revolutionäres Bezahlverfahren in viele Haushalte gebracht. Heute treiben Sie die Digitalisierung im Banking voran. Was begeistert Sie an neuen Technologien?

Ich bin ein Techie im Herzen: Von klein auf habe ich Uhren, Kameras und Toaster zerlegt, mich als Schüler in den Naturwissenschaften ausgetobt und im Studium der Physik versucht zu ergründen, was die Welt im Innersten zusammenhält. Zwei Dinge hat mich dies gelehrt: Ich glaube an technologisch basierte Lösungen für Alltagsprobleme. Denn Technologie isoliert hat keinerlei Nutzen. Sie dient nur als Mittler und Grundlage für den eigentlichen Antrieb eines Menschen und dessen Visionen und Motivationen. Beides zusammen aber ergibt Sinn. Und ich verstehe den Wert des Geldes als objektivierbaren Maßstab, um im Widerstreit zwischen technisch Machbarem, menschlich Gewollten und wirtschaftlich Vernünftigem die sinnvolle Balance zu finden. Das macht mich zum Manager.

Evolution und Technik: Als Heavy User von Computern wie programmierbaren Taschenrechnern, PCs, später Palm Pilots, Blackberries, iPhones etc. habe ich die Entwicklung seit den

A. M. Bajorat et al. (Hrsg.), *Köpfe der digitalen Finanzwelt*,
https://doi.org/10.1007/978-3-658-29644-5_14

Achtzigerjahren hautnah miterlebt. Nach anfänglich technisch oft unzulänglichen Computern mit langsamen und nervigen Lösungen, haben sich Technik wie auch Nutzeranforderungen stets weiterentwickelt. Alltagsprobleme technisch zu lösen und technische Lösungen zu verbessern, ist mein innerster Antrieb.

Technologie und Management: In den Neunzigerjahren war Technologie allenfalls eine Hilfsfunktion aus Sicht des Managements. Zunehmend zeigte sich jedoch, das Management nicht ohne Technologieverständnis und Technologen nicht ohne Business- und Managementverständnis auskommen können. Diese unternehmerische Entwicklung hin zur cross-funktionalen Agilität, wird täglich durch den Erfolg führender Technologiekonzerne überzeugend bewiesen.

Internet und Digitalisierung: Meine erste Chat-Nachricht in den Neunzigerjahren an einen Freund (ein elaboriertes „Hi Kai") und der Besuch der Webseite des CERN, der Geburtsstätte des World Wide Web, damals nur eine handvoll Seiten schmaler Katalog, haben mich schon zu dieser Zeit hoffen lassen, dass sich zukünftig nahezu jeder mit dem Internet verbinden und Inhalte publizieren könnte. Denn die Idee des Internets war, ist und wird die Demokratisierung der Ressourcen und der Kommunikation sein. Alle großen Erfolge des Internets basieren auf dieser demokratisierenden Grundidee.

Alle paar Jahre befeuerten deklaratorische Momente meine Phantasie zu den Möglichkeiten des Internets und demonstrierten die Macht der technologischen Möglichkeiten. Das frühe BTX Online Banking war jahrelang der einzige wirklich relevante Online Use Case, der bereits in den Achtzigerjahren (lange vor dem Internet) digitale Bankgeschäfte ermöglichte, weshalb ich 1995 das Online Banking zu AOL brachte und dort aufbaute. AOL hatte das wilde Internet gezähmt und einer breiten Masse E-Mail, WWW, Foren, Chats und redaktionelle Inhalte verfügbar gemacht. Und wir durften 1997 den ersten online verkauften Blumenstrauß zum Muttertag erleben, was uns die unendlichen Möglichkeiten des E-Commerce eröffnete.

Die E-Commerce Idee weiterverfolgend ging ich 1999 zu QXL, um das Auktionsgeschäft in Deutschland aufzubauen, und wir trafen im Hype der Jahrtausendwende den Nerv der Zeit und surften die Welle der weltweit entstehenden neuen Märkte und aus dem Boden schießender Start-ups. Nur das Bezahlen war noch holprig, weshalb wir 2006 giropay gründeten, um die mächtige Online-Banking Infrastruktur für das Bezahlen im E-Commerce zu erschließen.

Ich wechselte zu PayPal, die als erster Kunde darauf aufbauten. Wir ergänzten das Produkt schnell um die komfortable Einfachheit und den Schutz abgesicherter Lastschriften. Denn der deutsche Kunde will zwar online einkaufen, aber fürchtet zu Recht Betrug und Missbrauch der nicht widerrufbaren Überweisung. Der Händler wiederum trägt die volle Last der widerrufenen Lastschrift. Insofern müssen beide Seiten einander fürchten, denn wenn die Ware nicht geliefert oder die Lastschrift platzt, ist der Schaden gewaltig. E-Commerce brauchte eine Absicherung.

PayPal löste dieses Problem durch Einführung des Käufer- und Verkäuferschutzes in Verbindung mit maximal schnellen und einfachen Prozessen, also optimaler Usability. Das Produkt war und ist unendlich einfach zu bedienen, die Zahlungen erfolgen sekundenschnell und Händler und Kunden werden voreinander geschützt.

Parallel zu meinen zehn Jahren bei PayPal war in Berlin ein gewaltiges digitales Ökosystem von Gründern, Technologieexperten, Start-ups und Fintechs entstanden. Gleichzeitig war abzusehen, dass die digitale Macht systematisch ins Silicon Valley abwandert, womit die Abhängigkeit und Kontrolle der globalen Digital-Ökonomie sich zunehmend unserem Einfluss entzog. Es zeigte sich auch, dass selbst lokale Gesetze diese digitale Macht nicht wirklich eindämmen konnten. Trotz DSGVO und Kartellstrafen ist der Durchmarsch von Google, Amazon und Facebook ungebrochen – während lokale Player nicht die Skalierungsmöglichkeiten haben, die Regulationslasten ökonomisch abzubilden. Dadurch entsteht ein Teufelskreis, den allein allergrößte Player überleben können.

Diese Konzentration ist zwar technologisch wohlverdient mit der Innovations-, Kapitalisierungs- und Exekutionsfähigkeit des Silicon Valleys – aber wir schulden unseren Kindern, dass wir uns als Standort Deutschland und Europa stärken und wesentliche Teile der Wertschöpfung bei uns verankern. Daher engagiere ich mich für den Standort Berlin, Deutschland und Europa. Denn nur, wenn wir es schaffen, unsere Heimat als attraktiven Standort für Investoren, Gründer und Start-ups zu gestalten, kann aus dem Land der Dichter, Denker und Ingenieure mit einer vom Maschinenbau abhängigen Wirtschaft ein starker digitaler Player im globalen Umfeld werden.

Dazu gehört auch, die bestehenden Unternehmen und Menschen in die Digitalisierung zu begleiten. Das tue ich als Chief Digital Officer der DKB, einer der führenden Direktbanken Deutschlands, die als eine der ersten Direktbanken in den frühen Neunzigerjahren Marktpionier war, auf die richtige Entwicklung gesetzt hat und bis heute ein starkes Wachstum verzeichnet. Jetzt begleite ich die DKB auf ihrem Weg zum Technologiekonzern mit Banklizenz, der nah an der Berliner Techszene ist und auf Basis modernster Technologien mehr als nur Finanzdienstleistungen anbietet und zukünftig mehr denn je ein integrativer, wichtiger Teil der Berliner Digitalwirtschaft sein wird.

Gleichzeitig ermöglichen wir unseren Kunden, ihre Finanzen mehr als nur zu kennen und ihr Geld mehr als nur irgendwo anzulegen. Wir schaffen Qualität im Detail und Transparenz für den Einzelnen. Wir investieren als nachhaltigste Privat- und Geschäftsbank unter den Top 20 in Deutschland die Einlagen unserer Kunden zu großen Teilen in nachhaltige grüne und soziale Finanzierungsprojekte wie Wind- und Solarkraft oder auf kommunaler Ebene in sozialen Infrastrukturaufbau im Hinblick auf die Daseinsfürsorge. Wir setzen auf Kooperation statt Konfrontation und vernetzen unsere Produkte mit einem starken Fintech-Ökosystem, während wir uns selbst zu einem IT-Unternehmen mit Banklizenz entwickeln und zum Beispiel mit der DKB Code Factory unser erstes Tech-Start-up für die Entwicklung von Bankprodukten von morgen gegründet haben. Wir glauben, dass eine Bank der Zukunft nur so bestehen kann.

Meinungen: Bankkunden in Deutschland galten lange Zeit als sehr loyal und teilweise träge. Warum scheint sich dieses Verhalten zu ändern?

Was will der Kunde eigentlich von seiner Bank? Erschreckend wenig.

Denn das Verwalten von Geld ist zwar eine unverzichtbare Pflicht, aber letztlich kein Grundbedürfnis. Die eigentlichen Bedürfnisse sind ganz andere: Essen, Wohnen, Reisen, Lieben und Erleben. Alle diese Bedürfnisse aber eint: Man benötigt Geld, um sie ausleben zu können.

Man hat jedoch nie genug Geld, um alle Bedürfnisse zu befriedigen. Und sollten wir einmal mehr haben als nötig, wachsen unsere Bedürfnisse mindestens genauso schnell mit. Im Ergebnis befinden wir uns in einem ständigen Konflikt, den wir nicht gewinnen können, bei dem wir aber auch keine Chancen verpassen wollen.

Wir können aber auch nicht wirklich „aussteigen“: Denn ohne Ausweis, Bankkonto, EC- oder Kreditkarte können wir heutzutage nur sehr eingeschränkt leben und arbeiten. Gleichzeitig stecken in diesen digitalen Wegbereitern der Globalisierung auch all deren Freiheiten: Online-Shopping, Mietwagen, Reisen, Musikstreaming und Sprachkurse – all das geht nur oder zumindest leichter mit digitalen Zahlungsmöglichkeiten.

Geld hilft aber auch, unsere Träume vom eigenen Haus, Auto oder Start-up zu ermöglichen, wenn wir langfristig investieren oder anlegen. Die wenigsten von uns haben aber das Privileg und die Kompetenzen, sich das nötige Know-how anzueignen, um verschiedene Anlage- und Absicherungsstrategien auszuprobieren und zu bewerten. Also müssen wir uns letztlich immer auf Dritte verlassen. Dritte, von denen es in der digitalen Finanzwelt unendlich viele zu geben scheint. Dritte, die uns mit einem Dschungel an Finanzprodukten und komplexer Bedingungen häufig überfordern.

All dem begegnen die Kunden traditionell mit Passivität, indem sie der Komplexität ausweichen, nichts ändern im fragilen Gleichgewicht ihrer Konten, Versicherungen und Anlageinstrumente. Aus Sicht der Finanzdienstleister sind sie daher treue und loyale Kunden, die Beratung suchen und die ihnen angebotenen Produkte aus Loyalität übernehmen.

Doch das ist der fundamentale Irrtum, dem die Finanzindustrie schon seit Jahrzehnten auf den Leim geht. Denn ein Kunde, der aus Resignation heraus Veränderungen vermeidet, ist nicht loyal, sondern gefangen.

Davon profitieren die digitalen Giganten, da sie die wichtigste Lektion in der Kundenpflege verstanden haben: Nur ein Kunde, der sich täglich für mich entscheidet, weil ich Tag für Tag die Qualität meiner Produkte beweise, diese fortlaufend verbessere und immer mehr seiner Probleme löse, ist ein wahrhaft loyaler Kunde!

Sich täglich die Gunst der Kunden neu zu erkämpfen, hat die GAFA-Giganten (Google, Amazon, Facebook, Apple) so erfolgreich gemacht und die Macht in ihre Hände verlagert.

Amazon lebt den „First Day“ als explizite Firmenkultur, indem es täglich seine Entscheidungen trifft wie am ersten Tag, ausschließlich den Kunden im Blick habend. Damit schützt Gründer und CEO Jeff Bezos sein Unternehmen vor der schleichenden Verstopfung durch Bürokratie und Prozessmonster, der sonst jedes große Unternehmen zum Opfer fällt und erlahmt.

Viele Finanzdienstleister hätten es den GAFAs gleichtun können, aber nur ein Bruchteil hat es versucht und noch viel weniger waren dabei erfolgreich. Denn der Schlüssel zum Erfolg ist der kundenorientierte Einsatz verfügbarer Schlüsseltechnologien. Daraus erfolgreiche Produkte zu entwickeln, birgt unendliches Geschäftspotenzial, ist aber leider auch unfassbar teuer.

An der Spitze der digitalen Bewegung finden wir mutige Technologen, die ihr unerschütterlicher Glaube an die technische Lösbarkeit aller Probleme eint. Dieser Utopie folgend, machen sie sich auf den Weg, systematisch neues Terrain zu erkunden, indem sie dann die wirklichen Werttreiber der Digitalisierung entdecken.

Um ein paar Beispiele/Anekdoten zu nennen, die mittlerweile zu Legenden der digitalen Gründerzeit geworden sind:

- Apple hat nur per Zufall den App-Store erfunden und einfach ausprobiert, ohne dabei auch nur im Ansatz zu erahnen, dass

die Zukunft der privaten Endgeräte einmal in den Händen der App-Store-Ökosysteme von Google und Apple liegen würde.
- Amazon benötigte eigentlich nur ein gutes Rechenzentrum mit sehr viel Reservekapazität für die Weihnachtszeit. Es entwickelte daraus ein Hosting-Angebot für seine Marktplatz-Händler und verdient mittlerweile ein Drittel seiner beträchtlichen Gewinne mit den Amazon Web Services (AWS).
- PayPal wurde einmal erfunden, um Zahlungen über Infrarotschnittstellen zu ermöglichen. Nebenbei ermöglichten sie Zahlungen per Kreditkarte, was dann den Siegeszug zunächst auf eBay ermöglichte, um dann zum globalen Quasi-Bezahlstandard im eCommerce für hunderte Millionen von Kunden zu werden.

Die Weichen zukünftiger Entwicklungen sind längst gestellt: Bei künstlicher Intelligenz, Robotern, autonomen Fahrzeugen und Quanten-Computing sind die Claims längst abgesteckt. Facebook und Google sind führend in der künstlichen Intelligenz, Boston Dynamics produziert unaufhaltbar erschreckend natürlich handelnde Roboter, Google läuft mit seinen Quanten-Computern IBM den Rang ab, Tesla setzt neue Standards für autonom fahrende Autos (selbstverständlich elektrisch).

Und bei all den Nennungen haben wir noch nicht einmal den Blick nach China geworfen, mit seinen schier unendlichen staatlichen Geldmitteln, dem größten Binnenmarkt der Welt und bereits Schatten vorauswerfende Initiativen wie die Seidenstraßeninitiative und „Made in China 2025."

Kunden beobachten die technologischen Entwicklungen dieser Tech-Giganten mit Begeisterung. Sie fragen sich, wann sie endlich welche davon in den Händen halten können und adaptieren bereitwillig und mit Begeisterung jede neue Technologie, sobald sie verfügbar wird. Gleichzeitig steigt dadurch aber auch täglich die Erwartung eines jeden Kunden an seine bekannten Dienstleister in seinen individuellen Lebensbereichen. Im Ergebnis werden neue Standards für alle Branchen gesetzt.

Die kostenfreie Lieferung von Paketen binnen eines Tages durch Amazon & Co. ist heute Standard. Noch vor wenigen Jahren war es jedoch ein Premiumservice von traditionellen Unternehmen wie Otto – gegen Aufpreis. Um ein Taxi zu bestellen, musste man früher erst aufwändig die Taxizentrale anrufen, ohne je genau zu wissen, wann das Taxi wirklich kommt. Heutzutage reichen ein paar Klicks im Smartphone und mein MyTaxi/Freenow steht zum exakt berechneten Zeitpunkt vor der Tür, fährt den besten Weg und kostet den vorhergesagten Preis.

Diese User Experiences verdeutlichen, wie neue Standards vom Kunden erlernt werden und mittlerweile zu deren gewohnten Alltag gehören.

Es wäre daher ein Irrglaube zu denken, dass dies nicht auch die Kunden klassischer Banken nachhaltig beeinflusst. Denn viele fragen sich, warum sich die klassische Hausbank nicht nach 2020 anfühlt und oft technologisch hinter ihren Kunden herhinkt. Zwar wurde das Online-Banking bereits in den Achtzigerjahren eingeführt und war dem Internet und der Digitalisierung weit voraus, aber das klassische Bankwesen scheint letztlich doch in der eigenen Historie steckengeblieben zu sein.

Filialbanken leiden unter ihrer Kostenlast und schaffen es dennoch nicht, dem Kunden alle ihre Dienstleistungen digital anzubieten, da sie nur zum Teil digitalisiert sind. Und sie verzweifeln daran, dem Kunden glaubwürdig zu erklären, warum er überhaupt in eine Filiale kommen muss – Strom, Wasser und Telefon als wichtige Utilities sind ja auch ohne persönliche Filialbesuche möglich.

Statt kurzer rein digitaler Klick-Strecken gibt es bestenfalls PDF-Anträge zum Herunterladen (oder gar auf Papier zugesandt). Dabei müssen doch Kontoeröffnungen oder Kreditanträge nicht komplizierter oder langsamer als eine Taxibestellung sein: mit einem Knopfdruck in einer App. Es bedarf frischer Lösungen, denn ein riesiger Markt wartet darauf, digitalisiert zu werden. Einige wenige Digitalbanken und Fintechs machen dem Markt vor, wie schlank, einfach und schnell Bankgeschäfte sein können.

Dank PSD2 und Open Banking werden wir mehr solcher digitaler Use Cases in den nächsten Jahren sehen, teils von Banken, teils von Start-ups, aber vor allem in Kooperation zwischen den beiden. Denn die Kreativität der Start-ups kombiniert mit dem Momentum bestehender agiler Banken verspricht die maximale Zündkraft für Innovationen im Finanzbereich.

Natürlich wird es auch weiterhin Challenger Banken geben, ebenso wie wir zunehmend Finanzangebote der Digitalgiganten erleben werden. Im Ergebnis werden die Angebote spezieller auf die Bedürfnisse der Kunden ausgerichtet sein. Es wird also, wie wir es in der App-Ökonomie erlebt haben, mehr spezielle als universelle Angebote geben. Man kann es vergleichen mit Aufstieg der Flagship-Stores zu Lasten der großen Warenhäuser: Das breite Universalangebot weicht dem tiefen spezifischen Nischenangebot.

Emotional begeisternde Kundenerlebnisse werden platte Markenpositionierungen ablösen. Das Kundenerlebnis wird zum wichtigsten Merkmal digitaler Marken. Die direkte bidirektionale Interaktion mit dem Kunden zum eigentlichen Produktkern löst die Einbahnstraße der Broadcast-Kommunikation klassischer Werbung ab und findet im Wahlmedium des Kunden statt, also über Social Media, im Chat und am Telefon. Und zwar wann immer der Kunde kann, also rund um die Uhr.

Und „last but not least“: Die Kunden verlangen zunehmend nach einer tiefen Nachhaltigkeit ihrer Produkte und Dienstleister. Seit Greta Thunberg ist es nicht mehr nebensächlich, welche Energie ich nutze, wo meine Produkte hergestellt werden, in was ich investiere und was mit meinem Geld gemacht wird. Unser Handeln muss einem tieferen Zweck genügen, womit Nachhaltigkeit mindestens zu einem erfolgstreibenden Hygienefaktor aufsteigt.

Utopien: Der Kampf um die Kundenschnittstelle ist in vollem Gange. Womit kann man in Zukunft Kunden begeistern und Kundenbindung erzeugen?

Wir leben im Zeitalter der Produktmarken: Digitale Produktinhalte definieren den Kern der Marke. Marken übernehmen eher die Deutungshoheit des funktionalen Produktes, womit sie weiterhin extrem wichtig sind. Aber eine vom Produktinhalt losgelöste Markenbotschaft kommt nicht weit.

Die größten digitalen Marken der heutigen Zeit sind fast ohne Marketingausgaben entstanden: Digitale Giganten wie Google, Amazon und Facebook haben sich jahrelang nur über ihr Produkt beworben. Für ein Unternehmen, welches sich in der digitalen Welt etablieren will, heißt das: Die digitalen Produkte entscheiden mit ihrem Nutzen, ihrer Usability und den entscheidenden Use Cases über den Erfolg.

Zusätzlich gilt im Digitalen „The Winner takes it all". Und der Marktführer hat in der Regel einen größeren Marktanteil als alle seine Wettbewerber zusammen. Wer sich behaupten will, muss also massiv in Produkte, User Experience und Usability investieren – und wissen, was seine Kunden überhaupt brauchen.

Das ist für klassische Player bereits eine Herausforderung, denn die Frage nach dem Produktinhalt wird gerne entlang der Fragestellung „Wie kann ich Geld verdienen?" entwickelt. Diese Frage ist verständlich, aber absolut nutzlos, denn sie schließt eine auf den Kunden(nutzen) zentrierte Perspektive nahezu vollkommen aus.

Überleben werden daher wenige kundennutzenorientierte digitale Technologie-Player, die im Dreiklang aus technologischer Innovation, radikaler Kundenorientierung und ökonomischer Skaleneffekte – sprich Größe – den Takt für alle anderen vorgeben werden.

Die digitalen Giganten des Silicon Valley werden mit sehr speziellen Nischenprodukten wesentliche Profit-Pools unter ihre Kontrolle bringen und damit den Druck auf die bestehenden

Anbieter erhöhen. Aber zugleich werden sie mit Bedacht vorgehen, damit stark regulierte Bereiche möglichst nicht tangiert werden, um ihre Agilität nicht zu verlieren und um nicht zu viele Ressourcen zu binden. Und außerdem muss man keine Bank werden, um die Wertschöpfungen der Banken über Werbung abzugreifen.

Insbesondere klassische Finanzdienstleister werden neben der für sie neuen Nutzenorientierung aus Kundensicht mit der technologischen Innovationsfähigkeit und der Verschiebung ihrer Einnahmequellen zu kämpfen haben. Vor allem aber wird das Bewusstsein der Kunden für Nachhaltigkeit ihrer Anlagen höhere moralische und Nachhaltigkeitsanforderungen an die Beratungsportfolien stellen. Ja, primär müssen Finanzprodukte Geld verdienen, aber in Zeiten von „Fridays for Future" und einem möglichen grünen Bundeskanzler wird nachhaltige Umweltverträglichkeit, Förderung lokaler Initiativen und regionale Infrastruktur ein wesentlicherer Hygienefaktor für Finanzanlagen werden.

Die Basisbankprodukte werden noch mehr vereinheitlicht, wie wir es zum Beispiel von der Überweisung kennen. Allein zusätzlicher Nutzen zugunsten von Transparenz, Information und automatisierter Beratung und übergreifenden Services werden Anbietern eine Differenzierung erlauben. Diese Innovationen werden kaum aus den regulationskonformen starren Kernbanksystemen entstehen. Die Schlacht um die Kundengunst wird im Kundenprozess und -Frontend zu schlagen sein. Das muss dafür vollständig entkoppelt werden vom starren Backend und sich schnell, leichtfüßig und kraftvoll um die jeweils aktuellen Wünsche des Kunden schlingen.

#simplicity
#kontextbanking
#experimentieren

» Jedes Jahr schließen 1.000 Bankfilialen in Deutschland aus Kostengründen oder durch Kundenschwund. Banken werden immer stärker reguliert, sodass eine Fehlerkultur, nötig für Innovation und Wachstum, quasi unmöglich zu erreichen sein wird. Eine Chance für alle kundengetriebenen, kontextverstehenden Plattformen und deren Kultur, die diesen Zwängen nicht unterliegen bzw. diese überwinden können. «

Tomas Peeters

- ist Geschäftsführer von Baufi24
- war von 2017 bis 2020 Mitglied des Vorstands bei der Interhyp AG, verantwortlich für das Partnergeschäft, Kundenbetreuung und Zukunftswerkstatt
- war Chief Strategy Officer der ING-DiBa AG und Chief Operating Officer für ING Wholesale Banking Deutschland
- als COO und Leiter Wertpapier von ING Direct Italien und Leiter Service Baufinanzierung der ING sammelte er große Erfahrung in der Industrialisierung des Bankgeschäfts
- seine Laufbahn bei der ING Group startete er 2001 in Amsterdam
- hat Politik und Verwaltungswissenschaften in Leuven (Belgien) und Konstanz studiert und dann den Master in European Law in Madrid sowie einen MBA an der London Business School erworben

TOMAS PEETERS

Persönliches: Ihre Studienfächer haben auf den ersten Blick wenig mit Banking zu tun. Wie sind Sie bei der ING gelandet?

Politik hat mich schon sehr früh fasziniert. Ich wollte ursprünglich Diplomat werden, denn das steht für mich für international, weltoffen, breit/generalistisch und spannend. Später wurde mir klar, dass ich meine anpackende Art besser in der (internationalen) Wirtschaft einsetzen kann und ich entschied mich deshalb, dies bei der ING zu testen. Eine Super-Entscheidung.

Mein erster Job in Amsterdam: Xcelerator, ein Wettbewerb, der zum Ziel hatte, ING-weit Innovationen „abseits der Linie" zu beschleunigen. Sehr schnell lernte ich, dass es überall in so einem Großkonzern wie der ING hoch talentierte und motivierte Menschen gibt. Der Schlüssel ist aber, eine Unternehmenskultur zu schaffen, in der Menschen, unabhängig von Rang und Ausbildung, sich trauen, Ideen einzubringen – auch solche Ideen, die das Althergebrachte konterkarieren. Wichtigste Kulturmerkmale: Psychologische Sicherheit und einfache Wege sichtbar zu machen. „Trust your crazy ideas" – das Motto, nach dem ich den Wettbewerb promotete – und bis heute auch eines meiner Lebensmottos.

Nach meiner Zeit in Amsterdam fing ich bei der ING-DiBa in Frankfurt an, dank Ben Tellings, damals CEO der DiBa. Ben zeigte uns allen, dass „Kultur Strategie zum Frühstück isst". Er prägte die offene, unpolitische Wachstumskultur der DiBa – Menschen und Kunden immer im Fokus. Er sorgte dafür, dass Projekte und

A. M. Bajorat et al. (Hrsg.), *Köpfe der digitalen Finanzwelt*,
https://doi.org/10.1007/978-3-658-29644-5_15

Entscheidungen durch eigene Manager getrieben wurden und Berater quasi nicht involviert waren. Das ist der Schlüssel, um Ownership in der Organisation zu fördern. Der „Great Place to Work" stand im Mittelpunkt und sorgte für eine immense Umsetzungskraft der ganzen Mannschaft.

Was Kultur, das heißt Haltung und Werte für Durchschlagskraft und Erfolg, bedeutet, wurde mir auch bei meinem ersten Großprojekt, das ich in der DiBa verantwortete, sehr klar. OPTimmo – die erste Baufinanzierungsfabrik, die wir in Deutschland bauten. Die zentrale Haltung in diesem Projekt: Simplify – alles beginnt beim Kunden, der ein einfaches Produkt braucht. In der Umsetzung bedeutete dies: Vereinfache alles, streiche alle überflüssigen Produktfeatures und -varianten, dann automatisiere den Prozess.

Das war nicht so einfach durchzuhalten. Jeder Experte weiß: „Retail is Detail". Für die Industrialisierung der Prozesse brauchte es „Same Day Processing", papierloses Arbeiten und klare Service- und Qualitätslevels. Deshalb lernte ich schnell nach Pareto, eben nur die 80 Prozent Standardfälle zu automatisieren, aber diese dann bis ins letzte Detail.

Genau das machten wir auch bei der Risikobewertung. Wir fokussierten uns auf das Massengeschäft, nicht die 20 Prozent Ausnahmen. Retail-Kreditgeschäft ist Mathematik und Statistik, nicht Ästhetik oder Kunst. Für ein standarisiertes Produkt kann eine starke Risk Engine mit automatisierten Entscheidungen und klarem Risk Approach großen Mehrwert bringen. Kompliment an Bernd Geilen und Ulrich Heitbaum, die dies über Jahre bei der ING geprägt haben.

Vieles in dieser Zeit bei der ING wurde möglich durch CFOs mit einem klaren Wachstums-Mindset. Michiel Goris prägte den Satz: „Man kann nur 100 Prozent Kosten sparen aber 1.000 Prozent wachsen." Er war damit einer der Architekten des starken ING- und danach Interhyp-Wachstums. Kostenprogramme gab es zu der damaligen Zeit dann auch keine – so wie man sie bei Google und Amazon heute nicht findet.

Ein weiterer Hebel für Wachstum kommt direkt aus dem Lehrbuch von Eric Ries: Testen, testen, testen – oder besser: Data Analytics. Die DiBa hat 15 Jahre lang alle ihre Ziele vor allem auch durch systematische und detaillierte Datenanalyse erreicht. Professor Dr. Martin Schmidberger führte jedes Jahr Hunderte von Experimenten durch, mit dem Ziel, Kundenreaktionen zu verstehen und dann vorherzusagen, immer mit dem Fokus, gezielt Wachstum und Ertrag zu generieren und übrigens auch ohne große Genehmigungsprozesse, bevor diese Experimente gestartet wurden.

Nach fünf Jahren in Deutschland ergriff ich die Chance, ein neues Land kennenzulernen. Ich ging für vier Jahre nach Italien zu ING Direct. Eine tolle Zeit in einem High Performance Team und das in „Bella Italia".

Ich wurde Leiter Wertpapiergeschäft in einem anfangs für mich sehr intransparenten und zu teuren Markt. Seitdem weiß ich: Starke Journalisten und Verbraucherschützer sind ein Segen. Ein Finanzmarkt braucht echte Transparenz und Zuverlässigkeit und dazu müssen sowohl Banken, Regulatoren, Verbraucherschützer und Journalisten beitragen. Ein Beispiel: 1.000 Seiten Fondsprospekte sind keine Transparenz. Was Kunden brauchen, ist eine Seite in einer einfachen und klaren Sprache.

Nach der Hälfte meiner Italienzeit wurde ich zuständig für Operations und IT. Hier verstand ich bald, dass Outsourcing nicht immer hilfreich ist. Es ist von zentraler Bedeutung, IT-Prozess-Know-how im Unternehmen zu bewahren und Outsourcing nur in Bezug auf Programmierung und Volumenskalierung zu erlauben.

Nach vier Jahren in Italien bot sich mir eine neue Herausforderung: COO Wholesale Banking – zurück nach Deutschland. Erneut hatte ich das Privileg und das Glück, Teil einer Wachstumsstory zu sein: Von 1,5 Milliarden auf 25 Milliarden Euro Kreditvolumen und von 25 Millionen auf 350 Millionen Euro EBITDA innerhalb von fünf Jahren. Martin Krebs im Vorstand war für mich hier die treibende Kraft. Das Rezept: Fokus. Fokus auf wenige, klar definierte Produkte mit starkem USP. Außerdem: klare Prozesse, gutes internes Know-how und starke, empowerte Teams.

Nach ein paar Jahren im Firmenkundengeschäft bekam ich die Strategieverantwortung für ING Deutschland – eine spannende Aufgabe. Jahrelang hatte bei der DiBa gegolten: „Less (Strategy) is more." Die DiBa Strategie passt auf einen Bierdeckel und ist in ihren Grundpfeilern seit 20 Jahren stabil. Im Zentrum steht Qualität für den Kunden. Hinzu kommen vier Säulen: wenige, einfache Produkte, Effizienz, Vertrauen, Convenience.

Tatsächlich hat die DiBa von 2000 bis 2010 ihre Produkte im Retailbanking von 20 auf zehn reduziert. Auch heute immer noch ein Erfolgsrezept für Wachstum.

Dann folgte bei der DiBa das große digitale Transformationsprojekt: WELCOME.

Wir stellten uns die immerwährend wichtige Frage: „Machen wir es selbst oder mit einem Partner?“ Unser Fokus lag auf der End2End Digitalisierung, passenden neuen Angeboten und „Contextbanking“. Es gab Fintechs, die innovative Lösungen boten, und wir als Bank hatten die Kunden und das Vertrauen – ein Perfect Match!

In meiner Zeit bei der ING und zuletzt Interhyp war ich Mitinitiator von Kooperationen mit Scalable, Clark, Lendico, Fincompare – eine unglaublich lehrreiche Erfahrung. Fintechs gehen Themen unbelastet an und sehen erst mal nur die Chancen. Dies hilft der „Old Economy“ noch mal neu und vom Kunden her zu denken und innovative Lösungen zu finden. Die etablierten Player wie die DiBa mit ihrem starken Brand, verfügen wiederum über das Kundenvertrauen, das nötig ist, um neue innovative Angebote bei der Markteinführung zu stärken.

Mein letztes Kapitel in den fast 20 Jahren ING begann 2017 bei der Interhyp in München als Vorstand zuständig für das B2B Geschäft, Kundenbetreuung und Innovation.

Ich glaube stark an Vergleichsplattformen, da diese für den Kunden Fairness und Convenience bieten – Basis für das starke Wachstum der Interhyp.

Ethische Geschäftsmodelle sind klasse für Mitarbeiter und für Kunden. Mitarbeiter sind stolz, den Kunden wirklich das Beste anbieten zu können. Ein unübertroffener und echter Driver für Mitarbeiterengagement.

Das Spielfeld im Baufinanzierungsvertrieb unterscheidet sich von dem einer Bank, weil die Hauptakteure Vermittler und Franchisenehmer sind, die als Selbstständige ein höheres Upside aus ihrem Vertriebserfolg generieren können. Dies sind die Kanäle, in denen in Zukunft Marktanteile zu gewinnen sind.

Baufinanzierungen brauchen die allermeisten Kunden nur einmal im Leben, daher wird die Nachfrage nach einer Face-2Face-Beratung in diesen Produkten auch zukünftig bedeutend bleiben, allerdings angereichert durch mehr Self-Service-Angebote in den Online-Portalen. Convenience in der Baufinanzierung heißt: „Ein anderer macht es für mich“. Der Mensch bleibt bei komplexen Produkten auch weiterhin der wichtigste Faktor bei der Konvertierung.

Aber auch in der Baufinanzierung sollte Innovation großgeschrieben werden, selbst wenn es harte Arbeit, Diskussionen und viel Glauben an neue Ideen braucht. Nach mehreren

Sprints in unserer Zukunftswerkstatt wurde uns klar, dass die meisten Kunden keine Transparenz über ihren Hauswert haben. Deshalb haben wir mit drei Partnern (ING Ventures, Sprengnetter und Pricehubble) Scoperty gegründet und eine offene Immobilienplattform gebaut. Der Weg dahin war nicht einfach, da solche Wetten auf die Zukunft nicht mit exakten Daten zu untermauern sind. Aber nach zwei Jahren harter Arbeit, ist www.scoperty.de live und als Mitinitiator und Believer freue ich mich über das Resultat.

Meinungen: Banken verlieren immer mehr den Kampf um die Kundenschnittstellen und werden nur noch zum Abwickler im Hintergrund. Was machen sie falsch?

Erstens: Das Kundenverhalten hat sich geändert. Banken suchen noch nach passenden Antworten darauf. Wie Investors Day Präsentationen aus 2019 von Santander und ING zeigen, geht die digitale Nutzung von Bankdienstleistungen erheblich schneller voran als ursprünglich prognostiziert (heute schon bei 90 Prozent). Vor allem Mobile Banking wächst stark. Player sind Mobile-only-Banken wie N26, Monzo und Revolut. Diese Banken haben ihre Prozesse komplett digitalisiert und End-to-End für die mobile Nutzung bereitgestellt. Mobile gibt es viel mehr Interaktionen mit dem Kunden und diese Angebote werden dadurch ‚relevant' für den Kunden, es entsteht höheres Kundenengagement.

Mehr Convenience trotz mehr Regulatorik ist gefragt. Regulatorische Compliance darf nicht mehr Unterschriften auf Papier bedeuten. Kundenengagement hängt ab von der Convenience des Angebots. Das Risiko-Mindset bei den meisten Banken hat sich aber in die entgegengesetzte Richtung entwickelt: mehr Kontrolle und komplexere (Genehmigungs-)Prozesse. Plattformen und Neo-Banken zeigen uns, dass regulatorische Compliance auch einfach, realtime und ohne bzw. mit wenig Papier gehen kann.

Zweitens: Komplexität. Banken tanzen weiterhin auf zu vielen Hochzeiten. Simplify! Mache weniger, aber das dann mit klarem USP. Viele Banken haben eine verzweigte Produktlandschaft, die nicht nur hochkomplex für die Kunden ist, sondern auch für die Banken selbst und ihre IT, Orga und Prozesse. Um in der Niedrigzinslandschaft dennoch Erträge zu steigern, erhöhen die Banken die Gebühren und profitieren zunächst von der Trägheit der Kunden. Dies ist natürlich keine Wachstumsstrategie, nur eine Verteidigung von Besitzstand. Stattdessen sollten Banken im ersten Schritt ihre Produktvariationen reduzieren und ihre Prozesse dramatisch vereinfachen, um sie danach im zweiten Schritt zu digitalisieren. Im Fokus muss hierbei der Kunde mit seinem Anspruch auf Einfachheit und Convenience stehen und ein echter USP.

Drittens: Sparen steht noch im Vordergrund. Aber es braucht Investitionen in Technologie und Wachstum. Der Druck, der auf den Banken durch steigende Kosten und Regulatorik lastet, führt letztlich dazu, dass sie Kunden verlieren.

Banken benötigen immer mehr Kapital, um ihr Geschäft zu betreiben, während die Zinserträge schrumpfen und die Kosten steigen. Deshalb wird gespart, zum Beispiel durch Schließungen von Filialen. In Deutschland schließen seit 2005 jedes Jahr 1.000 Bankfilialen und die Erwartung von Marktexperten ist, dass dies auch die nächsten zehn Jahre so weitergeht.

Für einfache Produkte wie Girokonten, Sparkonten und Konsumentenkredite geht diese Rechnung auf. Die Digitalisierung der Kontoeröffnung oder der Kreditaufnahme entspricht dem Anspruch des Kunden auf Convenience. Bei den komplexeren Themen, wo Kunden über wenig Erfahrung verfügen, wie zum Beispiel Baufinanzierung und Altersvorsorge, reicht die „reine" Digitalisierung als Kanal zum Kunden nicht aus. Die weiterhin erfolgskritische Face2Face-Beratung übernehmen Vermittler, die dadurch momentan sehr hohe Wachstumsraten verzeichnen. In Deutschland liegt zum Beispiel der Anteil an Vermittlern im Markt für Baufinanzierungen heute bereits bei ca. 20 Prozent. Schaut man im Vergleich auf Länder wie UK oder die Niederlande, die bereits viel weniger Bankfilialen pro Einwohner haben, findet man Marktanteile von Vermittlern von bis zu 75 Prozent. Das ist ein Trend, der sich auch in Deutschland klar abzeichnet.

Ein weiteres Problem der Banken ist die Zusammensetzung ihrer Kosten. Plattformen und Bigtechs investieren massiv in ihre Technik und APIs und fokussieren auf den Kundenmehrwert. Deren größter Kostenblock ist damit die IT und hier findet man auch das höchste Kostenwachstum. Für Banken dagegen sind aktuell weiter die Personalkosten größter Kostentreiber. Um wieder auf Augenhöhe mit den Plattformen zu kommen, ist es daher wichtig, dass die Banken zusätzlichen Investitionsspielraum für IT schaffen.

Viertens: Banken fehlt ein Vertriebs- und Experimentier-Mindset. Regulatorik ist gut. Niemand will als Steuerzahler nochmal Banken retten. Das Resultat der letzten Jahre ist aber, dass die gesamte Finanzindustrie extrem vorsichtig, sogar risikoavers geworden ist. Die Kultur der Banken ist geprägt von Regulatorik und Vermeidung von Risiken, während das Vertriebs-Mindset immer mehr leidet. Um Kunden positiv zu überraschen, braucht es aber eine Umgebung, in der man experimentieren kann. „Trust your crazy ideas" (again!). Hier sind die Plattformen, meistens auch weil sie keine Banklizenz haben, deutlich progressiver unterwegs und können sich klar differenzieren.

Fünftens: Einsatz von Data Analytics im Marketing und Vertrieb ist ausbaufähig. Plattformen verzeichnen ein starkes Wachstum. Sie bieten das Passende für jeden Kunden, datengetrieben und im richtigen Moment. Kunden vergleichen mehr und mehr und erwarten Transparenz und Convenience. Die neue Generation Finanzkunden ist mehr online unterwegs, damit vergleicht sie und informiert sich auch online. Diese neuen Kunden sind weniger loyal und wollen das passende Produkt für ihren Bedarf, in dem Moment, in dem dieser Bedarf entsteht. Aus diesem Grund steigt der Marktanteil der Vergleichsplattformen, die den Kunden bequem und schnell zum besten Produkt bringen können.

Aber Vorsicht: Plattformen sollten fair und transparent bleiben und nicht den meistbietenden Anbieter „nach vorn schieben". Das schadet langfristig dem Kundenvertrauen und damit dem Plattformerfolg.

Kunden suchen einfache, passende, mehrwertbringende Angebote, sogar, wenn sie nicht bankeigen sind. Schritt für Schritt öffnen Banken sich daher für das Prinzip der „Second-Best-Option". Das bedeutet, falls die Bank kein eigenes Angebot hat, wird, meistens über eine Vergleichsplattform, ein passendes, transparentes Produkt gefunden. Damit hat der Kunde ein gutes Erlebnis und die Bank verdient noch etwas. Am liebsten werden alle Daten über APIs angebunden, um so einen einfachen und bequemen Prozess für die Kunden zu gestalten. Die NeoBanken haben bereits das Thema Open Architecture für sich entdeckt, wobei sie sich auf einige Kernprodukte fokussieren und den Rest mit Partnern gestalten, um den Kunden bei sich, das heißt auf der eigenen Plattform zu halten, ohne immer selbst die Lösung parat zu haben.

Data Analytics ist hier der Schlüssel. Banken haben sehr viele Kundendaten, nutzen diese Daten aber noch zu wenig, um passende Angebote für ihre Kunden bereitzustellen. Datenanalyse ist bei Banken heute stark im Transaction Screening und Risikomanagement integriert, bei datengetriebenem Performance Marketing und Zielgruppenmanagement sind manche Plattformen aber deutlich weiterentwickelt.

Utopien: Wie wird in Zukunft die Kundenschnittstelle besetzt und wer wird vermutlich die Hoheit darüber haben?

Contextual Banking: Das richtige Angebot, zur richtigen Zeit. Im Kontext passend. Das Kundenerlebnis steht auf Plattformen im Vordergrund, Banking im Hintergrund. Das Ziel: die Gewinnung von Daten. Die Zukunft des Bankings liegt darin, dass Banking für den Kunden ein automatischer Teil von anderen Transaktionen wird, wie Online-Shopping, Suche oder Social Media und zwar perfekt passend im Kontext, das heißt im Moment des Bedarfs. Die Benchmarks für das beste Kundenerlebnis werden gesetzt durch Themen, die Kunden positiv erleben, wie Shopping, Kommunikation mit Freunden oder Reisen.

Open Banking: APIs, die technische Basis für Contextual Banking. Im Oktober 2015 verabschiedete das Europäische Parlament eine überarbeitete Richtlinie über Zahlungsdienste mit der Bezeichnung PSD2. Die neuen Regeln zielen darauf ab, die Entwicklung und Nutzung innovativer Online- und mobiler Zahlungen durch Open Banking zu fördern. Die sogenannten APIs „Application Programming Interfaces" sind standardisierte Schnittstellen, wodurch Daten zwischen unterschiedlichen Systemen ausgetauscht werden. Die PSD2 regulierte diese deutlich für Bankdaten in Europa und sorgte dafür, dass der Zugang zu seinen Daten durch den Kunden selbst bestimmt wird. Folglich können mit Zustimmung des Kunden dessen Bankdaten durch Zahlungs- oder Kontodatenprovider in deren Systeme eingebaut werden, auch wenn die Bank dies nicht möchte. Hierdurch kann der Kunde seine Bankdaten in jedem Kontext, den er erlauben will, auch nutzen – ohne dass die Bank „Teil“ des Kontextes ist. Hierdurch gerät die Bank in den Hintergrund.

Neue Player im Contextual Banking: Big Techs und Fintechs. Fintechs haben die Bankenwelt in Bewegung gebracht. Themen, die früher als unmöglich angesehen wurden, werden jetzt auf einmal umgesetzt, durch neue Marktteilnehmer, deren Systeme und Denkweisen frei von „Altlasten“ sind. Diese neuen Player arbeiten mit dem Kundenerlebnis als Design Driver und passen ihre Angebote schnell an, wann immer Kunden dies wünschen bzw. die Datenbasis dies ergibt. Diese Player funktionieren somit nicht hierarchisch „auf Wunsch von oben“, sondern arbeiten agil und entwickeln ihr Angebot agil weiter. So sind ganz neue Geschäftsmodelle entstanden, wie zum Beispiel Finanzvergleiche, Crowdfunding, KMU-Kredit, Online Scoring. Gleichzeitig wurde die Geschwindigkeit im Banking erhöht. Weg von Übernacht-Batch-Verarbeitung hin zu Realtime-Verarbeitung und Proactive Alerts. Produkte werden jetzt deutlich mehr personalisiert, durch kontext- und datenbasierte, digitale Angebote. All dies wird auch noch zu einem Bruchteil der Kosten traditioneller Banken angeboten. Deshalb sind aus Sicht der Banken Fintechs die perfekten Partner. Sie können Banken helfen, ihren Kunden einen nachhaltig besseren Service zu bieten.

Was ist der Mehrwert einer solchen Partnerschaft für die Fintechs? Fintechs fehlt es an Kunden und Kundenvertrauen. Kunden wollen ihr Geld nicht an unbekannte Start-ups geben.

Banken brauchen die Agilität und das innovative Mindset der Fintechs aber auch, um gemeinsam im Wettbewerb um die Kunden gegen die Bigtechs zu bestehen.

Die Bigtechs oder auch GAFA (Google, Amazon, Facebook und Apple) und auch Alibaba/WeChat werden sicherlich von den Banken als größte Bedrohung wahrgenommen; zurecht, wenn man sieht, wie viel Reichweite und Skalierung diese Player haben. Ein paar Beispiele verdeutlichen dies:

- Ant Financial: Der finanzielle Arm von Alibaba hat einen Geldmarktfonds aufgebaut, um das ‚freie Geld/Rundungsbeträge‘ seiner Nutzer zu ‚verzinsen‘. Der Fonds verfügte Mitte 2019 über ein Investitionsvolumen von 150 Milliarden US-Dollar.
- Amazon: Bereits jetzt kann man sich als Händler auf Amazon finanzieren lassen (Kredit, Factoring oder Vorfinanzierung). Der Kreditprozess dauert fünf Minuten und basiert auf einer Sechs-Monats-Verkaufshistorie bei Amazon. PayPal und Amazon erlauben jetzt schon bei Bezahlungen, diese in Raten zu bezahlen. So ist der Kauf im Vordergrund, die Finanzierung –

früher das Banking – im Hintergrund.
- Apple Pay, Google Pay: Apple und Google nutzen ihre Mobilplattformen iOS und Android, um über den NFC Chip Zahlungen zu ermöglichen und damit ein Teil der Margen der Banken 'abzusahnen' und dadurch noch mehr Daten über ihre Kunden bei Käufen auch in der ‚Offline' Welt zu erfahren.
- Apple Card, Amazon Card: Apple startete im Jahr 2019 mit Goldman Sachs seine eigene Kreditkarte, Amazon bietet seit mehreren Jahren eine eigene Karte an. Beide wollen so noch mehr über das Verhalten ihrer Kunden erfahren und die gewonnenen Daten gewinnbringend einsetzen.
- WeChat als Chat App hat bereits seit mehreren Jahren einen Zahlungsdienst im Einsatz, der mehr als 1.000 Milliarden US-Dollar pro Jahr bewegt. Auch WhatsApp testet Chatzahlungen.
- Facebook Libra: Facebook möchte eine eigene Kryptowährung aufbauen, um so, ohne dass Geld fließt, Menschen weltweit Zahlungen über ihre Social Media Accounts transferieren zu lassen.

Anders als die Fintechs brauchen die Bigtechs die Kunden der Banken nicht. Sie haben selbst bereits mehr Kunden. Das Ziel der GAFAs ist es, die Kundeschnittstelle allein zu besetzen und die Banken als Abwickler im Hintergrund zu positionieren. Die Bigtechs sammeln dabei die Kundendaten und die Marge ein, ohne jedoch die operativen Risiken und Kreditrisiken zu tragen.

Chancen und Strategien für Banken

Mit Open Banking werden Banken zum Plattformspieler und können sich als Service Provider für Plattformen oder Fintechs positionieren. Hierdurch können neue attraktive Kundenangebote entwickelt werden. Wenn die Kontextpartner dann nicht nur von den Bankdienstleistungen profitieren, sondern durch die Partnerschaft auch mehr Endkunden gewinnen können, nähert sich das Geschäftsmodell einer „echten" Plattform an. Zum Beispiel kann man die Angebote auf der Plattform einfacher oder billiger machen, was dadurch begründet wäre, dass der Bankkunde bereits bekannt ist. Konkrete Ideen wären zum Beispiel vorgenehmigte Kredite beim Shopping- Check-out oder ein direkter Kreditvertrag beim Kreditvergleicher.

Menschen vertrauen Banken mehr als Plattformen: Die neue ‚powered by' Kundenschnittstelle. Auch im Kontext-Banking bleiben Banken relevant für die Kunden. Kunden vertrauen weiterhin ihrer Bank beim Thema Geld mehr als einer Konsumentenplattform und da die Plattformen keine Banklizenz haben (wollen), werden bestimmte Aufgaben und damit auch die Vertragsbeziehung, Legitimation und die Bankprodukte weiterhin bei der Bank verbleiben. Auch digitale Kunden wählen nicht jeden Beliebigen als Partner für ihre Geldgeschäfte. Dies schafft Potenzial für die Entwicklung eines starken „Embedded Banking Branding".

Die Kundenbeziehungen und Kundendaten haben einen großen Wert. Banken haben ihre Millionen von Kunden legitimiert, evaluiert nach ihren finanziellen Kenntnissen, ihrem Verhalten in finanziellen Angelegenheiten und haben bereits starke KYC-Prozesse etabliert. Dieses Know-how wird in der Plattformwelt immer mehr an Bedeutung gewinnen, da alle Beteiligten von diesen aufwendigen Bankprozessen profitieren können. Wenn der Kunde gemäß PSD2 hier zustimmt, entsteht hieraus eine potenzielle Quelle für mehr Provisionseinnahmen für die an Niedrigzinsen leidenden Banken.

Mobile Banking ist die größte Chance für mehr Kundenengagement, aber Retail bleibt Detail. Das Mobiltelefon haben wir immer dabei. Kunden schauen dank Mobile Banking viel mehr auf ihre Finanzen als beim normalen Online Banking. Das heißt, dass die Bank zum Beispiel durch die erhöhte Interaktionszahl mit Partnern, aber auch durch Themen wie GeoLocation in die Lage versetzt wird, mehrwertbringende Angebote zeit- und kontextgerecht anzubieten. Wichtig: Das Angebot sollte auf Basis einer guten Datenanalyse hochpersonalisiert sein, und ohne Friktion für den Kunden, durch einfache, mobile End2End-Prozesse konvertierbar sein.

Kultur, Kultur, Kultur. In Zeiten, in denen der Kunde alles sofort „instant" erwartet, funktionieren Banken weiterhin durch Prozesse, die mehrere ‚Tage oder gar Wochen dauern. Um sich von diesen Altlasten, diesem „Vermächtnis" der Vergangenheit ernsthaft zu befreien, braucht es eine große Veränderung in den Banken: Hierarchien und handelnde Personen müssen ‚bewegt' werden, um ‚alte Zöpfe' (komplexe Prozesse, Produkte und Denkweisen) abzuschneiden. Die Maxime für das neue Banking muss daher lauten:

- Simplify! vereinfachte Produktwelt
- immer die beste Lösung für den Kunden, kontextbasiert
- weniger, aber realtime und mobile Prozesse dank Datenanalyse
- ohne Friktion für den Kunden, perfekt bis ins Detail

Nur wenn Banken eine Kultur schaffen, die das Experimentieren, Testen und das Lernen aus Fehlern (Fehlerkultur) fokussiert, wird es machbar sein, diese Maxime wahr werden zu lassen und gemeinsam mit Plattformen und Fintechs eine Wachstumsstrategie für die Bank umzusetzen.

#Fintech
#Europa
#Skalierung

» Mit Raisin reißen wir Barrieren ein und machen Lust auf einen smarten Vermögensaufbau, den jeder versteht. «

Dr. Tamaz Georgadze
- ist CEO und Mitgründer von Raisin – eines der prominentesten, mit circa 200 Millionen Euro finanzierten europäischen Tech-Start-Ups
- wurde mit 30 Jahren Partner bei McKinsey
- wurde im Alter von 15 Jahren Referent des damaligen Georgischen Präsidenten Eduard Schewardnadse
- machte sein Abitur mit 12 Jahren

DR. TAMAZ GEORGADZE

Persönliches: Sehen wir in Zukunft zu wenige High Potentials wie Sie in Banken, weil die Finanzbranche zu unattraktiv geworden ist?

Für einen Außenstehenden ist es vermutlich ungewöhnlich, schon mit 16 Jahren in ein fremdes Land zu gehen, um dort zu promovieren und die Sprache zu lernen. In meinem Heimatland Georgien hatte ich zu diesem Zeitpunkt vier Schulklassen übersprungen und war in der Lage bereits im Alter von zwölf Jahren mein Abitur zu machen. Direkt anschließend habe ich mein Studium der Volkswirtschaftslehre begonnen. Nach dem Abschluss dieses Studiums, mit 15 Jahren, trat ich eine Stelle als Referent beim damaligen georgischen Präsidenten Eduard Schewardnadse an. Das war eine spannende Zeit. Ich war dort der einzige Jugendliche unter vielen politikerfahrenen Männern und merkte recht schnell, dass ich noch viel mehr lernen wollte. Insgesamt war meine Jugend geprägt von Ehrgeiz und Lerneifer. Die Dinge gingen mir leicht von der Hand und es bereitete mir große Freude mich auf diese Weise weiterzuentwickeln und Dinge ganz anders anzugehen, als Gleichaltrige es vielleicht taten.

Es war die Frage danach, wo ich mehr lernen könne, die mich mit 16 Jahren nach Deutschland führte. Das war im Jahr 1994. Neben Deutschland stand England in der engeren Wahl. Den Ausschlag gab schließlich mein Interesse an der mir noch unbekannten deutschen Sprache und so verschlug es mich nach Deutschland. Ich zog nach Gießen, um dort zu promovieren,

A. M. Bajorat et al. (Hrsg.), *Köpfe der digitalen Finanzwelt*,
https://doi.org/10.1007/978-3-658-29644-5_16

Deutsch zu lernen und, etwas später, ein zweites Studium der Rechtswissenschaften zu absolvieren.

Eher durch einen Zufall landete ich mit Anfang 20 auf einer Rekrutierungsveranstaltung der Unternehmensberatung McKinsey. Ich war zu diesem Zeitpunkt gerade im Begriff mein Jurastudium zu beenden. Diese Veranstaltung war schließlich der Einstieg in meine Karriere bei McKinsey. Ich hatte das große Glück, bei McKinsey für spannende Klienten im Banking arbeiten zu dürfen und vor allem aber das Glück, mit extrem schlauen, hoch motivierten und tollen Menschen zu arbeiten dazu etwas später. Dort legte ich den Grundstein für meine Spezialisierung in Richtung internationaler Finanzmärkte. Dabei machte ich recht schnell Karriere und wurde bereits mit 30 Jahren Partner bei McKinsey. Ungefähr zu diesem Zeitpunkt entstand bei mir das erste Mal das Gefühl, dass meine Lernkurve mehr und mehr abflachte. Mir fehlten frische Reize, die mentale Herausforderung.

In meiner Zeit bei McKinsey habe ich meine heutigen Geschäftspartner und privaten Freunde Dr. Frank Freund und Michael Stephan kennengelernt. Wir arbeiteten in verschiedenen Konstellationen viel zusammen und freundeten uns an. Gemeinsam machten wir uns dann im Jahr 2012 selbstständig: Wir gründeten das paneuropäische Online-Zinsportal Weltsparen.de: eine Marktzugangsinnovation mit grenzüberschreitenden Einlagenprodukten. Seither entwickelt sich das Unternehmen hervorragend und wir erreichen jedes Jahr neue Rekorde bei unseren KPIs. Seit der Gründung haben wir Eigenkapital in Höhe von rund 200 Millionen Euro von internationalen Investoren eingesammelt. Wir konnten dabei namhafte Investoren wie Goldman Sachs, PayPal und Index Ventures von unserem Unternehmen überzeugen. Raisin – so heißt unser Unternehmen inzwischen – steigt damit zu einem der am höchsten bewerteten Fintechs in Deutschland und Europa auf. Es ist unsere Vision, mit Raisin europaweit die beste Anlageplattform zu etablieren.

Ende des Jahres 2019 blicken wir auf das bislang erfolgreichste Geschäftsjahr zurück. Wir haben seit der Gründung Anlagen in Höhe von 18 Milliarden Euro vermittelt. Unsere Kunden haben über 120 Millionen Euro Zinsen erwirtschaftet. Wir haben eine eigene Bank, die Raisin Bank (früher MHB-Bank), gekauft und den Altersvorsorgespezialisten fairr übernommen. Hand in Hand mit unseren ETF-Portfolios (WeltInvest) bedeutet das eine deutliche Erweiterung unseres Produktangebots. Raisin bietet heute passende Finanzprodukte für jede Lebenssituation an.

Einfache und transparente Sparprodukte bleiben dabei das Kerngeschäft von Raisin. Unsere Kunden können mit nur einer

Anmeldung über unser integriertes Online-Banking-System auf Angebote verschiedener Banken in Europa zugreifen. Alle Spareinlagen sind durch die EU-weit harmonisierte Einlagensicherung bis zu einer Höhe von 100.000 Euro geschützt. Ein perfektes System für die sicherheitsbewussten europäischen Anleger, bei dem wir uns und unseren Kunden die Vorteile des europäischen Binnenmarktes zu Nutze machen.

Was von Anfang an klar war, das alles geht nicht ohne Partner. Entsprechend ist unser Produktportfolio in enger Zusammenarbeit mit anderen Finanzdienstleistern entstanden, die ihr Kundenangebot verbessern oder überschüssige Liquidität abbauen wollen. Wir verfügen inzwischen über ein europaweites Netzwerk etablierter und innovativer Anbieter, die unsere Produktpalette ihren Kunden anbieten. Dazu gehören Unternehmen wie N26, Scalable Capital, Monese, Commerzbank, Legal & General, Yolt, Basler Versicherungen, Sparda Bank Nürnberg, Dr. Klein und viele mehr. Zugleich arbeiten wir Ende des Jahres 2019 mit knapp 100 Banken in 25 Ländern zusammen, die Einlagen von Raisins Kunden annehmen. Die Raisin-Marktplätze sind in acht Ländern aktiv, darunter Frankreich, Spanien, Irland und Großbritannien. Wir denken zu diesem Zeitpunkt bereits über die Grenzen Europas hinaus. Im Jahr 2020 starten wir unseren Eintritt in den riesigen US-Markt.

Für mich als Person bedeutet dies, jeden Tag weiter dazulernen zu wollen und es mir nicht zu bequem einzurichten. Das gilt für das gesamte Unternehmen – wir müssen beweglich bleiben. Deshalb suchen wir nur die besten, neugierigsten und motiviertesten Mitarbeiter, mit denen wir dann gemeinsam weiterwachsen.

Die einleitende Frage kann ich entsprechend klar beantworten: Die Finanzbranche ist keinesfalls langweilig. Es ist jedoch keine Gesetzmäßigkeit (mehr), dass sich die Attraktivität der Branche für High Potentials in Banken entscheidet.

Meinungen: Digitale Transformation wird häufig mit digitalen Prozesswegen verbunden. Wird in Kreditinstituten ein zu geringer Fokus auf Produktinnovationen gelegt?

Digitale Innovationen, die sich durchsetzen, müssen einen tangiblen bzw. messbaren Benefit bieten. Schauen wir uns aktuell um, sehen wir, dass Null- und Negativzinsen zu einer großen Verdrossenheit bei Verbrauchern führen. Während sich auf deutschen Girokonten die Guthaben unverzinst stapeln, bieten in- und ausländische Banken auch heute noch attraktive Verzinsung in einem Niedrigzinsumfeld – mit teilweise bis zu 30-fach höheren Zinsen als bei der Hausbank. Unsere Innovation ist es, diese beiden Enden derselben Story zusammenzubringen. Dafür haben wir eine digitale Plattform entwickelt und in intensiver Detailarbeit viele regulatorische Fragestellungen für unsere Kunden gelöst.

Schauen wir uns weiter um, ist mangelnde Transparenz ein Thema in der Branche. Die meisten Menschen können ihnen nicht erklären, welche Vor- und Nachteile der Riester-Vertrag bietet, den sie vielleicht irgendwann mal abgeschlossen haben. Diese Verträge wurden geschlossen, weil die Vertriebsorganisationen von Banken und Versicherungen genau darauf hingewirkt haben. Man könnte sagen, die Ahnungslosigkeit der Kunden wurde zugunsten der eigenen Provisionierung ausgenutzt. In der Folge stehen heute gute, solide Produkte wie Riester stark in der öffentlichen Kritik. Viele Menschen haben kein gutes Gefühl mehr bei ihren Verträgen – zu Recht, denn Renditen werden in den meisten Verträgen von viel zu hohen Gebühren aufgefressen.

Dahinter stehen zwei wesentliche Ursachen. Zum einen fehlt großen Teilen der Bevölkerung Finanzbildung. Man vertraut bei seiner Altersvorsorge wahlweise auf Tipps und Tricks von Verwandten, Kollegen, dem Internet oder den oben genannten Vertriebsorganisationen. Warum bilden die Menschen sich bei so einem wichtigen Thema nicht fort oder sprechen wenigstens mit unabhängigen Profis? Auf der anderen Seite fehlen transparente und einfach verständliche Produkte, die auf einen

Blick klar machen, wann und wo welche Kosten entstehen und welche Renditen überhaupt möglich sind. Genau in diesem Spannungsfeld haben wir unser Unternehmen aufgebaut und entsprechende Finanzprodukte entwickelt. Transparenz, leichte Verständlichkeit, geringe Kosten und eine realistische Renditeperspektive sind dabei wesentliche Faktoren für uns.

Lassen wir den Blick weiter schweifen, sehen wir ein Europa, das noch lange nicht den Status eines harmonisierten Binnenmarktes erreicht hat. Neben vielen cleveren Ideen in Unternehmen muss die Politik den Weg zur Vollendung des Binnenmarktes fortsetzen.

Jenseits der Regulatorik aber spielen die Marktteilnehmer selbst eine wichtige Rolle bei der Plattformisierung des Angebots. Zwar ist Open Banking zu einem Modewort verkommen, aber tatsächlich gelebte Beispiele der anbieterübergreifenden und kundenfokussierten Gestaltung der Angebote sind sehr rar. Die Erkenntnis ist vielerorts da: Das vertikal integrierte Angebotsmodell, bei dem alle Produkte und deren komplette Herstellung inhouse erfolgen, gehört der Vergangenheit an. Da geht es auch um Geschwindigkeit. Sehen wir uns innovative, neuartige Anbieter wie N26 und Monese an, sind diese Unternehmen die ersten, die schnell ein Angebot umsetzen – und das sogar dann, wenn es um die Kundeneinlagen geht. Es sind jedoch zunehmend auch klassische Häuser, wie die Commerzbank, die 1924 gegründete IKB Deutsche Industriebank oder auch die Basler Versicherungen, die sich hier auf neues Terrain vorwagen. Und nicht nur die allein. Auch Industriekonzerne wie Siemens gehören zu den Unternehmen, mit denen wir heute auf partnerschaftlicher Ebene Geschäfte machen, von denen beide Seiten profitieren.

Wir glauben, dass sich gerade in der digitalen Welt dank der vielerorts erhöhten Transparenz das beste Produkte am Ende am Markt durchsetzen wird. Klar ist auch, dass nicht jeder Anbieter das beste Produkt selbst ins Schaufenster stellt. Wir alle sind auf partnerschaftliche Angebotsmodelle angewiesen. Raisin will der Vorreiter sein, wenn es um das beste Produktangebot im Bereich Anlage geht, und dieses Produkt sowohl den Kunden direkt anbieten als auch mit anderen Finanzdienstleistern gemeinsam als White Label Angebot an den Kunden reichen.

Zusammenarbeit auf Augenhöhe nehmen wir auch intern sehr wörtlich. Wir arbeiten eng im Team zusammen, über Funktionen und Hierarchieebenen hinweg. Statt des großen Chefbüros mit Hochflor, Kunst und Sekretärin sitzen wir als Gründer von Raisin im Großraumbüro zwischen den Mitarbeitern. Das hat viele Vorteile für alle Seiten.

Utopien: Welche neuartigen Produkte werden wir in Zukunft sehen und liegt die Zukunft von Banken noch in Finanzdienstleistungen?

Große Teile der Vorhersagen für wirtschaftliche Entwicklungen basieren auf einer Betrachtung der Vergangenheit. Nehmen wir die häufig zitierte Geschichte von Apple und dem iPhone, zeigt sie uns, wie fragil der Moment der Vorhersage ist, wenn wir über neue Technologien sprechen.

Bezogen auf unser Geschäft gibt es dennoch einige Dinge, die wir ziemlich präzise vorhersagen können. Die Erwartungshaltungen von Kunden gehören beispielsweise dazu. Apple hat diesen Menschen beigebracht, dass Technik nicht langweilig und schwer verständlich sein muss. Amazon hat vorgemacht, wie einfach eine valide Produktsuche und das anschließende Einkaufen funktionieren können. Dank PayPal zahlen wir ganz unkompliziert in Echtzeit. Die Google-ID identifiziert uns sicher und zuverlässig. Dadurch geht alles schneller und wesentlich einfacher.

Diese sehr positiven Erfahrungen haben Folgen für alle anderen Branchen. Kunden haben ein Bewusstsein dafür entwickelt, welchen großen Nutzen Technologie bieten kann. Die daraus resultierende Erwartungshaltung macht vor digitalen Finanzprodukten nicht Halt. Dabei geht es genau um die Faktoren, mit denen Amazon, Apple, Google und andere Bigtechs groß geworden sind: Einfachheit, Geschwindigkeit, Verfügbarkeit und – gerade beim Thema Geld von großer Relevanz – Zuverlässigkeit und Sicherheit.

Es wäre naiv anzunehmen, dass dies keinen Einfluss auf die zukünftige Ausgestaltung von Angeboten hat. Wer sich in Zukunft im Markt durchsetzen will, muss diese inzwischen als Standard empfunden Aspekte bedienen können. Dazu gehören:

- **Marktplatz-Charakter**
  Statt eines proprietären Angebots möchte der Kunde aus verschiedenen, vergleichbaren Angeboten wählen und so auf das für ihn individuell beste Angebot zugreifen.

- **Maximierung des Kundenmehrwerts**
  Die Nachfrage nach verständlichen, einfachen und transparenten Finanzangeboten steigt. Dem entgegen steht die bisher praktizierte Margen-Maximierung durch verwirrende Vertrags- und Konditionskonstrukte.

- **Kontextualisierung und Einbindung in tägliche Vorgänge**
  Die Erfolge von Klarna und PayPal basieren unter anderem auf der Einbindung in das Einkaufsverhalten. Das gilt auch für den Bereich der Geldanlagen, die über individuelle Zusammenfassungsmerkmale den Kundennutzen stärker bedienen müssen.

- **Hohe Flexibilität**
  Lange Vertragslaufzeiten sind immer öfter ein Dealbreaker. Kunden verlangen mehr Flexibilität hinsichtlich Kündbarkeit und Anpassungsmöglichkeiten bei Zahlungen oder des in Anspruch genommenen Preispakets.

- **Hohe Individualisierbarkeit**
  Die technische Komplexität vieler Finanzprodukte ist für die meisten Kunden nicht wirklich überschaubar. Deshalb wünschen sie sich effektive und einfache Hilfestellungen. Unter anderem deshalb gewinnen Funktionen des Personal Finance Management (PFM) an Bedeutung – insbesondere durch einen einfachen und langfristigen Blick auf das persönliche Einnahmen- und Ausgabenprofil.

- **Kundennähe**
  Diese Nähe ist nicht mit Filialdichte gleichzusetzen. Hierbei geht es vielmehr um Support und Trouble-Shooting. Besonders in für den Kunden kritischen Situationen sind hier schnelle und intuitive Lösungen von Bedeutung.

Überträgt man diese Ideen auf Geldanlagen, dann lassen sich daraus verschiedene Anforderungen an das Produkt der Zukunft ableiten. Es ist aus meiner Sicht eine flexible, periodisch anpassbare und an den individuellen Liquiditätsbedarf angepasste Spar- oder Anlagefunktionalität. Zugleich gilt es – angepasst an das individuelle Ausgabeverhalten – Steuervorteile und Aspekte staatlicher Zuschüsse transparent abzubilden. Das beinhaltet aus meiner Sicht auch Liquiditätspuffer und eine alters- und vermögensabhängige Steuerung des Portfolios inklusive seiner Risiken, ohne dabei die Kosten aus den Augen zu verlieren. Dazu gehört die Möglichkeit einer flexiblen Anpassung des Autopiloten, was beispielsweise die teilweise Re-Allokation der Anlage oder das Definieren kurzfristiger, besonderer Sparziele zulässt.

Im Backend bedeutet das eine nahtlose Integration der besten Angebote in allen Anlagekategorien, die den Vorteil einer anbieterübergreifenden Anbindung in den Marktplatz an den Kunden weitergibt. Und das ohne dabei funktionale Vorteile, Usability oder Einfachheit des Produkts aus den Augen zu verlieren.

Noch ist völlig unklar, wer am Ende das Rennen macht. Sowohl Banken, als auch Fintechs oder Bigtechs haben unterschiedliche Ausgangslagen und individuelle Möglichkeiten, ihren Kunden diese neuartige Form des Produkterlebnisses anzubieten.

Bigtechs verfügen grundsätzlich über die richtige „DNA", eine große Kundenbasis und die notwendigen finanziellen Mittel, hier erfolgreich aktiv zu werden. Viele dieser Unternehmen verspüren derzeit jedoch in vielen Themen regulatorischen Gegenwind und haben deshalb nicht zwingend Appetit auf das stark regulierte Bankgeschäft.

Fintechs agieren mit starkem Produktfokus und bieten schon heute viele Vereinfachungen an. Dafür haben sie bereits ein Problem oder eine Reihe voneinander angrenzenden Problemen gelöst. Zudem haben diese Unternehmen den Vorteil nicht auf einer komplexen, verwobenen und in die Jahre gekommenen IT-Landschaft aufsetzen zu müssen. Das beschleunigt den Bau und die Verbesserung von Prototypen in erheblichem Maße.

Banken und traditionelle Finanzdienstleister genießen wiederum das Vertrauen in die eigene Solidität und den richtigen Umgang mit den Kundendaten. Diese Unternehmen haben ein tiefes Verständnis für das regulierte Geschäft und sind kompetent bei der Entwicklung von Finanzprodukten. Sicher nicht zu unterschätzen sind dabei die lang erprobten vertrieblichen Fähigkeiten, mit denen einer bestehenden Kundenbasis neue Produkte angeboten werden können.

#OneStopShop
#PlatformicationofSMEfinance
#MarketNetwork

» KMU haben heute andere Erwartungen an Finanzierungen und fordern von ihrer Hausbank auch entsprechende Optionen ein, beispielsweise modulare Finanzierungslösungen. Digitale, horizontale Marktplätze, die produktübergreifend Anbieter für beispielsweise Leasing, Kredit oder Factoring vereinen, sorgen für Transparenz, höhere Geschwindigkeiten und passgenaue Konditionen im Finanzierungsmarkt. In Kombination mit unabhängiger Beratung werden Marktplätze den KMU-Finanzierungsmarkt revolutionieren. «

Stephan Heller

- ist Gründer und CEO des Fintechs FinCompare
- hat 2015 Watchmaster gegründet – die europäische Handelsplattform für neue und gebrauchte Luxusuhren
- ist Angel Investor bei einigen Ventures, unter anderem bei Geldspeicher, Caya und Penseo
- war mehr als drei Jahre bei Groupon tätig, zuletzt als Head of Merchant Marketing
- war Consultant bei Roland Berger und Investment Analyst bei Waterland Private Equity
- hat Kommunikation und internationales Management in Wien, Berlin, Paris und London studiert

Digitalisierung im Firmenkundengeschäft

STEPHAN HELLER

Persönliches: Sie haben früher Uhren verkauft. War der Marktplatz eine Grundlage für das, was Sie heute mit fincompare machen?

Ein Unternehmen zu führen, ist ein ständiger Lern- und Veränderungsprozess. Natürlich profitiere ich noch heute von den Erfahrungen, die ich auf meinen früheren Stationen sammeln durfte. Dazu gehören zunächst die Jahre nach 2011, in denen ich für Groupon in London arbeiten konnte. Dort habe ich unter anderem die Sales-Plattform fürs globale Team mit aufgebaut und viel über Performance-Marketing oder Inbound Sales gelernt. 2015 gründete ich schließlich zusammen mit einigen anderen mein erstes Start-up Watchmaster in Berlin. Wir bildeten das Managementteam, mussten den Betrieb in Gang bringen und am Laufen halten. Wir haben damals einiges richtig gemacht, zum Beispiel mit dem eigenen Online-Angebot schnell an den Start zu gehen und die notwendigen Korrekturen dann erst nach und nach vorzunehmen. Beim Aufbau eines Start-ups zählt vor allem eines: Geschwindigkeit bei der Umsetzung der eigenen Ideen.

Bei Watchmaster hatten wir anfangs nur eine recht einfache Webseite, die wir dann stetig verbessert und weiter optimiert haben. Nach diesem Muster sind wir später auch bei FinCompare verfahren: Die erste Version der Plattform haben wir bereits nach zwei Wochen gelauncht, die nächste Version ging dann nach zwei Monaten online. In diese Version sind dann bereits

A. M. Bajorat et al. (Hrsg.), *Köpfe der digitalen Finanzwelt*,
https://doi.org/10.1007/978-3-658-29644-5_17

unsere Learnings und Erfahrungen eingeflossen. Meiner Meinung nach soll man als junges Unternehmen mit einer einfacheren Version, einem MVP, des Produkts oder der Dienstleistung an den Start gehen, es ausprobieren, testen und dann sehr schnell aus seinen Fehlern lernen. Später habe ich mich dann häufiger gefragt, was mich dazu bewogen hat, so vorzugehen. Das Resultat: Es geht darum, Dinge auszuprobieren, auch mal Fehler zu begehen und dann schnell aus ihnen zu lernen. Am Ende ist es immer ein Wettrennen, und es gibt sehr viele richtig kluge Gründer da draußen, die oftmals die gleichen Ideen verfolgen und versuchen, sie umzusetzen. Ein Jahr bedeutet für ein junges Unternehmen demnach so gut wie nichts.

Dieses Denken unterscheidet Start-ups sehr stark von alteingesessenen Unternehmen im Industrie- oder Finanzsektor. Ich stelle immer wieder fest, dass die Mitarbeiter, die von dort zu uns kommen, am Anfang immer das perfekte Produkt bauen wollen. Aber als Start-up erkennt man sehr schnell, dass das Produkt niemals perfekt sein wird – oder dass man dafür sehr viel Zeit braucht, die man am Anfang einfach nicht hat.

Just do it!

Mir ist es schon immer wichtig gewesen, dass wir nicht nur darüber reden, was wir alles machen wollen, sondern dass wir die Dinge auch umsetzen. Just do it! Was mich immer wieder stört: Wenn ich Teams und Prozesse manage und Entscheidungen anstoße und wir am Ende doch nur über die Möglichkeiten sprechen, Brainstormings durchführen und Ideen diskutieren. Häufig wird genau dann gezögert, wenn es darum geht, Entscheidungen zu treffen und die Dinge einfach umzusetzen. Meine Devise lautet, und das rate ich auch anderen Start-ups und Unternehmen: Springt ins Wasser, habt keine Angst, lernt zu schwimmen – aber bitte schnell! Diese tägliche Erfahrung ist fürs Business viel mehr wert als jeder Universitätsabschluss oder Doktortitel!

Wer vorankommen und andere hinter sich lassen möchte, sollte auch keine Scheu davor haben, selbst mit anzupacken. Gerade am Anfang braucht man keine Brand- oder Design-Agentur und auch kein großes Team. Was ich in dieser Zeit gelernt habe: Man sollte die wichtigsten Dinge selbst übernehmen und von den Erfahrungen lernen. Man sollte nur aufpassen, sich nicht zu verzetteln und zu viele Dinge zur gleichen Zeit machen zu wollen.

Zu Beginn die Voraussetzungen für Wachstum legen
Bei Watchmaster habe ich auch gelernt, wie wichtig es ist, sich von Anfang an richtig aufzustellen und die nötigen Voraussetzungen für das spätere Wachstum zu schaffen. Bei FinCompare haben wir aus diesem Grund schon früh in Compliance und IT-Security investiert, auch wenn das anfangs bedeutet hat, dass es erstmal langsamer war und dadurch auch andere Features später erst umgesetzt werden konnten. Aber es ist wirklich frustrierend, wenn der Laden erst mal läuft und die Aufträge beziehungsweise Anfragen reinkommen – und man dann erst mal die nötigen Grundlagen schaffen muss. Was für eine Zeitverschwendung – es ist viel sinnvoller, diese Basics bereits am Anfang richtig zu planen und zu etablieren.

Auch das Recruiting sollte man als Start-up nicht unterschätzen. Um das Wachstum gestalten und fördern zu können, braucht man vor allem am Anfang ständig neue und vor allem gute Mitarbeiter, die ins Team passen und Lust haben, etwas zu bewegen und voranzubringen. Ich arbeite beispielsweise nie mit Headhuntern zusammen, weil die nur Geld kosten und kaum etwas bringen. Junge Unternehmen brauchen zwar nicht gleich einen HR-Manager, aber einen Recruiter sollten sie sich schon leisten. Sie können sich dann aufs Marketing oder Sales konzentrieren, während der Recruiter die Vorstellungsgespräche vorbereitet. Sie oder er können sich Gedanken machen, ob der Kandidat menschlich ins Team und zur Unternehmensphilosophie passt. Ein Thema übrigens, über das ich mir bei Watchmaster noch keine Gedanken gemacht habe, bei FinCompare hingegen schon.

Mir gefällt der Ansatz, den Netflix gegenüber seinen Mitarbeitern verfolgt. Auch bei FinCompare wollen wir keine Familie im klassischen Sinne sein, die immer zusammenhält und durch Blut gebunden ist. Wir verstehen uns eher als Profi-Sport-Team, nicht als Freizeit-Sportgruppe oder gar als Familie für die Ewigkeit. Die Mitarbeiter haben ihre Freiheiten – werden von uns aber auch gefordert und müssen ihre Leistung bringen. Dadurch gibt es mehr Verantwortung, und man gewinnt gemeinsam. Wer das nicht mag oder kann, ist wahrscheinlich relativ schnell raus. Daran glaube ich. Diejenigen, die in so einer „High-Performance-Kultur" bleiben, können sich dafür umso mehr mit den Zielen und der Kultur identifizieren und fühlen sich bei uns wohl.

Meinungen: Das Privatkundengeschäft ist häufig der Vorreiter der Digitalisierung. Wo stehen wir in Deutschland bei der Digitalisierung im Firmenkundengeschäft?

Bei der Digitalisierung stehen wir noch immer am Anfang, kommen aber mit schnellen Schritten voran. Anders als bei den Endkunden dauert es im B2B-Bereich etwas länger, bis sich die Vorteile der Digitalisierung wie Transparenz, Schnelligkeit und günstige Konditionen auf breiter Front durchsetzen. Der Nachholbedarf hat Gründe:

- die hohe Komplexität,
- unterschiedliche Rechts- und Organisationsformen,
- lange Entscheidungsprozesse,
- die hohen finanziellen Summen, die im Raum stehen,
- langjährige Geschäftsbeziehungen zwischen Hausbanken und Unternehmen
- sowie regulatorische Vorgaben, die es zu berücksichtigen gilt.

Allein die Bonitätsprüfung gestaltet sich viel komplexer und aufwendiger als im Endkundengeschäft, wo häufig der Blick auf die Ein- und Ausgänge auf dem Girokonto ausreicht. Im B2B-Bereich dagegen, wo in der Regel weit größere Summen im Raum stehen, fließen viel mehr Instrumente und Wechselwirkungen in die Prüfung mit ein, was das Ganze deutlich in die Länge zieht und zusätzlich erschwert.

Die hohe Komplexität hat einen positiven Nebeneffekt, der den Fintechs und Finanzdienstleistern im Online-Geschäft zusätzlich in die Karten spielen dürfte: Die großen Tech-Firmen wie Google, Amazon oder Facebook halten sich in diesem Markt noch merklich zurück, vor allem wegen der angeführten komplexen Einflussfaktoren auf die Prüfung und Bewertung der Bonität. Daran dürfte sich in den nächsten Jahren so schnell nichts ändern.

Der Rückstand bietet Fintechs und Finanzdienstleistern die Chance, sich ein großes Stück vom Kuchen abzuschneiden und Firmenkunden von sich zu überzeugen. Diese Hoffnung hängt in erster Linie mit einem Umstand zusammen, der bei allen Diskussionen über innovative Technologien, disruptive Geschäftsprozesse und komplexe Strukturen gern übersehen wird: Unternehmen werden von Menschen geführt. Diese kennen die Vorzüge der Digitalisierung aus ihrem privaten Umfeld und werden die transparenten Prozesse bei der Entscheidungsfindung, die breite Auswahl an Finanzierungsformen sowie die Geschwindigkeit bei Abwicklung und Auszahlung auch im Geschäftsleben einfordern. Schon heute wünschen sich immer mehr Unternehmen eine kundige Beratung und noch mehr Unabhängigkeit im Hinblick auf die Finanzprodukte, die ihnen empfohlen werden. Die Zeiten, in denen die Banken immer nur die hauseigenen Produkte anbieten können, sind auch im B2B-Umfeld vorbei.

Doch damit nicht genug. Weitere Faktoren treiben den Wandel im Firmenkundengeschäft voran: Die neue Zahlungsdiensterichtlinie PSD2 zur Regulierung des Banking- und Payment-Marktes beschleunigt das sogenannte Open Banking. Mit ihrer Hilfe können auch gewerbliche Bankkunden künftig selbst entscheiden, wem sie Zugriff auf ihre Bankdaten ermöglichen wollen. Das fördert den Wettbewerb mit den etablierten Kreditinstituten und sorgt dafür, dass sich immer mehr Open-Banking-Plattformen durchsetzen werden. Darüber hinaus drängen ausländische Großbanken auf den Markt und verstärken den Druck auf die hiesigen Banken. Dazu kommen die eher schwierigen wirtschaftlichen Rahmenbedingungen und hohen Transformationskosten für die Banken.

Fintechs übernehmen Teile der klassischen Wertschöpfungskette

Der Schlüssel zum Erfolg und zum endgültigen Durchbruch der Digitalisierung im Firmenkundengeschäft besteht aber nicht nur im Convenience-Aspekt der Geschäftsabwicklung. Die Digitalisierung bringt weitere Neuerungen und Besonderheiten mit sich. Spezialisierte Anbieter, in der Regel Fintechs, werden immer mehr Dienstleistungen in der klassischen Wertschöpfungskette übernehmen, die bislang ausschließlich von den Banken abgedeckt wurden. Mit Hilfe modernster Technologie und einem interessanten Beratungsansatz füllen sie diese dann mit neuem Kundenwert. Dafür werden sie künftig noch stärker als bisher mit den Banken zusammenarbeiten.

Über horizontale Marktplätze, auf denen wichtige Informationen, Daten und Scoring-Ergebnisse zusammenlaufen und dem Kunden zur Verfügung stehen, werden sie sich zum digital vernetzten Partner für die Unternehmen weiterentwickeln.

FinCompare ist als solcher horizontaler Marktplatz konzipiert und aufgebaut: Kleine und Mittelständische Unternehmen (KMU) mit Finanzierungsbedarf erhalten darauf Zugang zu vielfältigen Finanzierungsmöglichkeiten mit optimalen Konditionen. Bei FinCompare steht ein Pool mit aktuell mehr als 270 renommierten Banken (zum Beispiel Deutsche Bank, Postbank und Commerzbank), alternativen Finanzdienstleistern (zum Beispiel ABC Finance, Targo Commercial Finance und Elbe Finanzgruppe) und Fintechs (zum Beispiel Funding Circle, Creditshelf, solarisBank) zur Verfügung. Die verschiedenen Finanzierungsoptionen (zum Beispiel Kredit, Leasing, Factoring und Einkaufsfinanzierung) können auf FinCompare intuitiv verglichen werden. Die Berater von FinCompare stehen den KMU zudem bei Fragen zur Abwicklung einer Finanzierung zur Seite. Mit einem vollautomatischen Leasingvergleich in Echtzeit für Hersteller und Händler zur Absatzförderung hat FinCompare zu Beginn 2018 seine Plattform erfolgreich für Vendoren erweitert (absatzfinanzierung24.de). In einem bislang sehr undurchsichtigen Markt setzt sich FinCompare als Marktplatz und digitaler Broker für ein deutliches Plus an Transparenz und damit auch an Kostenreduktion ein. FinCompare etablierte sich kurz nach dem Start als neuer starker Player am Markt und bearbeitete bislang Anfragen von mehr als 10.000 Kunden mit einem Volumen von mehr als 4,5 Milliarden Euro.

Marktplätze wie FinCompare bieten Unternehmen bei der Abwicklung einer Finanzierung viele Vorteile:

- Die Dokumentenaufbereitung (BWA, Jahresabschlüsse etc.) erfolgt auf einem Marktplatz nur einmal pro Unternehmen.
- Das Matching von individuellen Finanzierungsanfragen kleiner und mittlerer Unternehmen mit den Konditionen und Angeboten von über 270 Banken, Fintechs und Finanzierern, wie im Falle von FinCompare, bedeutet eine große Effizienzsteigerung und Kostensenkung auf Seiten der Finanzierer, beispielsweise durch das Outsourcing der kostspieligen Kundenakquise für die Banken.

Digitale Marktplätze erlauben die Integration von allen Stakeholdern, im Falle der Unternehmensfinanzierung beispielsweise die Einbindung unabhängiger Finanzbroker und Makler. Sie haben über ein eigenes User-Interface Zugriff auf die Fintech-Technologie, können ihre Kunden besser betreuen und ihr Beratungsportfolio um den Baustein Unternehmensfinanzierung erweitern.

Utopien: Werden neue Marktteilnehmer auch den Markt des Firmenkundengeschäftes revolutionieren können oder wird dieses Segment in Zukunft weiterhin durch etablierte Banken dominiert?

Bei allen Verheißungen und Einschätzungen, was das Potenzial der Fintechs betrifft, sollte nicht vergessen werden, dass sich der Wandel in diesem Bereich eher langsam vollzieht. Die Disruption braucht Zeit – vor allem im Firmenkundengeschäft. Die Beharrungskräfte sind groß, und natürlich sollten auch die Banken mit ihrer geballten Finanz- und Organisationskraft sowie den langjährigen Geschäftsbeziehungen zu den Unternehmen nicht unterschätzt werden. Dennoch spricht einiges dafür, dass sich die traditionellen Finanzinstitute auf härtere Zeiten einstellen müssen. Denn die neuen Marktteilnehmer profitieren davon, dass sie eben keine Banken sind und einer geringeren Regulierung unterliegen. Dadurch können sie deutlich schneller und kosteneffizienter als Banken arbeiten. Viele Leistungen und Angebote, die bislang noch in der Hand der Banken liegen, werden künftig von neuen Anbietern übernommen werden.

Die große Chance für Fintechs und weiterer Anbieter besteht darin, dass sie den Wettbewerb mit neuen Ansätzen annehmen können. Sie werden das Geschäft nicht nur schneller und transparenter als die Banken machen, sondern ein Stück weit anders. Möglicherweise besser, fast sicher aber innovativer. In Zukunft stehen den Herausforderern verschiedene Optionen offen. Eine dürfte darin bestehen, sich zur „modularen Hausbank“ zu entwickeln. Die auf einzelne Teile der klassischen Wertschöpfungskette der Banken spezialisierten Fintechs und Dienstleister werden sich miteinander vernetzen und ihre Leistungen und Lösungen auf einer gemeinsamen Plattform anbieten, die über API miteinander verknüpft werden. Die Unternehmen suchen sich aus den unterschiedlichen Finanzierungslösungen die beste für sich aus. Die Finanzierer, die sich dafür zu einem Pool zusammengeschlossen haben, bleiben im Hintergrund, die entsprechende Auswahl übernehmen die intelligenten Matching-Programme der Plattformen.

Über diesen Weg können Fintechs zum digital vernetzten Partner von Unternehmen werden und immer dann bereitstehen, wenn die bestmögliche Finanzierung gefragt ist. Sie können ihre ureigenen Stärken gegenüber den Banken ausspielen: ihre Aufgeschlossenheit für moderne Technologien, ihre Innovationsfreude und ihre von organisatorischem und regulatorischem Ballast befreite Schnelligkeit. Sie machen sich die Künstliche Intelligenz zunutze, setzen auf Machine Learning – und auf die menschliche Beratungskompetenz. Denn bei aller Begeisterung für Automatisierungen und Algorithmen sollte nicht vergessen werden, dass der Mensch als Ansprechpartner in der KMU-Finanzierung eine große Rolle spielt und dies auch in Zukunft tun wird.

Eine weitere Option könnte darin bestehen, zu einer Art digitalem Finanzberater der Unternehmen zu werden. Auf Basis der vorhandenen Daten können Echtzeit-Tipps zur Unternehmensfinanzierung (geeignete Instrumente, Anbieter, Konditionen) oder individualisierte Anlagepläne basierend auf KI automatisiert erstellt werden. Hier kommen ihnen moderne Technologien wie die Blockchain zugute, die den Austausch von Finanzdaten sicherer machen, sowie die Künstliche Intelligenz, mit deren Hilfe sie die Kunden noch besser verstehen und die Angebote entsprechend optimieren können.

Im KMU-Bereich wird es künftig entscheidend darauf ankommen, den vorhandenen Datenschatz zu heben und daraus die entsprechenden Produkte und Innovationen zu entwickeln, die für den Kunden eine Problemlösung bedeuten. Wer hier den Durchbruch schafft, geht voran und kann im Markt für völlig neue Verhältnisse sorgen. Hier kommen wieder die Vorteile der Plattformen zum Tragen, über die eine Unmenge an Daten über den Kunden und die Branche gesammelt werden, die es künftig zu monetarisieren gilt.

#diebankimhandy
#investierenstattsparen
#digitalefinanzbildung

» Aus Online-Brokern sind mobile Broker geworden. Börsenhandel muss jederzeit und überall möglich sein – schnell, einfach und bequem. Jetzt müssen wir es in Deutschland nur noch schaffen, aus Sparern Anleger zu machen, zum Beispiel durch digitale Finanzbildung und niedrigschwellige Angebote. «

Arno Walter

- ist Bereichsvorstand bei der Commerzbank AG
- engagiert sich für die Stiftung Rechnen, die die Rechenkompetenz in der Gesellschaft verbessern möchte
- war fünf Jahre lang CEO der comdirect Bank AG
- hatte zuvor diverse Führungspositionen bei der Commerzbank AG und Dresdner Bank AG inne
- ist schon seit seiner Jugend an den neuesten technischen Entwicklungen interessiert
- hat BWL an der Goethe-Universität in Frankfurt am Main studiert und war parallel Teilzeitangestellter der Dresdner Bank
- hat sich bei der Dresdner Bank zum Bankkaufmann ausbilden lassen

Digitalisierung im Wertpapiergeschäft

ARNO WALTER

Persönliches: Wie ist Ihre Begeisterung für das Wertpapiergeschäft entstanden?

Bereits in meiner Jugend habe ich begonnen, mich für Finanzen zu interessieren. 1967 in Frankfurt geboren und aufgewachsen, waren Börse und Banken immer schon für mich präsent. Als Abiturient habe ich dann einen Ferienjob bei der Dresdner Bank absolviert, ohne eigentlich genau zu wissen, worauf ich mich da einlasse. Tatsächlich war diese Tätigkeit der Auslöser für meine Karriere in der Finanzbranche. Die Frage, was die Aufgabe und der Mehrwert einer Bank für ihre Kunden ist, treibt mich seit damals an. Und die Antwort darauf hat sich ja insbesondere in den letzten Jahren stark gewandelt, aber dazu später mehr.

Nach dem Abitur habe ich dann bei der Dresdner Bank in Wuppertal eine Ausbildung zum Bankkaufmann gemacht. Damals erfolgten auch meine ersten Aktieninvestments: Fiat und Hitachi. Das weiß ich auch deshalb noch so genau, weil ich sie am 15. Oktober 1987 gekauft habe – vier Tage vor dem „Schwarzen Montag", dem ersten großen Börsencrash seit dem Zweiten Weltkrieg. Eine lehrreiche Erfahrung, die mich aber nicht von neuen Börseninvestments abgehalten hat, im Gegenteil. Als einer der wenigen Azubis habe ich damals schon meine vermögenswirksamen Leistungen in Investmentfonds angelegt und nicht in einen Sparplan.

Nach Frankfurt bin ich dann für mein Studium zurückgekehrt. Von 1990 bis 1995 habe ich BWL an der Goethe-Universität studiert. Daneben war ich auch weiterhin bei der Dresdner Bank tätig, um mir mein Studium zu finanzieren. Mit dem Uniabschluss

A. M. Bajorat et al. (Hrsg.), *Köpfe der digitalen Finanzwelt*,
https://doi.org/10.1007/978-3-658-29644-5_18

in der Tasche hatte ich dann die Wahl: Gehe ich zu einer Hypothekenbank, um dort Vorstandsassistent zu werden, oder übernehme ich bei der Dresdner Bank direkt Verantwortung für ein kleines Team im Privatkundenbereich? Ich habe mich dann bewusst für letzteres entschieden, denn mir war es immer schon wichtig, nicht nur gestalten zu können, sondern auch für das, was ich tue, Verantwortung zu übernehmen.

Nach einem kurzen Zwischenspiel bei der Gruppe Deutsche Börse von 2000 bis 2002 wechselte ich 2002 zur Commerzbank AG. Übrigens war das nicht nur beruflich eine spannende Zeit: Auch an den Börsen war es aufregend. Als risikobewusster Investor, noch dazu technologieaffin, hatte ich mich am Neuen Markt versucht und eine größere Summe in zwei Werte des Nemax 50 angelegt, den Index, der die Blue Chips der sogenannten „New Economy" abbildete. Was daraus wurde, ging in die Geschichtsbücher ein: der Zusammenbruch des Neuen Marktes mit Kursstürzen oder sogar Insolvenz bei „gefeierten Börsenstars". Der Totalverlust, den ich damals erlitt, war prägend – seitdem investiere ich deutlich selektiver und überwiegend breit diversifiziert. Aber ich bin den Wertpapieren treu geblieben.

Und das Investieren wurde Anfang der 2000er ja auch immer leichter. Das Internet war da, die ersten Online-Broker etablierten sich, einer davon übrigens comdirect, wo ich ein Depot eröffnete. Börsenkurse, die man früher der Zeitung bzw. dem Videotext entnahm oder für die man seinen Kundenberater anrufen musste, waren plötzlich für jeden jederzeit abrufbar. Das hat nicht nur den Aufgabenbereich eines Bankberaters verändert, sondern auch den gesamten Wertpapierhandel. Orders mussten nicht mehr per Fax oder Telefon aufgegeben, sondern konnten von jedermann und –frau selbst eingegeben und ausgelöst werden.

Bei der Commerzbank war ich in diversen Führungspositionen tätig, bevor ich Anfang 2015 als Vorstandsvorsitzender zur comdirect bank AG wechselte. Bei der Direktbank hatte ich das Glück, genau in der Zeit anzufangen, in der eine neue Geschäftsstrategie entwickelt werden musste. „Bank. Neu denken" war und ist das Credo. Denn Kundenansprüche haben sich signifikant geändert: Banking und Brokerage müssen heute überall und jederzeit möglich sein. Everything, everytime, everywhere – so erleben es Kunden in anderen Lebensbereichen ja auch. Aus online wurde und wird mobil: Das Smartphone ist zu unserem ständigen Begleiter geworden, übrigens auch für mich. Als bekennender Apple-Fan bin ich seit Einführung Ende 2007 Besitzer eines iPhones und kann es aus meinem Leben nicht mehr wegdenken. Selbstverständlich mache ich auch meine Bankgeschäfte überwiegend damit.

Was mich persönlich antreibt, ist die Frage, wie es uns als Bank gelingt, mehr Menschen zu Wertpapierbesitzern zu machen. Der technische Fortschritt mit einem riesigen Angebot an Foren, Blogs, Youtube-Videos und vielem mehr erleichtert es theoretisch ja, sich bestens zu informieren und an der Börse aktiv zu werden. Warum tut dies in Deutschland, selbst angesichts des anhaltenden Niedrigzinsumfeldes, trotzdem nur etwa jeder Dritte? Schaffen wir es, mit noch niedrigeren Kosten und intelligenten digitalen Lösungen aus Sparern Anleger zu machen? Ich bin davon überzeugt, dass sich das Investieren durch die Digitalisierung weiter verändern wird – und dass sich dadurch zwangsläufig auch die Broker wandeln.

Meinungen: Kann der technische Fortschritt helfen, mehr Menschen für Wertpapiere zu begeistern?

Der Wertpapierhandel hat sich in den letzten 25 Jahren signifikant gewandelt. Das zeigt sich auch am Beispiel der comdirect bank AG, die 1994 als Direktbank-Tochter der Commerzbank AG gegründet wurde. „Direkt“ bedeutete damals in erster Linie per Telefon: Wollten Kunden Bankgeschäfte erledigen, zum Beispiel Wertpapiere handeln, riefen sie bei ihrer Bank an. Das Telefon war Mitte der 1990er Vertriebsweg Nummer eins, gefolgt von Fax und Brief. Das änderte sich aber schon kurze Zeit später schlagartig mit dem technologischen Ausbau der Geschwindigkeit des Internets: Aus „direkt“ wurde „online“. Ab 1996 bot beispielsweise comdirect Online-Banking und –Brokerage an. Bereits zwei Jahre später erfolgten dort 80 Prozent aller Wertpapier-Orders online.

Dieser rasante Wechsel des vom Kunden bevorzugten Vertriebskanals war in erster Linie in den neuen technischen Möglichkeiten begründet. Mit dem (immer schneller werdenden) Internet konnte der Kunde nicht nur jederzeit Wertpapiere handeln – es wurde auch zu immer günstigeren Konditionen möglich. Online-Depot, automatisierte Abrechnungen und seit 1997 Xetra, der elektronische Börsenplatz: All das senkte die Kosten für den Wertpapierhandel. Aber neben den geringeren Gebühren war noch etwas anderes entscheidend: der neue Zugang zu Informationen. Musste man früher in den Kursteil der Tageszeitung schauen oder bei seinem Bankberater anrufen, um einen Börsenkurs zu erfahren, so genügten mit dem Ausbau des Internets ein paar Klicks. So etablierte sich zum Beispiel die Internetseite von comdirect schnell als eine der meistbesuchten Finanzinformationsseiten Deutschlands. Die Direktbank ermöglichte 1999 zudem als erster deutscher Online-Broker kostenlos den Handel zu Echtzeit-Kursen – gerade für Viel-Trader interessant.

Der technologische Fortschritt hörte aber nicht mit dem Ausbau des Internets auf. Wer heute, etwa 20 Jahre später, Wertpapiere handeln möchte, braucht dazu nicht einmal mehr einen Computer. Aus Online-Brokern sind Mobile Broker geworden: Wertpapiere ordert man heute jederzeit, überall – auf dem Tablet oder dem Smartphone, über Apps. In der comdirect App funktioniert das mit der Chat-Order sogar so leicht wie ein Gespräch über einen Messenger-Dienst. Auch wer aktuelle Kurse abrufen möchte, muss sich dazu nicht mehr vor seinen Rechner setzen: Sprachassistenten informieren über Kursentwicklungen und Börsen-Nachrichten oder beim Überschreiten von bestimmten Kursmarken – immer in Echtzeit.

Eine weitere Erleichterung, gerade auch aus Kundensicht, ist die Öffnung der Kundenschnittstelle vieler Banken für Dritte, insbesondere Fintechs oder Plattformen. Für den Kunden ist es dadurch egal, wo er sich einloggt – er erhält überall seine Depot-Informationen und hat dadurch mit nur einem Zugang seine Finanzen im Blick. So können comdirect Kunden beispielsweise über die Online-Trading-Plattform Guidants ihr Depot nicht nur einsehen, sondern darüber auch für ihr comdirect Depot handeln – am Desktop-PC oder in der App. Derselbe Service wird aktuell für eine weitere Börsensoftware umgesetzt. Außerdem können Kunden seit Kurzem über developer.comdirect.de eigene Zugangsdaten für den API-Zugriff beantragen. Dieses Angebot richtet sich an Kunden mit Programmierkenntnissen, die eigene Anwendungen entwickeln wollen, um ihre Konten und Depots zu verwalten.

Kurz und auf den Punkt gebracht: Es war noch nie so einfach, Wertpapiere zu handeln wie heute. Warum aber belegen Umfragen immer wieder aufs Neue, dass Deutschland kein Land der Aktionäre ist – und das, obwohl das Zinsniveau seit Jahren extrem niedrig ist? Laut einer Studie aus Februar 2019 der „Aktion pro Aktie", einer gemeinsamen Initiative der Direktbanken ING, Consorsbank und comdirect, ist nur etwa jeder dritte Deutsche direkt oder indirekt in Aktien investiert. Mit 88 Prozent dominieren kurzfristige Anlageformen wie Girokonto, Sparbuch oder Tagesgeld. Einer der immer wieder genannten Gründe, warum nicht in Wertpapiere angelegt wird, ist mangelndes Wissen mit daraus resultierender Unsicherheit. So hat laut Umfrage der „Aktion pro Aktie" jeder Dritte Angst, die falschen Aktien zu kaufen; jeder Fünfte wüsste gar nicht, in welche Aktien er investieren sollte.

Auch hier kann der technische Fortschritt unterstützen, zum Beispiel mit digitalen Bildungsangeboten. Denn: Je besser das Wissen über Wertpapiere ist, umso geringer ist die Unsicherheit bzw. die Angst. Tatsächlich bieten ganz unterschiedliche Akteure die Möglichkeit, die finanzielle Bildung zu verbessern – von Banken über Verbände bis hin zu Verbraucherschützern und Bildungsinstituten. Nur: Werden diese Angebote auch angenommen? Hoffnung macht dabei, dass mit der Digitalisierung Wissen heute ganz einfach, jederzeit und überall erworben werden kann. Und es kann sogar Spaß machen, sich weiterzubilden.

Ein weiterer Vorteil: Interessierte müssen dafür nicht, wie zum Beispiel bei einem Seminar, zu einer bestimmten Uhrzeit an einen bestimmten Ort sein, sondern können ihre Finanzbildung ganz bequem von zu Hause aus verbessern. Das Angebot ist vielfältig: Es gibt Online-Akademien, Webinare, Lern-Apps oder Podcasts, die sich mit Finanzwissen beschäftigen – für jeden ist etwas dabei, egal ob Anfänger, erfahrener Anleger oder Profi.

Zusätzlich hat sich auch auf der Produktseite durch neue technische Möglichkeiten in den letzten Jahren Einiges getan. Besonders vorteilhaft: Für Einsteiger besteht die Möglichkeit, mit sogenannten Musterportfolios oder –depots risikolos zu testen, wie sich bestimmte Investments entwickeln würden. Viele Banken, aber auch Medien wie boerse.ard.de bieten dies kostenlos an.

Eine weitere Unterstützung für Geldanleger ist die vorselektierte Produktauswahl beim sogenannten Motiv-Investing: Hierfür wurden bei comdirect sechs unterschiedliche Themen definiert, die alle zu den Megatrends der Zukunft zählen: Robotics, Cybersicherheit, Gesundheit, Nachhaltigkeit, Technologie sowie Konsumtrends. Die Anlageexperten von comdirect haben für jedes dieser Motive bereits entsprechende Wertpapiere zusammengestellt, aus denen der Kunde dann auswählen kann. Das können Fonds, ETFs oder auch Einzelaktien sein.

Neuen Schwung in die Wertpapieranlage haben aber vor allem die sogenannten Robo-Advisor gebracht. Diese neue Art der digitalen Geldanlage ermöglicht bereits für kleinere Vermögen eine professionelle Verwaltung. So stehen zum Beispiel bei cominvest, dem Angebot von comdirect, bereits ab einer einmaligen Anlagesumme von 3.000 Euro oder 100 Euro im Sparplan fünf breit diversifizierte Anlagestrategien zur Auswahl, je nach Risikoneigung und Anlagehorizont. Doch Vorsicht: Hinter dem Begriff „Robo-Advisor" verbergen sich ganz unterschiedliche Anlagekonzepte. Bei manchen Gesellschaften handelt es sich lediglich um ein digitales Auswahl-Tool für Anlageprodukte oder auch nur die digitale Abwicklung von Investmentstrategien, während andere Robo-Advisor-Strategien ein vollautomatisiertes Portfoliomanagement umfassen, die dem Investor die Anlageentscheidung komplett abnehmen (können). Die Einstiegssummen für professionelle digitale Vermögensverwaltungen schwanken entsprechend stark und liegen zwischen einem und 100.000 Euro. Während Robo-Advisor in den USA bereits weit verbreitet sind, schreitet die Entwicklung auf dem deutschen Markt nur langsam voran. Zum Vergleich: In den USA verwalteten Robo-Advisor laut Statista per September 2019 ein Anlagevolumen von rund 664 Milliarden Euro, in Deutschland waren es rund 7,5 Milliarden Euro. Der im Jahr 2016 gestartete Marktführer Scalable Capital

(ING) verwaltete per Oktober 2019 rund 1,5 Milliarden Euro, gefolgt von der 2017 lancierten Lösung cominvest (comdirect) mit 500 Millionen Euro. Die ebenfalls 2016 gegründete digitale Vermögensverwaltung Liqid, hinter der das Investmentteam der Vermögensverwaltung der Familie Harald Quandt steht, managte zum Stichtag rund 300 Millionen Euro.

Das Portfoliomanagement erfolgt bei Robo-Advisors systematisch, also mittels Algorithmen. Das ist nicht nur preiswert, sondern schützt auch vor emotionalen und damit oftmals falschen Investitionsentscheidungen. Bei den meisten „echten" Robo-Advisor-Konzepten stehen verschiedene Musterportfolios zur Auswahl, die unterschiedlichen Risikoprofilen entsprechen: von defensiv über ausgewogen bis hin zu chancenorientiert. Je nach Anbieter setzen sich die Portfolios aus einer Vielzahl an Anlageprodukten zusammen und sind dadurch optimal diversifiziert. Bei cominvest, dem Robo-Advisor von comdirect, stehen für die Portfoliobildung mehr als 40.000 Wertpapiere aus 14 Anlageklassen (ETFs, aktiv gemanagte Fonds und ETCs) zur Verfügung.

Algorithmen übernehmen nun rund um die Uhr das Risikomanagement und überprüfen, ob die zulässigen Volatilitäten eingehalten werden und die Zusammensetzung der Anlageklassen noch dem Risikoprofil entspricht. Bei Handlungsbedarf kann das Portfolio automatisch angepasst werden. Auch hier gibt es Unterschiede in den Konzepten: Manche Robos nehmen die Portfolioänderungen vollautomatisiert vor, andere erst nach Freigabe durch den Kunden.

Als Fazit lässt sich feststellen, dass sich der Wertpapierhandel insbesondere in den letzten Jahren durch den technologischen Fortschritt stark gewandelt hat. Es ist heute jederzeit und überall möglich, Wertpapiere zu handeln – zu günstigen Konditionen. Auch Kursinformationen und Unternehmensnachrichten sind zu jeder Zeit und über verschiedene Kanäle abrufbar. Dennoch hat sich in Deutschland die Zahl der Wertpapierbesitzer, trotz des Niedrigzinsumfeldes, in den vergangenen Jahren kaum verändert. An den notwendigen Informationen und Möglichkeiten kann es also nicht liegen. Es bleibt zu hoffen, dass niedrigschwellige, digitale Finanzbildungsangebote und ebensolche Anlageprodukte, die sich gezielt auch an Börsenanfänger richten, endlich mehr Bewegung in den Markt bringen.

Utopien: Wie können langfristig Hürden zur aktienbasierten Vorsorge minimiert werden?

Wie sieht die Zukunft des Brokerages aus? Aktuell ist zu beobachten, dass einige Gratis- oder Discount-Broker in den deutschen Markt eintreten. Ein Beispiel dafür ist Trade Republic, die 2015 als Deutschlands erster reiner mobiler Broker startete. Alle Dienstleistungen werden provisionsfrei angeboten. justTrade, 2019 gegründet, wirbt sogar damit, für den Kunden komplett kostenfrei zu sein. Das Mindestordervolumen beträgt hier allerdings 500 Euro. Auch beim jüngsten „Gratisbroker" liegt die Schwelle für Käufe bei 500 Euro; er lockt, wie der Name schon sagt, mit einem Gratisangebot.

Hilft diese Entwicklung allein, mehr Menschen zu Wertpapierbesitzern zu machen? Vermutlich nicht – denn die Gratis- oder Discountbroker richten sich, schon allein aufgrund ihrer reduzierten Services, mit ihrem Angebot nicht an den breiten Markt, sondern an sowieso bereits tradingaffine Menschen. Auch scheint allein der Kostenaspekt die Deutschen nicht an die Börse zu bringen: Sparpläne sind bei vielen Banken ja bereits ab 25 Euro monatlich möglich, auch in professionelle digitale Vermögensverwaltungen, den Robo-Advisors, kann mit niedrigen Anlagesummen und zu geringen Kosten investiert werden. Die breite Kundschaft nutzt diese Möglichkeiten dennoch nicht.

Eines ist aber klar: Ohne ausreichende (Eigen)Vorsorge werden viele Menschen im Alter auf staatliche Sozialleistungen zurückgreifen müssen, denn die gesetzliche Rente allein wird in vielen Fällen nicht ausreichen, um den Lebensstandard zu halten – und erst Recht nicht, um Kosten für eine mögliche Pflege zu decken. So demotivierend das klingen mag, aber durch Arbeit (und Sparen mit Sparbuch oder Festgeld) allein ist noch niemand vermögend geworden, auch nicht in Zeiten, in denen es noch Zinsen gab. Denn auch schon früher lagen Zinsen nie weit über der Inflation. Vermögensaufbau gelingt fast immer nur über unternehmerischen Erfolg – ob direkt oder indirekt. Wer sich in Form von Aktien, Fonds oder auch ETFs an der Wertschöpfung der Wirtschaft beteiligt, hat deutlich höhere Ertragschancen als jemand, der sein Vermögen in (derzeit unverzinste) Spareinlagen anlegt. Dass es sich bei Aktien um Eigenkapital eines Unternehmens handelt, ist vielen Bürgern tatsächlich aber nicht bewusst.

Es wäre eigentlich die Aufgabe der Politik, Aktieninvestments insbesondere auch über einen längeren Zeitraum als Unterstützung für die Altersvorsorge zu fördern. Alle Lösungen, die hier bislang entwickelt wurden (ob Riester- oder Rürup-Rente), verfolgen jedoch den falschen Ansatz – und werden beim Kunden zudem als Produkte wahrgenommen, mit denen zwar der Anbieter, nicht aber er selbst wirklich etwas verdient. Doch anstatt die Aktienkultur in Deutschland zu fördern, verfestigt sich mit zunehmender Regulatorik und der geplanten Finanztransaktionsteuer bei den Bürgern der Eindruck, dass Aktieninvestments per se gefährlich und spekulativ seien.

Die mögliche Lösung wäre ein für alle verpflichtender Staatsfonds analog zum Altersvorsorgeprinzip in Ländern wie Norwegen oder Schweden. Vorstöße in diese Richtung gab es bereits einige, umgesetzt wurde davon bislang nichts. Dabei kommt unser umlagefinanziertes Sozialversicherungssystem (und damit auch die gesetzliche Rente) durch die Umkehrung der Alterspyramide schon lange an seine Grenzen, darauf wird oft genug von Experten hingewiesen. Das ist vermutlich von der Politik auch längst erkannt – eine funktionierende Lösung für alle, ob angestellt, verbeamtet oder selbstständig, ob jung oder alt, ist aber weiter nicht in Sicht.

Wie könnte also eine (zusätzliche) gesetzliche, aktienbasierte Altersvorsorge aussehen? Solch ein Staatsfonds müsste einen Großteil seiner Investitionen am Aktienmarkt tätigen, natürlich breit diversifiziert. Aber damit nicht genug: Man könnte die Digitalisierung nutzen, um zusätzliche private Partizipationsmöglichkeiten zu schaffen. Das könnte ein Tool oder eine App sein, die Interessierten eine einfache Investition von zusätzlichem, eigenem Geld in eine Replikation des Staatsfonds ermöglicht.

Würde der Staat als vertrauenswürdige Institution eine klare Orientierung geben, wie ein Basisportfolio auszusehen hätte, und würde der Staat auch die entsprechende Kontrolle der Investmentgesellschaften sicherstellen, würden vermutlich deutlich mehr Bürger den Schritt in Richtung Kapitalmarkt wagen. Und mit einer passenden App, mit der sich die Entwicklung der Investments einfach und transparent verfolgen lässt, macht die Beschäftigung mit der Altersvorsorge sicherlich mehr Freude als der Blick auf die Renteninformation, die die Deutsche Rentenversicherung regelmäßig versendet.

#unabhängigeBeratung
#DemokratisierungGeldanlage
#Bankvonmorgen

» Robo-Advisor haben dank ihrer Transparenz und Einfachheit das Potenzial, das verlorengegangene Vertrauen in Bankdienstleistungen wiederherzustellen. Die Bank von morgen arbeitet ohne Provisionen, berät unabhängig und verbindet digitale Produktlösungen mit persönlicher Beratung. Und sie macht eine qualitativ hochwertige Vermögensanlage, die bis dato sechsstelligen Vermögen vorbehalten war, allen Anlegern zugänglich. «

Karl Matthäus Schmidt

- ist Vorstandsvorsitzender der Quirin Privatbank AG und Gründer der quirion AG
- leitet die erste Bank in Deutschland, die komplett auf Provisionen verzichtet, die sich wie ein Steuerberater oder Anwalt einzig durch Honorare der Kunden finanziert und Anleger damit unabhängig beraten kann
- hat das Geschäftsmodell der Bank 2013 in die digitale Welt übertragen und den ersten Robo-Advisor Deutschlands gegründet, quirion
- revolutionierte mit 25 Jahren den Aktienhandel und hob den ersten Onlinebroker Deutschlands, Consors (später: Cortal Consors), aus der Taufe
- studierte Wirtschaft und besuchte eine Waldorfschule

Demokratisierung der Geldanlage

KARL MATTHÄUS SCHMIDT

Persönliches: Sie sind der Wegbereiter vieler Erfolgsmodelle. Welches haben Sie leider verpasst?

Verpasst wäre zu viel gesagt, aber die Flexibilität und Freiheit, die PayPal den Menschen in Sachen Zahlungsverkehr ermöglicht hat, hätte ich gern mit auf den Weg gebracht. Doch auch die Themen, die wir umsetzen, sind spannend und bieten den Menschen ganz konkreten Nutzen. So sind aufgrund der Niedrigzinssituation jetzt und zukünftig viele Anleger auf der Suche nach einer Alternative zu Spar-, Tagesgeld- oder vergleichbaren Konten. Digitale Geldanlagemöglichkeiten, wie beispielsweise quirion sie bietet, sind eine günstige, einfache und renditestarke Alternative – und damit das Thema der kommenden Jahre. Es war noch nie so einfach wie heute, Vermögen aufzubauen – und doch wissen das noch immer zu wenig Menschen. Hier liegt noch viel Arbeit vor uns – ein toller Ansporn für mich und meine Kollegen.

Den Menschen zu zeigen, dass private Bankgeschäfte einfacher und besser gehen, als sie es bisher gewohnt sind, war schon immer mein Ansporn. Das kommt sicher auch daher, dass ich Bankier in sechster Generation bin. Seit ich denken kann, spielen die Themen Finanzen, Geldanlagen und Banken eine Rolle in meinem Leben – am Abendbrottisch gab es selten ein anderes Thema. Mein Vater leitete früher die Schmidtbank. Er verhielt sich dabei stets wie ein ehrbarer Kaufmann – er wollte Geld verdienen, aber nicht gegen, sondern mit seinen Kunden. Das hat mich maßgeblich geprägt, mein Vater ist und war stets Inspiration, wertvollster Kritiker und Vorbild für mich.

A. M. Bajorat et al. (Hrsg.), *Köpfe der digitalen Finanzwelt*,
https://doi.org/10.1007/978-3-658-29644-5_19

Im BWL-Studium faszinierte mich vor allem der Aktienhandel. Gleichzeitig war ich genervt, wie umständlich und langsam das damals funktionierte. Daher steckten ein paar Kommilitonen und ich die Köpfe zusammen – heraus kam Consors (zunächst als Consors Discount Broker), einer der ersten Onlinebroker in Deutschland. Das war eine echte Revolution – und eine wirklich verrückte Zeit. Wir erhielten waschkörbeweise Depoteröffnungsanträge, kamen kaum hinterher und wuchsen in rasantem Tempo. Dass ich Consors später dann aufgrund der Schieflage des Mutterinstituts SchmidtBank verkaufen musste, hat mich tief getroffen. Doch auch das gehört dazu – als Unternehmer muss man auch Rückschläge verkraften können. Wichtig ist, daran zu wachsen, daraus zu lernen und gestärkt in die Zukunft zu blicken.

Das Thema Demokratisierung ließ mich jedenfalls auch nach Consors nicht los. Oft wurde ich von Freunden gefragt, welche Bank ich empfehlen könnte. Die Antwort war immer dieselbe: keine. Alle waren provisionsfinanziert. Die Gier nach immer mehr und höheren Provisionseinnahmen ließ eine ganze Branche auf den Hund kommen. Der Kunde war nur noch Beiwerk, die Kuh, die gemolken werden musste. Immer öfter kam es zu Falschberatungen durch den Verkauf von unpassenden und völlig überteuerten Produkten. Und in Folge zu enttäuschten Kunden. Zu dieser Zeit reifte eine neue Idee in mir – eine von Provisionen unabhängige Beratung, wie sie in den USA schon länger gelebt wurde, musste doch auch in Deutschland umsetzbar sein. Die Idee zur Quirin Privatbank war geboren, 2006 wurde sie gegründet. Die Unkenrufe der provisionsfinanzierten Banken waren laut, niemand traute uns zu, dass wir eine provisionsfreie Beratung erfolgreich etablieren könnten. Und doch schafften wir es.

2013 übertrugen wir das provisionsfreie Modell der Vermögensanlage der Quirin Privatbank in die digitale Welt. Anna Voronina und ich gründeten quirion, den ersten Robo-Advisor Deutschlands. Da der Begriff recht sperrig ist und falsche Assoziationen weckt, sprechen wir eher von digitaler Geldanlage. quirion bietet Anlegern einen Zugang zu einer Vermögensanlage, die in dieser Qualität bis dato sechsstelligen Vermögen vorbehalten war. Bei quirion ist sie ab 1.000 Euro einmaliger Anlage oder ab 30 Euro monatlicher Einzahlung zu haben.

Doch auch damit sind wir nicht am Ende angekommen – die Reise geht weiter und nimmt gerade wieder richtig Fahrt auf. Der nächste Meilenstein ist die stärkere Verflechtung der digitalen Geldanlage mit der persönlichen Beratung, denn auch digitale Kunden suchen immer häufiger den Kontakt zu Beratern aus Fleisch und Blut. Hotlines, Chatbots und andere unpersönliche Kanäle reichen nicht aus. Mit unserer Zweimarkenstrategie –

der stationären Beratung in den Niederlassungen der Quirin Privatbank und der digitalen Anlage bei quirion – sind wir für diesen nächsten großen Step bestens gerüstet und freuen uns auf eine erneute Revolutionierung des Bankenmarktes Anfang 2020.

Meinungen: Viele deutsche Banken haben mit ihrer Gier das Vertrauen der Menschen verspielt. Warum hat sich die Honorarberatung bislang trotzdem nicht stärker durchgesetzt und welche Rolle spielen Robo-Advisor in diesem Prozess?

Das Image der Banken und der Anlageberatung in Deutschland ist denkbar schlecht. Die Hauptursache dafür liegt auf der Hand: das Bezahlmodell im deutschen Bankensystem. Banken erhalten von Produktherstellern wie Fonds- oder Versicherungsgesellschaften Provisionen, wenn sie deren Produkte an ihre Bankkunden verkaufen. Das führte in den letzten Jahrzehnten dazu, dass überteuerte und meist unpassende Produkte an den gemeinen Bankkunden gebracht wurden. Die Folge waren und sind enttäuschte Anleger, die jegliches Vertrauen in Bankberatung verloren haben. Die Finanzmarktkrise 2008/2009 war die Kulmination dieser Entwicklung. Um das Vertrauen der Menschen wiederherzustellen und ihre Interessen in den Vordergrund stellen zu können, müssen Banken auf Provisionen verzichten. In Deutschland gibt es derzeit nur eine Bank, die dies vollumfänglich tut – die Quirin Privatbank. Sie finanziert sich wie ein Steuerberater oder Rechtsanwalt ausschließlich durch die Bezahlung ihrer Kunden und verzichtet komplett auf Provisionen. Damit kann sie die Interessen der Kunden in den Mittelpunkt stellen und ihren Kunden die besten am Markt verfügbaren Produkte anbieten.

Insgesamt fristet die unabhängige Beratung in Deutschland – im Gegensatz zu anderen Ländern wie Holland, Großbritannien und den USA – jedoch ein Nischendasein. Der Gesetzgeber sorgt nicht für gleichberechtigte Wettbewerbsbedingungen. Stattdessen schont er die etablierten Großbanken, die mit immer neuen Regulierungsanforderungen der EU vermeintlich genug gebeutelt sind. Auf der Strecke bleiben die vielen Kunden, die bisher keinen Zugang zur unabhängigen Beratung gegen Honorar gefunden haben.

Demokratisierung der unabhängigen Beratung
Um möglichst vielen Menschen den Zugang zu einer unabhängigen Geldanlage zu ermöglichen, hat die Quirin Privatbank 2013 die digitale Tochter quirion gegründet. Damit war der erste Robo-Advisor in Deutschland geboren und die Idee der unabhängigen Beratung wurde in die digitale Welt übertragen. Basis des Businessplans waren zunächst eher junge Menschen mit kleinen Vermögen – die Kunden der ersten Stunden und Jahre waren hingegen älter und vermögender als zunächst erwartet. Doch das Ziel war und ist die Demokratisierung der Geldanlage, ein möglichst breiter Zugang zu einer attraktiven Form des Vermögensaufbaus und der Vermögensmehrung – günstig, einfach, digital und für alle Einkommens- und Vermögensklassen. Deshalb wurde die Mindestanlage im Laufe der Zeit immer weiter reduziert und liegt aktuell bei 1.000 Euro.

Eine weitere wichtige Erkenntnis war, dass auch digitalaffine Anleger oft mit einem Menschen aus Fleisch und Blut sprechen wollen – nicht nur per E-Mail oder Telefon, sondern persönlich. Oft wird in diesem Zusammenhang von hybrider Beratung gesprochen, diese dann aber meist nur halbherzig umgesetzt. quirion-Kunden haben die Möglichkeit, einen persönlichen Berater der Muttergesellschaft Quirin Privatbank und so das Beste aus beiden Welten zu nutzen: eine günstige digitale Anlage und eine persönliche Beratung vor Ort.

Bekanntheit und Vertrauen sind das A und O
Seit der Gründung von quirion ist der Markt ordentlich in Bewegung geraten – mittlerweile gibt es je nach Zählweise und Zuordnung 20 bis 30 Robo-Advisor im deutschen Raum. Alle buhlen um die Gunst potenzieller Kunden und kämpfen mit ähnlichen Hürden. Erfolgsentscheidende Komponenten sind dabei folgende:

a– Die nach wie vor relativ neue und unbekannte Kategorie **digitale Geldanlage** muss grundlegend im Bewusstsein der Menschen verankert werden.

b– **Das Produkt selbst muss überzeugen** – durch eine einfache Benutzerführung, günstige Kosten, eine schnelle Abwicklung.
c– **Trust-Elemente** helfen, das Vertrauen der Menschen in digitale Anlagemöglichkeiten zu stärken. So hat der Testsieg bei der Stiftung Warentest im Sommer 2018 spürbare Implikationen für quirion gehabt.
d– Das konkrete Angebot muss **bekannt** gemacht werden. Ohne Bekanntheit und öffentliche Aufmerksamkeit kein Unternehmenserfolg. Hier konnte quirion zuletzt große Erfolge erzielen und die ungestützte Bekanntheit im Bereich digitale Geldanlage auf 5,8 Prozent steigern und lag damit nur knapp hinter der Comdirect und der ING-DiBa, die über unvegleichbar höhere Marketing- und Kommunikationsbudgets verfügen. Dieser Erfolg zeigt sich auch in den Wachstumszahlen des Jahres 2019.

Überalterte Kernbankensysteme verhindern Innovationen
Robo-Advisor gibt es einige, die meisten klassischen Banken jedoch tun sich schwer mit diesem neuen Segment. Sie können und wollen Robo-Advice nur halbherzig anbieten, es gehört irgendwie dazu, bedroht die Margen des klassischen Beratungsgeschäftes jedoch viel zu stark, um bei provisionsabhängigen Banken strategisch wirklich gewollt zu sein. Und die Banken, die vielleicht wollen, können oft nicht. Die überalterten und überholten Kernbankensysteme hängen wie Mühlsteine an der Innovationskraft der klassischen Banken. Sie verursachen immense Kosten und verhindern aufgrund ihrer starren und zentralistischen Architektur schnelle Innovationszyklen.

Markt wächst langsam, hat aber enormes Potenzial
Doch nicht nur die Banken haben mit Herausforderungen zu kämpfen, sondern auch die Robo-Advisor. So ist der Wettbewerb um Marktanteile hart, und nicht alle Anbieter werden diesen überleben. Nach einer Marktbereinigung, die bereits begonnen hat, werden die übrig gebliebenen, die aus Kundensicht den höchsten Nutzen bieten.

Herausfordernd ist zudem, dass das Segment Robo-Advice langsamer wächst als von Experten prognostiziert. Dennoch ist und bleibt das Potenzial enorm, 2.400 Milliarden Euro haben die Deutschen quasi zinslos und inflationsgeschädigt auf Termineinlagen und Girokonten liegen. Das aktuell bei Robo-Advisorn in Deutschland angelegte Vermögen liegt bei etwa vier Milliarden Euro. Würde das neue Segment innerhalb eines Jahres auch nur ein Prozent des zinslos brachliegenden deutschen Vermögens gewinnen, würde der Robo-Markt auf 28 Milliarden Euro wachsen.

Hierfür muss vor allem die Bereitschaft, vorzusorgen, Vermögen aufzubauen und zu sparen, gefördert, die Trägheit der Deutschen beim Thema Bankwechsel sowie die Aversion gegenüber Kapitalmarktanlagen überwunden werden.

Trotz dieser Hindernisse tragen die Digitalisierung von Finanzdienstleistungen und die damit verbundene Transparenz dazu bei, dass provisionsfinanzierte Banken es immer schwerer haben, überteuerte Produkte an den Mann oder die Frau zu bringen. Verbraucher sind immer aufgeklärter und der Niedrigzins veranlasst sie mehr und mehr, sich mit Alternativen zu herkömmlichen Bankprodukten auseinanderzusetzen. Robo-Advisor sind eine solche Alternative – einfach, kostengünstig und bei entsprechenden Laufzeiten renditestark. Damit haben sie das Potenzial, das verloren gegangene Vertrauen der Menschen in Banken wiederherzustellen.

Utopien: Was können digitale Geldanlagen in Zukunft für Menschen leisten?

So wie andere Branchen (unter anderem Handel, Automobilindustrie, Energiewirtschaft) verändert sich die Finanzbranche vor allem am Kunden und in den Geschäftsmodellen rasant. Robo-Advisor als vergleichsweise neues Segment bedrohen mit ihren einfachen und kostengünstigen Angeboten die Geschäftsbereiche Vermögensanlage, Vermögensaufbau und Altersvorsorge – und damit essenzielle Margenbringer der alteingesessenen Player.

Gleichzeitig beginnen weitere Hoheitsgebiete der Banken zu zerfallen. So steht beispielsweise die zentralisierte Abwicklung des Geldverkehrs ausschließlich über Bankkonten vor dem Aus. Die Konkurrenten sind mächtige Marktteilnehmer, Konzerne wie PayPal oder Apple. Ihre erste Attacke gilt dem Zahlungsverkehr, dem ungeliebten Stiefkind der Banken. „Kostet nur und bringt nichts", so lautet stets der allgemeine Tenor der Banken. Was für ein Irrtum! Der Zahlungsverkehr ist der Zugang zum täglichen Leben der Kunden. Neue Wettbewerber bieten Services wie das abgesicherte Einkaufen im Netz, Zahlungen direkt zwischen Marktteilnehmern mit dem Smartphone, ohne

Überweisungsformulare und Papierkram. Der springende Punkt dabei ist: Sie nutzen die im Zahlungsverkehr verborgenen Informationen für gezielte Werbung und andere Dienstleistungsangebote. Damit verdienen sie genug Geld, um den Zahlungsverkehr kostengünstig anbieten zu können. Davon wird wiederum ein Segment profitieren, das auf den ersten Blick nichts mit dem Zahlungsverkehr zu tun hat, die digitale Vermögensanlage.

Robos verstehen Anleger besser

Wichtig ist es zunächst, das Verhalten der Anleger zu kennen. Früher versuchten Banken dies durch Gespräche, aber Bankberater sind weder Psychologen, noch können sie aus dem Zahlungsverkehr das Nutzerverhalten und die Bedürfnisse des Kunden vorhersagen. Mit modernen Systemen, die auf Künstlicher Intelligenz basieren, ist dies nun aber erstmals möglich. Man kann treffsichere Vorhersagen über den zukünftigen Liquiditätsbedarf machen, über die Einkommensentwicklung und man kann daraus Verhaltensänderungen und den Bedarf an bestimmten Finanzinstrumenten ableiten. Die Auswertung von Unmengen an Daten anderer Kunden und des kundenspezifischen Verhaltens sind dazu erforderlich. Manche Berater können das, insgesamt aber gibt es zu wenige Großmeister des Kundenverstehens. Zudem benötigen diese oft ein großes Team, das ihnen zu einer guten Analyse verhilft. Das ist teuer – da ist der Robo-Advisor als Kundenversteher deutlich günstiger. Er transportiert die Qualität eines Family Offices zu den kleineren Vermögen.

Robos auf der Seite der Menschen

Robo-Advisor analysieren unzählige Fälle und Szenarien und parametrisieren daraus vernünftige Verhaltensmodelle, die meist gut funktionieren. Amerikanische Banken nutzen das bereits, um Bonitäten vorherzusagen und Kredite damit sicherer zu vergeben. Das funktioniert für die Banken ziemlich gut, der Kunde bleibt dabei oft auf der Strecke. Oft kann die Bank ihm nicht einmal sagen, warum er keinen Kredit bekommt – weil er in der falschen Straße wohnt, weil sein Nachbar zu viele Kinder hat oder Ähnliches. Ein proaktiver Robo-Advisor hingegen steht auf der Seite der Menschen und hilft ihnen, ihre Liquidität aktiv zu beeinflussen – ein Robo-Advisor auf Seiten des Kunden also. Im besten Falle könnte ein solches System einem Kreditgeber sogar einen Kunden verkaufen, weil er eine sichere Prognose seiner zukünftigen Liquidität vorweisen kann. Es geht also nicht mehr in erster Linie um Finanzdaten, sondern viel mehr um die Daten der Menschen, die ihr Finanzleben gestalten wollen.

Künstliche Intelligenz – neue Spieler bestimmen die Regeln
Beim Thema Daten kommen unweigerlich die globalen Informationsverwalter wie Google, Facebook, Instagram, Apple ins Spiel – sie besetzen vormalige Domänen der Banken. Denn sie haben erkannt, was Banken jahrelang verkannt haben: Der Zahlungsverkehr ihrer Kunden enthält nahezu unbegrenzte Informationen über das ökonomische Verhalten der Kunden, über ihre Vorlieben, ihre Bewegungsprofile, ihre Beziehungen und vieles mehr. In Kombination mit den Medien wie Facebook und Twitter sowie dem Kaufverhalten bei den großen Online-Marktplätzen entsteht ein äußerst präzises Bild eines jeden Marktteilnehmers. Die Entwicklung nahezu unbegrenzter und kostengünstiger Datenspeicherung einerseits und die sich rasant entwickelnde Möglichkeit, sie auszuwerten, andererseits, verändert momentan die Welt.

Systeme mit künstlicher Intelligenz durchdringen dabei unbemerkt den Alltag der Menschen. Amazon schlägt schon beim Anmelden vor, was neben dem eigentlichen Objekt der Begierde noch interessant für den Käufer sein könnte, und liegt damit immer häufiger richtig. Der Konsum von Onlinezeitschriften wird von personalisierter Werbung begleitet, die immer genauer auf den Leser zugeschnitten ist. Smartphone-Kalender schicken ihre Besitzer rechtzeitig los zum Flughafen, obwohl diese nie einen Termin eingetragen haben. Der Kalender kennt die aktuelle Verkehrssituation und schlägt via Navigationssystem den schnellsten Weg vor – und das nur, weil ein Flug online gebucht wurde.

Robos machen Menschen zu besseren Anlegern
Wichtig ist dabei, die Vorteile dieser Systeme zu nutzen und die Nachteile zu eliminieren. Informationen sollen vorrangig Nutzen stiften und nicht unkontrolliert zur Manipulation von Interessen führen. Im Falle des Robo-Advisors heißt das, er analysiert die Bedürfnisse des Anlegers, vergleicht sie mit Peergroups, macht ihm diese Vergleiche zugänglich und erlaubt ihm damit, gut begründete Entscheidungen für seine finanzielle Zukunft zu fällen. Der Robo-Advisor baut daraus Vorschläge für Investitionen, Sparregeln und trainiert mit dem Anleger Verhaltensveränderungen, die zu rationalem Verhalten im Finanzumfeld führen. Die Märkte kann auch ein Robo-Advisor nicht vorhersagen, aber er – und damit der Kunde – ist auf möglichst viele Szenarien gut vorbereitet und macht damit Menschen zu besseren Anlegern.

#Brokerage
#zerocommission
#Online-Broker

» Börse ist keine Zockerei, sondern eine echte Alternative in Zeiten eines anhaltenden Niedrigzinsumfeldes. Die Aktienkultur sollte gefördert und bestehende Grenzen und Hindernisse in Europa abgebaut werden. Der technologische Fortschritt kennt keine Grenzen und kann neue Möglichkeiten bieten – für einige Marktteilnehmer. «

Michael B. Bußhaus

- ist Gründer und Geschäftsführer von justTRADE – Deutschlands erstem komplett kostenfreien Online-Broker
- ist Aufsichtsratsmitglied der Transaction Factory AG
- ist Mitglied im Beirat der Börse LS Exchange
- war Head of Brokerage bei der comdirect bank AG
- war Geschäftsführer der onvista bank GmbH
- war Mitglied im Euwax Ausschuss der Börse Stuttgart

MICHAEL B. BUSSHAUS

Persönliches: Sie haben in Ihrer beruflichen Laufbahn mehrere Online-Broker-Gründungen begleitet. Wurde Ihnen das Börsen-Gen schon in die Wiege gelegt?

Rückblickend würde ich sagen ja, da ich in Frankfurt am Main – der Börsenhauptstadt Deutschlands – geboren wurde. Zugegeben, dass ich heute im Bereich Börse, Wertpapierhandel und Trading arbeite, war purer Zufall. Nach dem Abitur war mir meine berufliche Richtung nicht klar und so entschied ich mich für „etwas Solides" – eine Banklehre bei der Kreissparkasse Köln. Während der Ausbildung 1992 tätigte ich dann auch meine erste Wertpapierorder: Ein Put auf den Dax, der damals bei rund 1.500 Punkten stand. Das Ergebnis war ein Totalverlust, was aber das Interesse und meine Leidenschaft am Wertpapierhandel nicht schmälerte.

Während der Banklehre wurde mir klar, dass ich in jedem Fall studieren würde, sodass ich 1995 mein BWL-Studium an der Universität zu Köln aufnahm. Damals weckte eine Stellenanzeige der Bank 24 mein Interesse, die von der Deutschen Bank in Bonn als neue Direktbank in Konkurrenz zur DAB Bank, comdirect bank und Consors gegründet wurde. Ich wurde dort als Student einer der Mitarbeiter der ersten Stunde und kümmerte mich um alle Kundenanfragen via BTX, AOL, T-Online und E-Mail.

A. M. Bajorat et al. (Hrsg.), *Köpfe der digitalen Finanzwelt*,
https://doi.org/10.1007/978-3-658-29644-5_20

Die Bank 24 öffnete mir eine völlig neue Welt im Bereich Banking und Brokerage sowie in der Art und Weise, wie Kunden mit einer Bank interagieren können. Kein Besuch in einer Filiale war mehr notwendig, stattdessen lief der Kontakt telefonisch oder rein digital via E-Mail ab – und das sieben mal 24 Stunden pro Woche. Damals ein absolutes Novum für eine Bank – daher auch die „24" im Namen. Der Kunde wurde in den Mittelpunkt gestellt und die Interaktion zwischen Bank und Kunde laufend überwacht, optimiert und verbessert. Es ging zum ersten Mal um maximale Kundenzufriedenheit. Die Resonanz war großartig, sodass wir innerhalb von kürzester Zeit bis zu 100.000 Neukunden im Monat begrüßen konnten – im Bereich Brokerage vor allem getrieben durch den Neuen Markt und den IPO-Hype. Mit der parallel rasant steigenden Zahl an Handy-Nutzern entwickelten wir dann im Jahr 2000 für das Nokia 7110 – bekannt aus dem Film Matrix – die erste mobile Bankanwendung im WAP-Standard. Aus heutiger Sicht unvorstellbar, damals revolutionär. Diese ersten Vorboten mobiler Anwendungen scheiterten seinerzeit jedoch an der unzureichenden Benutzerführung und der fehlenden User-Experience. Stark beeinflusst hat mich seinerzeit mein Chef Frank Schwab, hier ebenfalls Co-Autor, der mit Visionen und einem enormen Gespür die erste Phase der Digitalisierung im Retailbanking stark mitprägte.

Mit Abschluss meines Studiums wechselte ich im Jahr 2000 zur Postbank easytrade, easytrade, der neu gegründete Online-Broker der Postbank. Hier traf ich zum ersten Mal auf Karl-Martin im Brahm, der mein Potenzial erkannte und mir maximale Freiheit bei der Umsetzung meiner Ideen ließ. Zwei weitere Stationen gemeinsam mit ihm sollten folgen. 2001 wechselte ich so zum neu gegründeten Online-Broker S Broker der Sparkassen-Finanzgruppe, wo ich die Chance hatte, mit dem starken Background der Sparkassen einen völlig neuen Online-Broker aufzubauen. Ein Projekt, was mich unglaublich motivierte.

Mit drei Vorständen (einer davon Karl-Martin im Brahm), sechs Abgesandten der Gründungs-Sparkassen, fünf Kollegen von McKinsey und zwei weiteren Kollegen überlegten wir in der Schillerstraße in Frankfurt am Main, wie die Sparkassen-Finanzgruppe sich gegen die etablierten Player im Wertpapiergeschäft behaupten könnte. Im Sinne von Time to Market half die Übernahme des zum Verkauf stehenden Online-Brokers pulsiv.com. Das Projekt wurde jedoch durch das Platzen der Dotcom-Blase und unserem Marktstart zwei Wochen vor dem 11. September 2001 deutlich erschwert. Schnell wurde klar, dass der Businessplan nicht eingehalten werden konnte und jegliches Marketingkonzept zunichte gemacht wurde. Der S Broker konnte sich dennoch, nicht zuletzt durch den starken Rückhalt der Sparkassen-Finanzgruppe, bis heute am Markt halten. Ich kümmerte mich dort bis 2009 als Verantwortlicher um das Segment der Heavy-Trader, von denen einige durchaus mehrere Tausend Transaktionen im Monat ausführen. Die damalige Kultur der Sparkassen-Finanzgruppe empfand ich für mich als nicht förderlich zur Umsetzung von Visionen und radikalen Ideen. In großen dezentralen Gruppen geht es oftmals mehr um Politik als um den Erfolg. Das vermeintliche Schnellboot des großen roten Tankers wurde zum Beiboot ohne Außenborder.

2009 kaufte der größte Online-Broker Frankreichs, Boursorama S. A., das (damals) größte Finanzportal onvista.de und ich durfte als Mitarbeiter Nr. 1 den Aufbau der neu gegründeten onvista bank gestalten. So war es sowohl für die BaFin als auch für den Einlagensicherungsfonds mehr als ungewöhnlich, dass in Mitten der Wirren der Finanzkrise wieder eine Bank in Deutschland gegründet wurde. Mit der Power von onvista.de und cleveren Marketingideen konnten wir die Kundenzahl von anfänglich 10.000 in den Jahren auf mehr als 250.000 steigern. Zum damaligen Zeitpunkt war die Boursorama der letzte pan-europäische Online-Broker mit Töchtern in England, Spanien und Deutschland. Erstmalig international zu arbeiten habe ich als äußerst spannend empfunden. Wer jemals schon für einen ausländischen Konzern gearbeitet hat, weiß wovon ich spreche – zum einen ein extrem interessanter und bereichernder Austausch, zum anderen aber auch deutliche Kulturunterschiede, die gelöst werden mussten. Inspiriert wurde ich in dieser Zeit stark von Anne-Sophie Perrachon, die als Abgesandte von Boursorama mein Counterpart war und mir die französische Herangehensweise an Herausforderungen zeigte.

2010 kauften und integrierten wir als onvista bank das Deutschland-Geschäft des schwedischen Online-Brokers Nordnet SE und starteten 2013 als erster B2B-Partner der Commerzbank das CFD-Geschäft. 2016 wurde ich Geschäftsführer der onvista bank, zuständig für den gesamten Marktbereich. In dieser Funktion initiierte ich eine besondere Kooperation. Wir launchten nach nur sechs Wochen Entwicklungszeit gemeinsam mit finanzen.net den heute sehr erfolgreichen Finanzen-Broker.
Es brauchte drei Aufsichtsratssitzungen, um unsere Anteilseigner von der Idee zu überzeugen, mit dem Hauptkonkurrenten von onvista.de einen gemeinsamen Online-Broker zu gründen.
Der Erfolg gab mir Recht und beim Verkauf der onvista bank an die comdirect bank im Jahr 2017 zahlte sich dies auch für die französischen Eigentümer aus.

Nach dem Verkauf der onvista bank an die comdirect bank im Jahr 2017, den ich zusammen mit meinem Geschäftsführerkollegen federführend begleitete, wurde ich Head of Brokerage der comdirect und verantworte sodann das gesamte Wertpapiergeschäft der comdirect inklusive der onvista bank, was einen signifikanten Teil der Gesamterträge der comdirect ausmachte. Die comdirect, im Dezember 2019 25 Jahre alt geworden, ist inzwischen ein Dino im Markt und mit Abstand der Brokerage-Marktführer in Deutschland. In meiner Funktion kam ich erstmalig wieder mit Wertpapierberatung, wenn auch digital und automatisiert, in Kontakt, da ich in meiner Funktion auch die digitale Vermögensverwaltung cominvest verantwortete.

Zudem entwickelten wir gemeinsam mit einem Fintech als erste Online-Bank in Deutschland die 100 Prozent digitale und unterschriftslose Depoteröffnung inklusive Legitimation mittels neuem Personalausweis und Smartphone. Kunden können fortan innerhalb von weniger als zehn Minuten ein Depot eröffnen und anschließend direkt handeln. Das war eine Sensation und ein echter Anwendungsfall für den neuen Personalausweis inklusive Update des QI-Agreements zwischen den USA und Deutschland exakt nach unseren Vorgaben. Sehr spannend – auch was sich daraus vielleicht noch entwickeln kann!

Meine Passion für das Thema Online-Broker und die Entscheidung, mich selbstständig zu machen, wurde durch die Rede von Steve Jobs im Jahr 2005 vor den Absolventen der Stanford University letztendlich auf den Punkt gebracht:

„Your work is going to fill a large part of your life, and the only way to be truly satisfied is to do what you believe is great work. And the only way to do great work is to love what you do. If you haven't found it yet, keep looking. Don't settle."

So war es glückliche Fügung, dass ich im April 2019 wieder auf meinen ehemaligen Geschäftsführerkollegen Ralf Oetting von onvista traf, der an dieser, unserer Vision arbeitete. Gemeinsam gründeten wir die JT Technologies GmbH, die Firma hinter dem Zero-Commission Broker justtrade.com. Seit 2010 hatte ich die Idee des komplett kostenfreien Wertpapierhandels für Endkunden im Kopf. Unzählige Male haben wir darüber im Rahmen von Strategiemeetings und Geschäftsleitersitzung diskutiert, die Idee aber immer wieder aus Kostengründen verworfen. Ein Schlüsselerlebnis und Inspiration war dann 2015 der Launch von Robinhood Inc. in den USA, der meine Vision tatsächlich in die Tat umgesetzt hat – allerdings mit einem für Europa regulatorisch nicht möglichen Setup. Für die Umsetzung dieser Vision benötigt man sowohl auf der Front- als auch Backoffice-Seite tiefgreifende (Prozess-)Kenntnisse. Durch meinen zwölfmonatigen Exkurs 2013 zur dwp bank, bei der ich zum dritten Mal mit Karl-Martin im Brahm arbeitete, erhielt ich tiefe Einblicke in die Wertpapierabwicklung und -verwahrung, die mir nun sehr zugute kommen. Insbesondere das Wissen um Synergien und Optimierungen zahlen sich nun bei der Etablierung eines niedrigmargigen Geschäfts aus.

Meinungen: Online-Brokerage ist inzwischen 25 Jahre alt – braucht es neue Marktteilnehmer oder gibt es andere Trends und Entwicklungen?

„Früher war alles besser" – ein oft gehörter Spruch, der für das Thema Online-Brokerage in keinster Weise zutrifft. Bevor in den Jahren 1994/1995 die ersten Online-Broker comdirect, DAB Bank, Consors, Bank 24 von etablierten Banken als eigenständige Töchter gegründet wurden, mussten Endkunden für eine Wertpapierorder eine Bankfiliale aufsuchen und gemeinsam mit dem Berater ein Orderformular ausfüllen, das aus einem dreifachen Durchschlag mit Carbon-Papier (einer für den Kunden, einer für den Berater und einer, der via Hauspost zur zentralen Ordererfassung geschickt wurde) bestand. Die Kosten einer Order waren hoch und die Aktienkurse konnten als Vortageskurse der aktuellen Tagespresse entnommen werden. Das Angebot an Wertpapieren war sehr überschaubar, die Börsenöffnungszeit betrug nur wenige Stunden und Intraday-Handel war nicht möglich. Kurzum: Das Börsengeschäft war überhaupt nicht kundenorientiert und extrem starr in seinen Strukturen. Einige Überbleibsel gibt es noch heute: So werden weiterhin Wertpapiertransaktionen T + 2 Bankarbeitstage abgewickelt und jedes Land hat seinen eigenen Zentralverwahrer für Wertpapiere.

Mit dem Eintritt der Online-Broker in den Markt änderte sich diese Welt schlagartig. Den etablierten Filialbanken wurde der Kampf angesagt und aufgrund des enormen Konkurrenzdrucks purzelten die Orderpreise und immer neue Angebote und Services wurden entwickelt. Der Wertpapierhandel wurde digitalisiert und zum ersten Mal wurde der Kunde in den Mittelpunkt gestellt. Sieben

Tage, 24 Stunden Erreichbarkeit war zum allgemeinen Marktstandard geworden. Getrieben wurde die grassierende Börseneuphorie von der New Economy und dem Beginn des Internet-Zeitalters. Wir erinnern uns doch alle gern an die IPOs, die sich nach dem Börsengang im Kurs mindestens verdoppelten. Auch die T-Aktie war Teil dieser Zeit. Kunden konnten von zuhause Kurse und Charts analysieren und via Telefon, Fax oder PC kostengünstig Orders platzieren. Neben Börsen etablierte sich der außerbörsliche Wertpapierhandel, der inzwischen in Deutschland für rund 70 Prozent des gesamten Retail-Flows steht. Neue Börsen entstanden und deren Kurse waren nicht nur kostenlos, sondern auch in realtime. Auch das Angebot an Wertpapieren explodierte förmlich. So gibt es heute beispielsweise mehr als zwei Millionen Zertifikate, die in Deutschland von Privatkunden gehandelt werden können.

Einen erneuten Einschnitt gab es 2006 mit dem Markteintritt des Online-Brokers Flatex, der als erster Broker Retailkunden in Deutschland Wertpapierorders für fünf Euro flat anbot. Von allen etablierten Brokern müde belächelt, fragte man sich insgeheim aber doch, wie Flatex bei diesem Preis kostendeckend arbeiten konnte.

Wie konnte es passieren, dass sich in einer fast schon harmonischen Koexistenz der Broker, mit annähernd gleichem Preismodell und gleichem Produkt- und Leistungsangebot, ein neuer Marktteilnehmer etabliert?

Die einstigen Revoluzzer waren schlicht träge geworden, da sie den Markt unter sich aufgeteilt hatten. Die Orderkosten waren immer noch so hoch, dass erträgliche Gewinne erzielt wurden und somit die tatsächlichen Kosten der Abwicklung und Verwahrung kaum betrachtet wurden. Mit einer strikten Fokussierung auf das Wesentliche, selbst entwickelten IT-Systemen, dem richtigen Produktmix, klarer Kostenfokussierung, reduziertem Service und einer Verlagerung der Erlösströme weg vom Endkunden hin zum Produktanbieter, gelang dieser Spagat sehr erfolgreich. Die meisten Kunden, die bei Flatex in den Anfangsjahren ein Depot eröffneten, waren vorher bei den etablierten Brokern. Sie eröffneten bei Flatex ein Zweitdepot und verlagerten sukzessive die Trades zum günstigeren Anbieter.

Dennoch war es auch diesmal wieder der Preis, der den Ausschlag für einen neuen Marktteilnehmer gab. Zusätzlich förderte auch der Gesetzgeber schon früh den Wettbewerb, indem er bei Depotwechseln die Möglichkeit der Gebührenerhebung verbot. Dies führte dazu, dass Kunden heute im Schnitt drei Depots bei unterschiedlichen Brokern unterhalten.

Die Welt heute ist ein Paradoxon. Die Wertpapierabwicklung und -verwahrung ist weiterhin sehr komplex und kostenintensiv, trotzdem ist bei den meisten Anbietern genau diese Dienstleistung, die Depotführung und -verwaltung, komplett kostenfrei. Somit müssen die Kosten dieser Dienstleistung durch künstlich hochgehaltene Transaktionsgebühren subventioniert bzw. querfinanziert werden – obwohl diese von den Kosten her im Zeitablauf immer günstiger geworden sind. Verkehrte Welt.

Der gestiegene Wettbewerbsdruck führte dazu, dass auf der Abwicklungsseite inzwischen signifikante Kosteneinsparungen möglich sind. Und dabei gilt das alte Gesetz der Economies of Scale, das heißt, je mehr (gleichartige) Orders ausgeführt werden, desto günstiger werden die Abwicklungskosten pro Order. Diesen Kosteneinsparungen stehen aber auch deutlich steigende Regulatorikkosten gegenüber. Seit der weltweiten Finanzkrise in den Jahren 2008/2009 erfinden die Gesetzgeber quasi fast täglich neue Vorschriften oder Verordnungen, die beachtet und umgesetzt werden müssen. Ein paar Beispiele:

2007	Mifid I
2009	Einführung der Abgeltungsteuer und Ablösung des Halbeinkünfteverfahrens
2010	Foreign Account Tax Compliance Act (FATCA) der USA
2014	Common Reporting Standard von 129 Ländern (ex USA)
2017	US-Besteuerung nach Section 871m von Zertifikaten
2018	Mifid II
2021	Änderung des Einkommensteuergesetzes in Bezug auf Termingeschäfte
20xx	Finanztransaktionssteuer auf Aktien

Insbesondere Privatkunden sind heute die großen Verlierer der fortwährenden Finanzmarktregulierung und werden mit immer neuen Vorschriften, Steuern und Bevormundungen aus dem Markt gedrängt. Vor dem Hintergrund der anhaltenden Niedrig- bzw. Minuszinsphase in Europa ist diese Situation dramatisch, da es für Guthaben keine Zinsen mehr gibt und das Wort Zinseszins eigentlich aus den Lehrbüchern gestrichen werden müsste.

Es kommt hinzu, dass Europa aus einem – aus Sicht des Online-Brokerages – schädlichen Flickenteppich besteht. Es gibt zwar europaweit gültige Vorschriften und Gesetze, aber jedes Land kann diese individuell interpretieren, verändern oder in Teilen auch ignorieren. Hinzu kommen lokale Steuergesetze, unterschiedliche Sprachen und zum Teil auch unterschiedliche Währungen. Es gibt keinen erwähnenswerten pan-europäischen Online-Broker – trotz einfachem Passporting der Banklizenz innerhalb von Europa.

Wer heute als Online-Broker in anderen Ländern signifikant Kunden gewinnen will, muss den lokalen Markt beherrschen und die Steuergesetze und Vorschriften zu 100 Prozent berücksichtigen. Dies ist vor dem Hintergrund des Wettbewerbsdrucks und der stark erodierenden Margen kaum finanzierbar. Nicht ohne Grund haben sich alle Online-Broker der ersten Stunde schon längst wieder von ihren Auslandstöchtern getrennt. Zuletzt tat dies die Boursorama von ihren Töchtern onvista bank in Deutschland und Selfbank in Spanien. Die Regulatorik verhindert somit eindeutig den Wettbewerb und sorgt für eine signifikante Abschottung der Märkte. Die deutschen Online-Broker freut's.

Whats next?
Deutschland ist für das Online-Brokerage ein hoch attraktiver Markt. Schätzungen zufolge gibt es derzeit rund zwei Millionen Privatkunden, die ohne Beratung Wertpapierhandel betreiben und dabei rund 100 Millionen Transaktionen pro Jahr ausführen. Zudem gibt es in Deutschland (neben Österreich) die einmalige Situation, dass ausländische Aktien an lokalen Börsen gehandelt werden können. Angefacht von Robinhood Inc. in den USA, entsteht gerade die dritte Welle der Online-Broker in Deutschland: Die Welle der Low- bzw. No-Cost-Broker.

Mit einem strikten Reduce-to-the-max-Ansatz starten die neuen Player Trade Republic und justTRADE. Es wird jede Produkt- oder Servicedienstleistung auf den Kosten-/Ertragsprüfstand gestellt und im Zweifel nicht angeboten. Wer kostenfrei Wertpapiere handeln möchte muss sich fortan umstellen:

- nur Einzeldepoteröffnungen, keine Gemeinschaftsdepots
- drastische Reduzierung der angebotenen Handelsplätze
- keine eingehenden Depotüberträge
- Handel nur in Euro, keine Fremdwährungen
- eingeschränktes Produktuniversum mit sorgfältig ausgewählten Produktanbietern
- Handel nur über eine Smartphone App oder Desktop

Somit sorgt nun zum dritten Mal wieder der Preis für die Etablierung neuer Marktteilnehmer. Aber auch die Möglichkeit von modernen und kostengünstigen IT-Systemen in der Cloud, Open Source, API-basierte und standardisierte Kommunikation sorgen für eine signifikant niedrigere Kostenbasis.

Trade Republic betreibt Online-Wertpapierhandel mit im Schnitt 1,30 Euro Einnahmen pro Order! Für die Online-Broker der ersten Stunde ist dieser Trend nicht oder nur schwer mitzugehen. Komplexe, serverbasierte und teilweise noch im Batch-Betrieb laufende Wertpapiersysteme, die über den Zeitraum der letzten 25 Jahre ständig ergänzt und erweitert wurden, erlauben kaum Preissenkungsspielräume.

Der Markt der Online-Broker wird sich meiner Überzeugung nach zweiteilen: Auf der einen Seite wird es die Low-/No-Cost-Broker mit einem reduzierten Produkt- und Serviceangebot geben und auf der anderen Seite die Full-Service-Anbieter, die mit deutlich mehr Service und dafür auch höheren Kosten agieren. Für die Endkunden ergibt sich hieraus das perfekte Angebot und es wird spannend, wie sich beide Angebote entwickeln. Mit Markteintritt der Low-/No-Cost-Broker haben nahezu alle etablierten Broker erstmal ihre Preise erhöht, anstelle an ihrer Kostenbasis und ihren Prozessen zu arbeiten, um so die Preise für den Endkunden stabil halten zu können. Es bleibt spannend.

Utopien: Welche Veränderungen wird es bei den Marktteilnehmern geben?

Der Kauf und Verkauf von Wertpapieren ist an den Börsenplätzen dieser Welt zum Großteil sehr unterschiedlich geregelt. Darüber hinaus sind am Handel viele verschiedene Akteure beteiligt: Börsen, Zentralverwahrer, Clearingstellen, Global Custodians, Banken und Broker. Und über allen stehen die Regulatoren, die die Einhaltung der Gesetze und Vorschriften überwachen. Es wird schnell klar, dass die Effizienz des globalen Datenaustauschs beeinträchtigt ist und vermeidbare Kosten entstehen.

Es wird nur noch ein paar Jahre dauern, da werden ganze Marktteilnehmer im Brokerage verschwinden – und zwar nahezu alle oben genannten. Mit Einführung der Distributed-Ledger-Technologie auf Basis der Blockchain wird die gesamte Branche förmlich auf den Kopf gestellt werden. Wertpapiere werden nicht mehr beim Zentralverwahrer mittels physischer Urkunde verwahrt, sondern über vernetzte Computer – elektronisch. Auf diese Weise wird das kostspielige Monopol der Zentralverwahrer, Global Custodians oder Clearingstellen aufgebrochen bzw. komplett ersetzt. Auch Börsen werden wahrscheinlich ein Schattendasein führen, da theoretisch Anleger jederzeit weltweit untereinander Wertpapiere (Peer-to-Peer) handeln können. Banken und Online-Broker werden ebenfalls nicht mehr benötigt, da jeder Anleger mit seinem elektronischen Wallet sein Depot selbst führt und die darin enthaltenen Wertpapiere verwaltet. Die aktuell in Europa notwendigen zwei Bankarbeitstage für die Abwicklung von Wertpapiertransaktionen werden auf T-instant reduziert.

Emittenten begeben intelligente Wertpapieremissionen in der Blockchain: Anleihen oder Aktien zahlen selbstständig zu bestimmten Zeitpunkten Zinsen bzw. Dividenden, endfällige Wertpapiere lösen sich auf und werden automatisch beim Anleger im Wallet ausgebucht und der entsprechende monetäre Gegenwert eingebucht. Fonds oder ETFs thesaurieren von allein und ändern zum Stichtag automatisch ihre Stückzahl. Kapitalmaßnahmen werden automatisch nach Autorisierung durch die Hauptversammlung über die Blockchain angestoßen und ausgeführt. Somit wird auch das Monopol der Datenprovider empfindlich beeinträchtigt. Die Führung eines Namensregisters entfällt, da jeder Anleger mit seinem Wallet für eine weltweit eindeutige Zahlen- und Buchstabenkombination steht.

Auch die Regulatoren werden von den neuen Möglichkeiten profitieren, sofern sie diese Chance erkennen. Viele heute notwendigen regulatorischen Reportings können entfallen bzw. die Technologie bringt diese systemimmanent mit. Ein Blick in die Blockchain reicht, um zum Beispiel Marktmissbrauch oder Insider-Transaktionen aufzudecken.

Die Distributed-Ledger-Technologie hat das Potenzial, die Märkte völlig zu liberalisieren und die bisher vorhandenen Kosten auf ein Minimum zu senken. Entscheidend ist aber, ob eine derartige Entwicklung von den aktuell beteiligten Akteuren gewollt ist. Noch behindern in weiten Teilen auch gesetzliche Vorschriften den Durchbruch. Privatanlegern wird beispielsweise der direkte Zugang zum Kapitalmarkt laut Börsengesetz verwehrt. Auch sollte die gleichzeitige Verwahrung von Wertpapieren und Kryptowährungen verboten werden. Letzteres kam zum Glück nicht.

Wer wird auf der Gewinnerseite stehen?

„Vertrauen ist der Anfang von allem", war seinerzeit der Claim der Deutschen Bank. Dieser Satz gilt mehr denn je in einer digitalisierten Welt. Wer es schafft, das Vertrauen der Kunden zu bekommen, wird auf der Gewinnerseite stehen. Einmal mehr wird wieder der Kunde in den Fokus der Betrachtung rücken. Wer heute als Akteur ohne Endkundenkontakt in der Wertpapierkette beteiligt ist, wird es zukünftig schwer haben. Für Börsen gilt dies aber nicht unbedingt. Sie stehen für fairen, neutralen und verlässlichen Handel.

In einer Welt, in der die heutigen Marktteilnehmer keine aktive Rolle mehr im Wertpapiergeschäft haben, braucht es andere, neue Marktteilnehmer, die für die notwendige Transparenz und das Vertrauen sorgen. Diese Funktion könnten neuartige Marktplätze einnehmen, die mit Services und Funktionen Mehrwerte für den Kunden bieten. Denn: Auch zukünftig will der Kunde das gute Gefühl haben, Wertpapiere zu einem fairen und verlässlichen Preis kaufen und verkaufen zu können. Die neue Messgröße wird nicht mehr Assets under Management oder Custody sein, sondern Assets under View.

Der Kunde steht in jedem Fall auf der Gewinnerseite, da neben der Kostenreduktion auch die Liberalisierung für mehr Unabhängigkeit und somit für einen freieren Markt sorgt.

#hybrideBeratung
#openBanking
#digitalesKundenerlebnis

» Die Digitalisierung ist nicht der Untergang der Vermögensberatung, sondern die frohe Botschaft, denn richtig verstanden und als hybride Beratung gelebt, ermöglicht sie eine neue, zukunftsfähige Dimension der Kundenbeziehung. «

Marco Richter

- ist einer der Geschäftsführer und Co-Founder von wealthpilot – führendes Technologieunternehmen für die Verschmelzung von Berater und Technik in der ganzheitlichen Finanzberatung
- veröffentlichte 2019 sein erstes Buch „Du bist reicher als du denkst: Die sichere Finanzplanung für alle, die eigentlich nicht planen wollen“, erschienen bei Droemer Knaur
- erhielt 2015 den Wissenschaftspreis des Financial Planning Standard Board Deutschland e. V. für seine Masterthesis „Financial Planning für Profisportler – Konzeption eines zielgruppenspezifischen Beratungsangebots am Beispiel von Profifußballern“, erschienen im Rahmen der Schriftenreihe der EBS Business School
- ist Gewinner des n-tv/focus money Bankentests „Herausragende Vermögensverwaltung“ im Wealth Management der Commerzbank mit Bestnote für die Verständlichkeit der Beratung im Jahr 2013
- war 2002 der jüngste Bankbetriebswirt Deutschlands

Digitalisierung im Wealth Management

MARCO RICHTER

Persönliches: Von der Vision zur Mission. Wie kann man seine Ideen im Wealth Management wirksam multiplizieren?

Wenn ich heute in unser Büro in der Münchner Innenstadt gehe, treffe ich dort auf eine energiegeladene Start-up-Atmosphäre. Über 50 motivierte Mitarbeiter arbeiten dort daran, die Vermögensberatung mit Hilfe der digitalen Möglichkeiten besser zu machen. Seit der Gründung von wealthpilot im Jahr 2017 hat das Unternehmen eine rasante Entwicklung genommen. Täglich werden mehr als 20 Milliarden Euro auf der Plattform unter ganzheitlichen Gesichtspunkten analysiert und reportet. Es macht mich jeden Tag aufs Neue stolz zu sehen, dass die Beratungsphilosophie, die ich 20 Jahre lang als Vermögensberater gelebt habe, durch wealthpilot nun Eingang in die Finanzindustrie in Deutschland und vier weiteren Ländern gefunden hat. Ein großartiges Team und meine Mitgründer sind mit ausschlaggebend für unseren Erfolg.

Ich habe mir früher nie vorstellen können, als Mitgründer in einem Technologieunternehmen tätig zu sein. Als ich 2015 bei der Commerzbank im Wealth Management kündigte, wollte ich eine eigene Beratungsboutique eröffnen. In Vorbereitung auf meine Selbständigkeit ging ich auf die Suche nach einer technologischen Lösung, mit der ich einfach und effizient meine ganzheitliche Beratung umsetzen konnte. Ich wollte kein kompliziertes Finanzplanungsprogramm und ich wollte vor allen Dingen nicht bergeweise Papier durchforsten und Daten eintippen. Doch die Antwort auf zahlreichen Messen und Finanzplanerforen war

A. M. Bajorat et al. (Hrsg.), *Köpfe der digitalen Finanzwelt*,
https://doi.org/10.1007/978-3-658-29644-5_21

unisono: „So eine Software wäre toll, aber leider gibt es so eine Lösung nicht." Und die Entwicklung, die wir erleben, zeigt: Nicht nur ich hatte das ungestillte Bedürfnis, mit Hilfe der Technik den Beratungsalltag produktiver zu machen. Aber es ging mir nicht nur um schnöde Produktivität, sondern darum, mehr Zeit für meine Kunden zu haben, Zeit für die persönliche Beziehung und ein wertschätzendes Miteinander.

So wie ich es in meiner Anfangszeit als Berater bei der Sparkasse erlebt und wie ich meinen Beruf kennen und lieben gelernt habe. Als ich 1997 bei der Sparkasse in Cochem meine Ausbildung zum Bankkaufmann begann, grüßten sich Kunden und Berater, wenn man sich auf einem Spaziergang durch die Stadt traf. Man schätzte und vertraute sich. Mein Chef äußerte damals den für mich prägenden Satz: „Marco, du musst deine Kunden so beraten, dass sie auf einem Weinfest gern ein Glas Wein mit dir trinken." Diese Aussage spiegelt die gelebte Integrität der Beratung wider. Die Beziehung zum Kunden war auf Nachhaltigkeit ausgerichtet. Nicht der schnelle Profit oder Vertriebsziele – wir hatten damals gar keine Vertriebsziele! – waren die Triebfeder unseres Handelns, sondern die Bedürfnisse des Kunden.

Diese aus heutiger Sicht fast paradiesischen Zustände sind leider Vergangenheit. Daher hat es mich auch tief getroffen, wie nicht zuletzt die Finanzkrise dem Ansehen meines ehemaligen Berufsstandes eine tiefe Schramme versetzt hat. Vermögensberater sind jetzt „Banker" und bessere Verkäufer. Der Kunde von heute ist sich bewusst, dass nicht er als Person und seine Ziele im Vordergrund vieler Beratungen stehen, sondern Vertriebsvorgaben. Die Berater werden zermürbt zwischen Vertriebskennzahlen und regulatorischen Anforderungen und bekommen immer offener das Misstrauen der Kunden entgegengehalten. Sie haben zu wenig Zeit für ihre Kunden und für die wirklich wertschöpfenden Tätigkeiten, die von Kundenseite auch gewertschätzt werden.

Zu meiner Zeit als Relationship Manager bei der Commerzbank im Wealth Management mussten wir für eine interne Unternehmensberatung, die die Prozesse vor Ort optimieren sollte, festhalten, wie viel Zeit wir tatsächlich mit unseren Kunden verbrachten. Das Ergebnis war erschreckend: Nur 25 Prozent blieben netto übrig für den Termin mit dem Kunden inklusive Vor- und Nachbereitung. Und seit Geltung von MiFID im Jahr 2018 hat sich die Problematik sogar noch verschärft. Inzwischen wird der Kampf um die Erhöhung der Nettovertriebszeit immer verzweifelter ausgetragen.

Ich wollte mich, als ich mich selbstständig machte, nicht mit dieser Ausgangslage abfinden. Ich war der festen Überzeugung, dass die Digitalisierung Möglichkeiten eröffnet, wie ich wieder mehr der Berater sein konnte, der ich sein wollte. Vor allem wollte ich ganzheitlich beraten und möglichst viel Zeit für den direkten Kontakt zu meinen Kunden haben. Und dafür mussten die Prozesse so effektiv und automatisiert wie irgend möglich sein.

Inzwischen bin ich nicht mehr selbst als Berater tätig, sondern verantworte als einer der Geschäftsführer bei wealthpilot die Kommunikation zum Beratermarkt. Meine langjährige Erfahrung als Berater und meine visionäre Ader helfen mir dabei, genau zu verstehen, welche Lösungen dem Berater den maximalen Nutzen in seinem Berufsalltag liefern. Auf diese Weise können wir bei wealthpilot unsere Vision von einer guten und ganzheitlichen Beratung skalieren und allen aufgeschlossenen Beratern zugutekommen lassen.

Mein fast didaktischer Anspruch kommt auch in meinem Buch zum Ausdruck. Mit „Du bist reicher als du denkst: Die sichere Finanzplanung für alle, die eigentlich nicht planen wollen", will ich jeden dazu befähigen, Finanzentscheidungen zum eigenen Vorteil treffen zu können. Dieses Buch gäbe es nicht, ohne einen Kunden, den ich bei der Commerzbank kennengelernt habe. Er war von Beruf Verleger und ich gab ihm meine Masterthesis, die ich im Rahmen meines Teilzeitstudiums zum Master in Wealth Management geschrieben hatte, zum Lesen. Als ich dann auch noch neben der Auszeichnung „Herausragende Vermögensverwaltung" von n-tv und Focus money den Wissenschaftspreis des FPSB für diese Arbeit gewann, überzeugte er mich davon, dass ich ein Buch schreiben müsse. Ich hätte einfach so viel mitzuteilen. Und so erschien 2019, als mein zweites Kind gerade ein Jahr alt wurde, bei Droemer Knaur die erste Auflage meines Buches.

Als Mitgründer von wealthpilot und Buchautor habe ich für mich einen Weg gefunden meine Vision ein Stück weit Wirklichkeit werden zu lassen.

Meinungen: Digitalisierung und Demokratisierung. Welchen gesellschaftlichen Impact haben Multibanking und Datenaggregation im Wealth Management?

Stefan Bauer betritt das Atelier seines Lieblingsschneiders. Er lässt seit Jahren seine Hemden auf Maß anfertigen. Er liebt es, den Stoff oder die Art der Knopfleiste einzeln auswählen und ggf. ein Monogramm einsticken lassen zu können. Mit dieser Vorliebe für Maßhemden bewegt er sich entgegen dem Massentrend der Fertigkonfektionierung in der Bekleidungsindustrie, der noch gar nicht so alt ist. Bis in die Dreißiger- oder sogar Fünfzigerjahre wurde die Garderobe vom Hut bis zu den Schuhen komplett individuell angefertigt. Erst dann hielt die Mode von der Stange Einzug und eröffnete der breiten Schicht moderne und hochwertigere Mode zu erschwinglichen Preisen.

Was hat ein Maßhemd mit Finanzen zu tun? Nun ja, die Digitalisierung wird einen ähnlichen Impact auf die Finanzindustrie haben wie der Pret-à-porter-Trend auf die Modeindustrie. Es ist nur noch eine Frage der Zeit, bis durch die technischen Möglichkeiten ganzheitliche und professionelle Vermögensberatung und -betreuung für breite Schichten der Gesellschaft zugänglich und bezahlbar gemacht und damit demokratisiert werden.

Aktuell ist wirklich hochwertige Beratung im Finanzbereich größtenteils den sehr wohlhabenden Personen vorbehalten. In den Family Offices und Wealth-Management-Einheiten der Finanzdienstleister von heute bekommen die (Ultra) High Net Worth Individuals ganzheitliche Beratung. Im initialen Beratungsprozess wird ihre meist sehr komplexe Vermögenssituation berücksichtigt und eine holistische Betrachtung aller Vermögensbestandteile und Gegebenheiten meist in Form eines Finanzplans ermöglicht. Im sich daran anschließenden Investmentprozess können die dort betreuten Kunden aus verschiedensten Investmentvehikeln wählen; von Hedge Fonds über Private Equity hin zu Direktinvestitionen in Immobilienobjekte etc. Und in der laufenden Betreuung erhalten die Kunden detaillierte Reportings über ihr gesamtes Vermögen und

Unterstützung von Spezialisten, wo nötig. Das ist sozusagen der Smoking auf Maß in der Finanzindustrie.

Die breite Masse muss sich im Jahr 2020 mit einer im höchsten Maße standardisierten und auf Produktverkauf fokussierten Finanzberatung abfinden. Eine Betreuung im Family-Office-Style ist einfach zu aufwendig und daher weder für den Private-Banking-Kunden und erst recht nicht für den Retailkunden bezahlbar bzw. für den Finanzdienstleister nicht rentabel. Eine Studie hat belegt, dass die ganzheitliche Beratung im Rahmen einer initialen Finanzplanung für Datengewinnung, -strukturierung und -analyse im Durchschnitt 16 Arbeitsstunden verschlingt. Denn wie im Atelier des Maßschneiders wird in diesem Bereich das meiste noch von Hand gemacht. Die Daten zu den Vermögensbestandteilen werden von ausgedruckten Auszügen manuell in Listen eingepflegt und bei jedem neuen Reporting ist eine ganze Heerschar an Mitarbeitern damit beschäftigt, diese Zahlen upzudaten. Nun ja, up-to-date sind die Zahlen nur zum Stichtag. Schon bei der Besprechung mit dem Kunden sind die Daten prozessbedingt veraltet...

Die Digitalisierung ist hier der Enabler für eine Demokratisierung von Family-Office-Dienstleistungen. Denn in allen drei Phasen der Kundenbetreuung schafft sie revolutionäre Möglichkeiten vor allem durch Effizienzsteigerung.

Im Beratungsprozess (erste Phase): Hier ist die Datengewinnung, -aggregation und -analyse die Herausforderung. Dem Multibanking kommt hier die Rolle des Game Changers zu. Es schafft die Möglichkeit, Depot- und Kontodaten eines Kunden automatisch über Schnittstellen gewinnen zu können. Ein Kunde aus dem Private Banking oder Wealth Management hat im Durchschnitt 3,5 Bankverbindungen, aber auch Retailkunden haben heute oft mehr als eine Bank. Die zeitintensive Gewinnung von Vermögensdaten fällt damit praktisch weg. Sie reduziert sich vor allem auf illiquide Gegenstände wie Immobilien oder Kunst. Mit einer Kernbankanbindung können sogar noch die Transaktionsdaten hinzugefügt werden, die ein reines Mulitbanking nicht umfasst.

Über Schnittstellen können aber nicht nur die Aufstellungen aus dem Multibanking, die sich auf eine mehr oder weniger tabellarische Form beschränken, eingespielt werden. Es gibt heute zahlreiche Dienstleister, die detaillierte Informationen vor allem zu Wertpapieren liefern können. Werden die Vermögenswerte mit diesen Zusatzdetails verknüpft, was zwar eines anspruchsvollen aber technologisch inzwischen machbaren Prozesses bedarf, kann eine wirklich mehrwertstiftende Analyse der über

Multibanking erhaltenen Daten nach intelligenten Algorithmen erfolgen. Aber auch bei der Analyse ist dank der Digitalisierung noch nicht Schluss: Moderne Technik macht es möglich, diesen veredelten Datenbestand zusätzlich visuell aufzubereiten und intuitiv verständlich darzustellen. Schließlich sagt ein Bild mehr als tausend Worte. Werden auf diese Weise im Beratungsprozess die Daten automatisiert über Schnittstellen gewonnen, analysiert und aufbereitet, ist ein großer Schritt getan hin zu einem Pret-à-proter von Family-Office-Dienstleistungen für alle Gesellschaftsschichten.

Der Investmentprozess (zweite Phase): Auch hier hat die Digitalisierung komplexe und exklusive Anlagen der breiten Bevölkerung zugänglich gemacht und damit zur Demokratisierung der Investmentwelt beigetragen. Viele Assetklassen oder kostengünstige Investmentprodukte waren aufgrund hoher Mindestanlagesummen bisher nur Hochvermögenden vorbehalten. Inzwischen hat sich hier durch das Internet mit seinen Plattformen und Anbietern eine Öffnung von Anlagevehikeln für ein breites Publikum vollzogen. Robo-Advisor bieten Vermögensverwaltungen für wenige Basispunkte an und erodieren damit diese Bastion der Banken aus dem gehobenen Segment, die dort teuer verkauft werden. Bei Liqid zum Beispiel sind Investments, an denen früher nur Quandt und Co. teilhaben konnten, nun auch für den kleineren Geldbeutel zu haben. Alles was man braucht, ist ein Internetzugang.

Die laufende Betreuung (dritte Phase): Gerade in der weiteren Betreuung spielt die Digitalisierung ihre Stärke voll aus. Heute kriegen Kunden im Massengeschäft in der Regel einen Depotauszug auf dem schlicht der Wert der Anlage zu einem bestimmten Stichtag steht. Bei weiteren Informationen herrscht zumeist Fehlanzeige, ganz zu schweigen von einer Gesamtvermögensübersicht. Dabei wäre ein inhaltsreiches und verständliches Reporting ohne großen Aufwand machbar, wenn die technischen Möglichkeiten genutzt würden.

Reportings können nämlich dadurch, dass die Datengewinnung über Schnittstellen auf Knopfdruck und tagesaktuell erfolgt, viel schneller weil automatisiert aus Vorlagen heraus erstellt werden. Und diese Reports sind dann auch nicht einfach nur Auflistungen der Depot- und Kontostände. Sie bilden ein mehrdimensionales Bild vom Vermögen ab, indem die Daten aus allen Quellen wie oben beschrieben sinnvoll miteinander verknüpft werden. Die Möglichkeiten in einem solchen Bericht sind schier unbeschränkt. So kann zum Beispiel auch das Goals based Planning in so einen Report Einzug finden, wenn man der Logik folgt, wonach Geld das Mittel ist, um Ziele zu erreichen und die Investments einem bestimmten Zweck zugeordnet werden. Dann steht im Vermögensbericht eines Familienvaters, dass das Depot Nr. 3 bei seiner Direktbank für das Auslandsstudium seiner achtjährigen Tochter Carla gedacht ist. Und er wird in dem Report auch eine Simulation finden, wie wahrscheinlich es ist, dass er mit dieser Anlage dieses Ziel erreichen wird. Diese Berichte der Zukunft sind keine blutleeren Zahlenkolonnen mehr, sondern eine nachvollziehbare Erfolgskontrolle und damit eine Hilfestellung, Finanzentscheidungen zum eigenen Vorteil treffen zu können.

Wird das Potenzial der Digitalisierung in der Vermögensberatung wie oben skizziert umgesetzt, ist der gesellschaftliche Impact gar nicht hoch genug einzuschätzen. So wie es heute breiten Gesellschaftsschichten möglich ist, moderne Mode zu kaufen, kann in Zukunft praktisch jeder eine hochwertige Beratung in Finanzangelegenheiten erhalten, unabhängig davon, ob er im Retailbanking, Private Banking oder Wealth Management verortet ist. Schlicht weil durch die IT Aufwand und Kosten für eine professionelle, ganzheitliche Beratung und Betreuung viel geringer sein werden als heute. Neben der Demokratisierung durch Verfügbarkeit kann auch die Qualität der Beratung so signifikant gesteigert werden, dass jeder Kunde das volle Potenzial aus seinen Finanzen schöpfen kann.

Utopien: Werden wir im Jahr 2025 nur noch von Robotern beraten?

Ein Gespenst geht um in der Finanzindustrie: die Digitalisierung. Schwarzmaler unken, dass durch die technologischen Möglichkeiten der Beruf des Vermögensberaters eher über kurz als über lang komplett verschwinden wird. Kunden würden eh nicht mehr die Filialen besuchen und Robo-Advisor würden das Investmentgeschäft unter sich aufteilen. Eine persönliche Beratung sei nicht mehr gewünscht und damit obsolet.

Diese Schreckensszenarien teilen wir bei wealthpilot nicht, und wir sind mit unserer Einschätzung nicht allein. Zustimmen kann man den Stimmen der Pessimisten darin, dass die Finanzberatung einen grundlegenden Wandel vollziehen wird und muss. Viele Geschäfte werden online abgewickelt werden und Beratung wird stark digital unterstützt werden, Stichwort Bionic Advise oder hybride Beratung. Aber es wird weiter eine persönliche Beratung geben. Nur wird sie einen anderen Charakter bekommen. Der Vermögensberater wird sich vom Produktverkäufer zu einem Coach wandeln (müssen).

Coaching ist per definitionem die Begleitung bei der Entwicklung eigener Lösungen. Ein Coach ist neutraler, kritischer Gesprächspartner und regt zur Selbstreflexion an. Will der Finanzberater von heute in diese Rolle hineinwachsen, muss er lernen, den Kunden wirklich individuell abzuholen und seine tatsächlichen Bedürfnisse und Persönlichkeitsstrukturen zu erfassen. Er wird sich dazu Techniken aneignen müssen und sein Selbstverständnis ggf. ändern. Es ist nicht zu leugnen, dass dieser Prozess mit einer Erhöhung der Anforderungen an das Skill Set eines Vermögensberaters einhergeht und dass nicht alle Berater von heute dieses Anforderungsprofil erfüllen werden. Aber die, die diesen Wandel erfolgreich vollziehen, werden auch in zehn oder 20 Jahren Finanzberatung von Mensch zu Mensch erbringen.

Die Studie von Consileon „Beratung 2020 – Analoge Berater in einer digitalen Welt? Die neue Rolle des Beraters im Wealth Management“[1] aus dem Jahr 2016 kommt zu derselben Einschätzung. Konkret bedeutet das, dass ein Finanzcoach folgende Aufgaben haben wird: Als Kurator der Informationsflut sichtet, selektiert und erläutert er für seine Kunden die für diesen relevanten Informationen. Und zwar sowohl bezogen auf das

Wirtschaftsgeschehen als auch rund um dessen Vermögen und Finanzanlagen. Zudem wird er zusätzlich eine digitale Kompetenz aufbauen müssen, um für seine Coachees das richtige Software-Tool für die digitale Unterstützung seiner Beratungsleistung aus der Masse an Angeboten auswählen zu können. Denn Kunden wollen laut einem Vortrag von Professor Dr. Teodoro Cocca an der Johannes Kepler Universität Linz[2] solche Tools und erwarten eine entsprechende Versorgung mit passender IT durch ihren Vermögensberater.

Anstatt von Beginn an in einem Beratungsgespräch eine bestimmte Lösung – zumeist in Form eines margenstarken Finanzprodukts – im Kopf zu haben und am besten noch einen darauf zugeschnittenen Gesprächsleitfaden zu folgen, muss ein Berater zukünftig individuell, ganzheitlich und verständlich arbeiten. Individualität bedeutet in diesem Kontext, dass dem Kunden zahlreiche teilweise auch sehr persönliche Fragen gestellt werden, die weit über die Minimalanforderungen des WpHG-Bogens hinausgehen. Es wird um ein tiefes Verständnis für die Person auf der anderen Seite des Beratungstisches gehen und nicht um die Erfüllung gesetzlicher Vorgaben. Ganzheitlichkeit versteht sich als holistische Betrachtung aller Vermögensbestandteile des Kunden sowie dessen Ein- und Ausgaben. Hinzu kommt die Erfassung und Berücksichtigung seiner Lebens- und Anlageziele. Und Verständlichkeit wird dadurch gewährleistet, dass die Zusammenhänge und Komplexität, die sowohl die Anlagevehikel als auch die Weltökonomie in sich tragen, mit Grafiken und mehrdimensionalen Analysen für jedermann anschaulich und damit eingängig erklärt werden. Anlageempfehlungen, Umsetzung in Investments und laufende Betreuung werden ebenfalls diesem Dreiklang von Individualität, Ganzheitlichkeit und Verständlichkeit folgen.

Gerade vor dem Hintergrund des mangelnden Finanzwissens in Deutschland, das von der Bertelsmann Stiftung in einer Studie 2004[3] sogar als „finanzieller Analphabetismus“ beschrieben wurde und seitdem immer wieder bestätigt wurde, ist der Kunde auch in Zukunft auf einen vertrauensvollen Berater angewiesen.

Auch Richard David Precht vertritt in seinem Buch „Jäger, Hirten, Kritiker – Eine Utopie von der digitalen Welt“ die Meinung, dass es in einer digitalen Welt vor allem Coaches und Mentoren braucht. Besonders wenn die Anforderungen an den Menschen immer höher werden, weil alle Prozesse, die nicht von Menschenhand erledigt werden müssen, automatisiert sind, braucht der Mensch Unterstützung bei der persönlichen Entwicklung. Er benötigt Lehrer, die ihm beibringen, wie er mit steigender Komplexität und Anforderungen zurechtkommt.

Und am Ende bringt persönliche Betreuung auch Rendite: Die Studie „The added value of financial advisory“ des US-amerikanischen Fondsanbieters Vanguard[4] errechnet, dass der Mehrwert der Arbeit eines Beraters bei etwa drei Prozent Rendite p. a. liegt. Die Hälfte dieses Mehrwerts entfällt allein auf das Behavioral Coaching. Denn was hilft die beste Asset Allocation, wenn der Kunde mit seinen Ängsten und seiner Gier allein gelassen wird und von diesen Gefühlen getrieben, falsche Entscheidungen trifft? Hat er keinen Berater an seiner Seite, der ihm die komplexen Zusammenhänge erklärt und ihm einfühlsam hilft, seiner Strategie und seinen Zielen treu zu bleiben, wird der Kunde nicht nachhaltig erfolgreich sein.

Der Berater wird also auch in Zukunft Dreh- und Angelpunkt im Vermögensmanagement bleiben. Aber er wird die anspruchsvolle Rolle eines Coaches ausfüllen müssen, wenn er weiter eine Daseinsberechtigung haben möchte. Er wird dabei assistiert von digitalen Helfern, aber nicht durch sie ersetzt. Sie werden ihm ermöglichen, seinen Kunden eine wirklich mehrwertstiftende Beratung zu erbringen, für die der Kunde auch bereit ist, Geld zu bezahlen.

1 https://www.consileon.de/wp-content/uploads/Consileon_Studie_Analoge-Berater_Web-1.pdf (22.01.2020)

2 Kundenverhalten im Wandel? Nutzung digitaler Angebote durch vermögende Kunden, Prof. Dr. T. Cocca Lehrstuhl für Asset Management, Johannes Kepler Universität Linz

3 https://www.bertelsmann-stiftung.de/fileadmin/files/BSt/Publikationen/GrauePublikationen/GP_Finanzieller_Analphabetismus_in_Deutschland.pdf

4 Francis M. Kinniry Jr., Colleen M. Jaconetti, Michael A. DiJoseph, and Yan Zilbering, 2014. Putting a value on your value: Quantifying Vanguard Advisor's Alpha. Valley Forge, Pa.: The Vanguard Group.

#roboadvice
#digitalwealth
#etf

» Werde ein Softwareunternehmen oder werde marginalisiert, das gilt für jede Industrie und erst recht für Banken. «

Erik Podzuweit

- ist Mitgründer und Geschäftsführer von Scalable Capital, Europas größtem digitalen Vermögensverwalter
- war als Co-CEO für das Deutschlandgeschäft von Westwing Home & Living verantwortlich
- arbeitete sieben Jahre als Executive Director bei Goldman Sachs in London und Frankfurt

Automatisierung der Geldanlage

ERIK PODZUWEIT

Persönliches: Wie ist es dazu gekommen, dass Sie einen der größten digitalen Vermögensverwalter Europas gegründet haben?

Erinnern Sie sich noch an den 29. Juni 2014? 2:1 in der 94. Minute. Klaas-Jan Huntelaar versenkt den Elfmeter flach im rechten Eck. Holland steht im Viertelfinale, Mexiko ist raus. Ein echter Fußball-Krimi bei der WM in Brasilien vor vier Jahren. Womöglich haben Sie ihn längst vergessen. Ich nicht. Denn für mich war er noch viel mehr: Der Oranje-Sieg fiel zusammen mit der Geburtsstunde von Scalable Capital.

Es war an diesem Juniwochenende in einem Altbaubüro in Berlin. Eine Freundin hatte es uns fürs Wochenende überlassen. Mitten in Prenzlauer Berg – draußen Hipster, drinnen Dielenboden und Stuckdecke – entwickelten meine Mitgründer und ich die Geschäftsidee von einer automatisierten, voll digitalen Vermögensverwaltung für alle und sahen in einer Pause das Spiel. Damals hatten wir noch unsere Jobs bei Goldman Sachs und dem Online-Händler Westwing. Doch an diesem Sonntagabend stellten wir uns ein Ultimatum: „Wer morgen nicht kündigt, ist nicht dabei." Wir haben uns daran gehalten und unsere Stellen gleich am Montag aufgegeben.

So fing es an. Mit nicht viel mehr als einer spannenden Idee. Die lautete, eine Geldanlage anzubieten, die auf die Bedürfnisse der Kunden zugeschnitten ist. Klingt nicht originell? Mag sein.

A. M. Bajorat et al. (Hrsg.), *Köpfe der digitalen Finanzwelt*,
https://doi.org/10.1007/978-3-658-29644-5_22

Aber so verrückt es auch scheint: Es gab keinen Finanzdienstleister, der eine solche Anlage im Angebot hatte. Wenn mich Freunde fragten, wem sie ihr Geld anvertrauen sollten, fiel mir einfach keine gute Antwort ein, zu der ich hätten stehen können. Obwohl allein in Deutschland mehr als 1.800 Banken, über 8.000 Publikumsfonds, hunderte Vermögensverwalter und tausende Vermittler und Berater um die Gunst der Anleger buhlen. Überzogene Kosten, Interessenkonflikte, hohe Mindestanlagesummen, fragwürdige Stockpicking-Strategien oder diffuse Anlagerisiken: Es gab immer mindestens einen entscheidenden Haken. Das fand ich absurd. So absurd, dass der Entschluss reifte, ein eigenes Fintech zu gründen und die Geldanlage nicht nur zu automatisieren, sondern so auch zu demokratisieren.

Die Chancen, die sich durch diese „Softwarisierung" bieten, sind enorm, denn Software wird jedes Produkt und jede Dienstleistung in der Finanzindustrie ersetzen oder grundlegend verändern und führende Banken – was auch immer die Definition einer Bank in der Zukunft sein wird – werden nur jene sein, die auch führende Softwareunternehmen sind.

Meinungen: Wie steigert die Automatisierung der Geldanlage den Anlegernutzen?

Technologie macht's möglich: Die professionelle Geldanlage wird automatisiert – für den Privatanleger. Endlich können die Vorzüge von fortschrittlichen, quantitativen Anlagestrategien einer breiten Investorenschicht zugänglich gemacht werden. Bei diesen Quant-Strategien werden die Investmententscheidungen aus einer akribischen Datenanalyse abgeleitet und nicht aus Meinungen und Prognosen von Portfoliomanagern oder Marktstrategen. Und das Portfolio wird per Algorithmus verwaltet. Bevor wir beleuchten, welchen Nutzen der Anleger daraus zieht, werfen wir einen kurzen Blick auf die Anfänge der Quant-Strategien. Ein Pionier auf diesem Gebiet ist James Simons. Er gründete 1982 die Investmentfirma Renaissance Technologies, die mit aufwendigen statistischen Verfahren Handelssignale aus einer Vielfalt von Marktdaten ableitet. Der Flaggschiff-Fonds des Unternehmens, der Medallion Fund, gehört zu den ertragsstärksten Hedgefonds überhaupt. Und besonders attraktiv: Er fuhr nur in einem der vergangenen 30 Jahre eine negative Rendite ein.

Dass quantitative Strategien wie die von Renaissance gerade in den 1980er-Jahren aufkamen, war kein Zufall. Es war die Zeit, in der sich die statistischen Methoden und die verfügbare Datenbasis stark verbesserten. Und vor allem: Damals begann Moore's Law seine volle Wirkung zu entfalten. Die verfügbare Rechenpower wuchs exponentiell an und machte den Aufstieg der Quants erst möglich. Für ihre Modelle wird viel mathematisches und statistisches Know-how benötigt. Hinter den Quant-Strategien stecken daher oft keine Finanzwirtschaftler, sondern Mathematiker, Statistiker, Physiker und IT-Spezialisten.

Bisher waren attraktive quantitative Strategien fast ausschließlich für sehr vermögende Investoren verfügbar. Doch durch die computergestützte Automatisierung samt Cloud-Computing und die damit verbundene Skalierbarkeit der Geschäftsmodelle können die aufwendigen Modelle jetzt auch einer breiten Schicht von Privatanlegern zugänglich gemacht werden – zu fairen Kosten und mit moderaten Mindestanlagesummen. Damit steigen für diese Anleger langfristig die Chancen auf bessere risikoadjustierte Renditen. Denn automatisierte Quant-Strategien haben zwei entscheidende Vorteile, vor allem gegenüber klassischen Investmentfonds:

1. Mit quantitativen Ansätzen lassen sich psychologische Fallstricke bei der Geldanlage umgehen

Der erste Vorteil von Quant-Strategien betrifft die Psyche beim Investieren. Anleger verhageln sich meist die Börsenbilanz, weil sie sich bei ihren Investmententscheidungen von Emotionen leiten lassen. Warum das so ist, ergründet der Wissenschaftszweig der Behavioral Finance. Die Forschungen haben ergeben, dass Menschen eine Menge an Verhaltensweisen an den Tag legen, die zu schlechten Investmententscheidungen führen. Wir wollen hier nur drei prominente Beispiele für diese sogenannten kognitiven Verzerrungen anführen: Wenn Menschen in einer unsicheren Situation eine Entscheidung fällen müssen, dann blenden sie Wahrscheinlichkeiten oft völlig aus (Neglect of Probability). Zudem kaufen sie bevorzugt das, was gerade Aufmerksamkeit erregt (Attentional Bias). Und sie überschätzen ihre Kompetenzen und Fähigkeiten (Overconfidence). Die Liste lässt sich noch lange fortsetzen. Und nicht nur Privatanleger sind betroffen. Experimente haben gezeigt, dass professionelle Fondsmanager und Anlageberater genauso anfällig für kognitive Verzerrungen sind, was zu Fehlbewertungen und letztlich fehlerhaften Anlageentscheidungen führen kann. Wer sein Geld von einem Algorithmus, der systematisch die relevanten Finanzmarktdaten analysiert, verwalten lässt, sorgt dafür, dass selektive Wahrnehmungen und subjektive Einschätzungen keinen Schaden im Portfolio anrichten. Denn der Computer folgt festen Regeln statt Emotionen und Meinungen. Während ein Anleger aus Fleisch und Blut, der dem ständigen Rauschen der Nachrichtenströme ausgesetzt ist, dafür eine übermenschliche Disziplin und Verarbeitungskapazität bräuchte. Schon Benjamin Graham, der Begründer der Wertpapieranalyse, wusste: „Der größte Feind des Anlegers ist wahrscheinlich er selbst."

2. Quantitative Modelle machen Anlageentscheidungen transparent und erleichtern die Fehlerdiagnose und -korrektur

Eine quantitative Investmentstrategie ist über feste, explizit formulierte Regeln definiert. Diese Regeln können zwar komplex sein, aber sie sind stets nachprüfbar und reproduzierbar. Dadurch sind die Anlageentscheidungen auf jeden Fall weit transparenter und nachvollziehbarer, als wenn sie von einem Menschen getroffen werden. Das bedeutet natürlich nicht, dass quantitative Ansätze keine Fehler bergen können. Sie beruhen schließlich auf Modellen, also auf Abstraktion mittels vereinfachender Annahmen, um komplexe Sachverhalte zu erfassen. Ein Modell kann versagen, weil zu stark abstrahiert wurde, weil falsche Annahmen getroffen wurden oder schlichtweg weil bei der Implementierung Fehler unterlaufen sind. So stellen sich bei Finanzmodellen typischerweise Fragen wie: Sind die Modellannahmen wirklich langfristig gültig oder zu sehr auf bestimmte Marktphasen ausgerichtet? Berücksichtigt das Modell alle wichtigen Details des realen Börsenhandels? Und ist der Code wirklich frei von Programmierfehlern? Solche Punkte gilt es fortwährend zu prüfen. Durch die klar definierten Regeln wird das jedoch erst möglich. Denn solche Regeln können stets hinterfragt, kritisiert, diskutiert und angepasst werden. Analysen und Korrekturen von Modelldefiziten sind somit viel leichter durchführbar. Wenn dagegen ein aktiver Fondsmanager enttäuschende Ergebnisse einfährt, bleiben die konkreten Ursachen meist im Dunkeln. Hat er die Konjunktur- oder Aktienmarktentwicklung zu positiv eingeschätzt, sich von der Börseneuphorie anstecken lassen, die Einzeltitel falsch analysiert oder nur einen schlechten Tag gehabt? Ohne klar fixierten Investmentprozess sind sachliche Kommunikation, systematische Schwachstellenanalyse und Fehlerbehebung äußerst schwierig, wenn nicht aussichtslos.

Damit eine quantitative Strategie die langfristigen Chancen auf überdurchschnittliche Anlageergebnisse tatsächlich erhöht und sich typische Fehler adressieren lassen, muss sie also immer wieder Tests durchlaufen – Backtests, Out-of-sample-Verfahren, Robustheits- und Sensitivitätsanalysen. Wenn ein digitaler Vermögensverwalter diese Tests gewissenhaft durchführt und seine Strategie, wenn erforderlich, anpasst, kann er den Anlegernutzen nachhaltig steigern. Und er kann seinen erfolgversprechenden quantitativen Ansatz einer breiten Investorenschicht zu fairen Gebühren anbieten. Unterm Strich ermöglicht die Automatisierung so auch die Demokratisierung der professionellen Geldanlage.

Utopien: Wie wird sich die Automatisierung der Geldanlage auf das Asset Management auswirken?

Die zunehmende Automatisierung der Geldanlage wird die gesamte Asset-Management-Branche umkrempeln. Vier große Trends werden dabei zu beobachten sein:

1. Der aktive Fondsmanager stirbt aus.
Bei praktisch allen Aufgaben im Portfoliomanagement ist der Computer dem Menschen haushoch überlegen – bei der Verarbeitung und Analyse großer Datenmengen, beim Erkennen von Ineffizienzen an den Finanzmärkten und beim Ausschalten von Emotionen in der Geldanlage. Zudem lassen sich mit dem Computer die Prozesse im Portfoliomanagement viel besser skalieren. Folge: Regelbasierte und empirisch fundierte, computergesteuerte Anlagestrategien werden den Großteil der aktiven Fondsmanager ablösen. Das gilt umso mehr, als aktive Fonds ihr Hauptversprechen an den Anleger nicht einlösen: Die große Mehrheit von ihnen schlägt langfristig ihre Benchmark nicht.

2. Kursprognosen werden irrelevant.
Die zunehmende Rechenpower und der Einsatz datengetriebener Anlageverfahren werden dafür sorgen, dass die Effizienz an den Finanzmärkten noch deutlich steigt. Damit wird eine kosteneffiziente Umsetzung von Anlagestrategien ohne einen hohen Automatisierungsgrad für liquide Geldanlagen faktisch unmöglich. Mithin werden auch immer mehr Anlagestrategien vom Markt verschwinden, die auf Kursprognosen aus öffentlich zugänglichen Informationen beruhen.

3. Die Geldanlage für Privatkunden wird professioneller, kostengünstiger und transparenter.
Viele physische Kostentreiber wie teure Fondsmanager, Bankberater und -filialen werden wegfallen. Zugleich werden künftig auch im Retailbereich menschliche Entscheider – die größte Blackbox in Anlageprozessen – durch Algorithmen ersetzt. Diese erscheinen womöglich komplex, sind aber regelbasiert und somit nachvollziehbar. Dadurch sorgen sie für mehr Transparenz.

4. Künftig regiert der Wettbewerb der Algorithmen.
Algorithmen zu regulieren oder zu zertifizieren wird aufgrund der schieren Masse, der Komplexität und des Mangels an (marktgerecht bezahlten) Experten scheitern. In Ländern, in denen dies dennoch ernsthaft versucht wird, wird kaum eine Entwicklung von wirtschaftlich verwertbaren Algorithmen stattfinden. Entsprechende Geschäftsmodelle werden entweder nicht entstehen oder auf andere Länder ausweichen.

#DemokratisierungderImmobilienwirtschaft
#RevolutionderGeldanlage
#DigitaleImmobilieninvestments

» Digitalisierung heißt nicht, alte Finanzprodukte einfach auch im Web zu vertreiben, sondern die gesamte Finanzwelt hinsichtlich Transparenz, Flexibilität, Effizienz, Kostenreduktion und Echtzeitgeschäfte zu revolutionieren. «

Simon Brunke

- ist Mitgründer und CEO der Exporo AG und seit mehreren Jahren Wahl-Hamburger
- studierte Wirtschaftswissenschaften und gründete im Studium sein erstes Unternehmen
- blieb nach seinem Exit bis 2013 Finanzvorstand des Unternehmens
- baut seit 2014 die Exporo AG auf – Deutschlands führende Plattform für digitale Immobilieninvestments
- ist Botschafter des Kinderhilfswerks International Children Help e. V. und unterstützt in diesem Rahmen diverse nationale und internationale Kinderhilfsprogramme

SIMON BRUNKE

Persönliches: Was begeistert Sie persönlich an digitalen Immobilieninvestments und wie haben Sie diese Begeisterung entwickelt?

Persönliches Engagement und Kommunikationsfähigkeit sind die wichtigsten Grundlagen, um im Vertrieb erfolgreich zu sein. Ich habe mich schon als Jugendlicher für den Verkauf begeistert. So habe ich als 13-jähriger Teenager den damaligen Hype um Überraschungseier gesehen und auf Flohmärkten mit meinem Ü-Eier-Figuren-Handel rund 2.000 DM pro Monat umgesetzt – das ging nur durch sehr frühes Aufstehen, cleveren Einkauf und Ausdauer über den Tag. Vertriebliche und unternehmensstrategische Fragestellungen standen auch während meines Studiums „Europäische Unternehmensführung" an der privaten Fachhochschule für Wirtschaft in Hannover im Mittelpunkt meines Interesses, ebenso während diverser Praktika im Ausland.

Während meines Studiums der Wirtschaftswissenschaften gründete ich 2004 einen Versicherungsmakler, skalierte die Firma mit meinen Mitgründern auf 600 (offline) Vertriebsmitarbeiter und ca. 100 Personen im Backoffice an insgesamt 18 Standorten. In dieser Zeit sammelte ich wertvolle Erfahrungen im Umgang mit Kunden, Mitarbeitern, Vorstandskollegen, Kooperationspartnern und weiteren Stakeholdern. Diese Jahre haben mich sehr geprägt, ich lernte fast sämtliche Facetten der Finanzdienstleistungsbranche kennen. Viel wichtiger war für mich aber die Erkenntnis, dass der Prozess des „Einkaufens von digital

A. M. Bajorat et al. (Hrsg.), *Köpfe der digitalen Finanzwelt*,
https://doi.org/10.1007/978-3-658-29644-5_23

generierten Leads und anschließender analoger – also beim potenziellen Kunden – Vermittlung" überhaupt nicht effizient ist.

Zeitgleich kam ich immer mehr mit dem Immobilienmarkt in Berührung. Viele Freunde wollten gern Immobilien kaufen und gemeinsam im kleinen Kreis an diesem Markt partizipieren. Es wurde aber schnell deutlich, dass eigentlich nur Großanleger mit sehr viel Geld, Zeit und Know-how die Chance hatten, zu guten Konditionen in Immobilien zu investieren. Mir – und natürlich auch meinen Mitgründern – wurde klar, welche Chancen sich für Fintech-Unternehmen auch in diesem Segment auftun. Die logische Verbindung beider Bereiche war 2014 die Gründung von Exporo. Wir entwickelten als Pioniere in Deutschland eine Plattform für digitale Immobilieninvestitionen. Über sie können sich Anleger bereits mit geringen Beträgen an Immobilienprojekten bzw. vermieteten Objekten beteiligen. Damit bekommen sie Zugang zu einem Markt, der in der Vergangenheit institutionellen und besonders wohlhabenden Investoren vorbehalten war. Für mich ist das ein Stück Demokratisierung der Immobilienwirtschaft. Mittlerweile (Stand: 04/2020) haben wir mehr als 575 Millionen Euro vermittelt, mehr als 300 Projekte mitfinanziert und auch bereits über 240 Millionen Euro an unsere Anleger wieder ausgeschüttet. Damit ist Exporo mit Abstand die Nummer 1 in Europa.

Seit Anfang 2018 nutzen wir die uns erteilte KWG-Lizenz, um die Weiterentwicklung digitaler Immobilieninvestments zum regulierten Markt voranzutreiben. Wir bieten seither auch größervolumige Projekte an, die der Prospektpflicht unterliegen. Anleger können erstmals tokenbasierte – aber gleichzeitig voll regulierte – Anleihen (digitale Wertpapiere) auf der Ethereum Blockchain erwerben, zeitnah sogar ab einem Euro. Anlegern wird es so ermöglicht, regelmäßige Ausschüttungen aus den Mieteinnahmen zu erhalten und zu 80 Prozent an der Wertsteigerung der jeweiligen Immobilie teilzuhaben.

Meinungen: Welche Auswirkungen hat ein verändertes Kundenverhalten auf Kooperationen zwischen Banken und Fintechs?

Die Kundenbedürfnisse verändern sich. Als Betreiber einer Plattform sehen wir die Trends auf beiden Seiten der Transaktionen: Anleger wollen Transparenz, Flexibilität, Handeln in Echtzeit und Standardisierung. Und sie wollen jederzeit und überall auf ihr Geld zugreifen können. Auf der anderen Seite erleben wir, dass immer mehr Projektentwickler, die als Darlehensnehmer ebenfalls Kunden unseres Hauses sind, die Gesamtfinanzierung eines Projekts durch uns wünschen. Das bedeutet: eine Gesamtstrukturierung der Finanzierung, die aus dem Eigenkapital des Projektentwicklers, dem Mezzanine-Kapital und dem vermittelten Fremdkapital besteht. Viele dieser Projektentwickler suchen unsere Unterstützung, um eine günstige Finanzierung aus einer Hand zu erhalten. Bei einer Übernahme der Gesamtstrukturierung durch Exporo sind viele Einzelschritte notwendig, beispielsweise Prüfungen, Kalkulationen, Datenaustausch. Hier ist eine Schnittstelle zwischen Banken und Fintechs entstanden. Beispiel: Mezzanine-Kapital. In vielen Fällen von Finanzierungen für Projektentwicklungen geben Banken mit Fremdkapital den Großteil des Kapitals, das für das Projekt benötigt wird. Exporo fungiert dabei als Brückenbauer zwischen den Belangen des Projektentwicklers und denen der Bank und stellt zusätzlich als weiteres Finanzierungselement Mezzanine-Kapital zur Verfügung.

Viele Banken stellen Fintechs bereits ihre Schnittstellen (APIs) zur Verfügung, um neue Angebote zu schaffen und ihre Wettbewerbsposition zu verbessern. Auch Exporo hat Kooperationen mit Groß- und Privatbanken geschlossen. Das funktioniert hervorragend: Die Geldhäuser machen ihre Kunden auf Exporo-Produkte aufmerksam, Bankkunden bekommen die Anlagemöglichkeiten angezeigt und können entscheiden, an welchen Immobilieninvestments sie sich beteiligen möchten. So können sie sich ein individuelles Immobilienportfolio aufbauen.

Ein weiterer Schritt ist die Nutzung neuer Technologie. Blockchain beispielsweise bietet einen Mehrwert für Anleger und Unternehmen. Diese Technologie erlaubt es Emittenten den Prozess transparenter, schneller und schlanker zu gestalten. Für den Anleger sind der Wegfall von Intermediären und die signifikante Reduzierung der Mindestanlagesummen – theoretisch bis auf einen Euro – wichtige Vorteile. Mit unserem Exporo-Handelsplatz machen wir zudem aus einem illiquiden Gut ein liquides. Hier können Investoren über uns erworbene „Stücke an Immobilien" täglich kaufen und verkaufen. Der nächste Entwicklungschritt wird die Handelbarkeit in Echtzeit sein.

Das aber ist erst der Anfang: Die Kooperationsbereitschaft der traditionellen Häuser mit Fintechs wie Exporo ist groß. Auch bei herkömmlichen Banken setzt sich die Erkenntnis durch, dass Fintechs ein bedeutender Bestandteil der Finanzbranche sind und dass man also nur gemeinsam, als „alte" und „neue" Finanzwelt, zukünftige Märkte und neue Zielgruppen ansprechen kann. Wir befinden uns kontinuierlich in intensiven und konstruktiven Gesprächen.

Utopien: Wie werden digitale Immobilieninvestments die zukünftige Bankenwelt revolutionieren?

Digitale Investments gehören zu den jüngeren Anlageinstrumenten. Sie werden die Bankenwelt nachhaltig verändern. Immobilieninvestments per Klick sind heute schon ein wesentlicher Bestandteil dieser Entwicklung – und sie werden weiter an Bedeutung gewinnen.

Die Herausforderungen, die mit diesem Wandel auf die „alte" Bankenwelt zukommen, sind erheblich. Die Veränderungen sind so tiefgreifend, dass herkömmliche Geldhäuser unmöglich weitermachen können wie bisher. Für sie wird es darauf ankommen, sich den veränderten Kundenbedürfnissen anzupassen und neue Geschäftsmodelle zu entwickeln, die sich von den bisherigen signifikant unterscheiden. Dabei müssen die Kunden im Mittelpunkt allen Denkens und Handelns stehen. Das ist heute in vielen Geldhäusern noch nicht der Fall. Der Nutzen für Kunden hat oberste Priorität. Und die Kunden – mittlerweile sehr viel selbstbewusster als noch vor 20 Jahren – werden von den Finanzdienstleistern das einfordern, was ihnen einen tatsächlichen

Mehrwert bietet. Man kann davon ausgehen, dass Banken, die diesen Wandel schaffen, eine weiterhin wichtige Rolle am Markt spielen werden. Unternehmen, die ihn nicht schaffen, werden verschwinden.

Einstellen muss sich die Bankenwelt auch auf andere Ertragsstrukturen. Die Zeiten großer Margen auch für kleine, unkomplizierte Finanzprodukte sind vorbei. Hinzu kommt das Problem, dass Banken mit der Kontoführung weiterhin wenig Geld verdienen werden. Fintechs als Konkurrenten sorgen auch hier für Wettbewerb und damit weiter sinkende Preise. Grundsätzlich werden in der Finanzwelt die Wege für den Kunden kürzer. Viele Handelsebenen werden überflüssig. Auch das wird zu Kostenreduktionen führen. Die Situation der Banken wird sich noch weiter verschärfen, sobald Internetkonzerne ins Spiel einsteigen. Erste Tendenzen dafür sehen wir bereits mit dem Anbieten von Zahlungsdienstleistungen durch beispielsweise Apple und Google. In Deutschland haben Unternehmen wie N26 oder Check24 schon heute eine große Marktbedeutung. Wir brauchen zwar auch künftig Bankdienstleistungen, aber nicht unbedingt Banken (im traditionellen Sinne).

Ein Weg für etablierte Banken, einen Hebel für den notwendigen tiefgreifenden Wandel zu nutzen, sind Kooperationen mit Fintechs. Damit haben sie die Chance, aus der aktuellen Bedrängnissituation in eine Vorteilssituation zu kommen. Dabei haben sich verschiedene Möglichkeiten herauskristallisiert: Einige Häuser agieren als strategische Investoren mit eigens geschaffenen Fintech-Inkubatoren und Corporate Venture Capital Funds, andere nutzen Digitalfirmen „as a Service“, wieder andere gehen den Weg über den Kauf und die Integration junger Firmen, die disruptive Geschäftsmodelle entwickelt haben.
Am erfolgversprechendsten erscheint jedoch die strategische Partnerschaft mit dem Ziel, einen gemeinsamen Vorteil aus den Marktgegebenheiten zu ziehen, innovativer und effektiver auf die Bedürfnisse der Kunden zu reagieren.

Bei digitalen Immobilieninvestments, wie sie von Exporo angeboten werden, steht der Kunde im Zentrum des Produktdesigns. Um seine Wünsche geht es. Schon heute muss man nicht mehr große Vermögen besitzen, um Haus- oder Wohnungseigentümer zu werden. Digitale Investments machen es möglich. Dahinter steht die Idee, dass sich jedermann an Immobilien beteiligen kann. Anno dazumal befand sich ein Haus, eine Wohnung oder ein Grundstück immer auch physisch im Besitz des Anlegers. Dazu benötigte er viel Geld, viel Zeit und auch viel Wissen – vor allem aber auch den Zugang, sodass der Großteil der Menschen ausgeschlossen war. Später kamen offene und geschlossene

Immobilienfonds als Alternativen zum Betongold dazu, die meist von niedrigen Renditen und minimaler Flexibilität geprägt sind, wie zum Beispiel lange Laufzeiten und hohe Mindestanlagesummen. Unser Ansatz: Einzelne Objekte vielen Menschen über digitale Wertpapiere zugänglich machen. Das ist die Zukunft, denn digitale Wertpapiere erlauben geringere Kosten und damit deutlich höhere Renditen, ermöglichen eine breitere Streuung und schaffen maximale Flexibilität.

Der Trend zur Geldanlage über Technologien wie Blockchain wird die Bankenwelt ebenfalls verändern. Virtuelle Handelsplätze werden an Bedeutung gewinnen. Die Unabhängigkeit von Zentralverwahrern und Depotbanken eröffnet inländischen und vor allem ausländischen Interessenten den Zugang. Anleger werden von überall auf der Welt Immobilieninvestments abschließen und weltweit mit anderen Anlegern handeln können – innerhalb von Sekunden. Exporo beispielsweise ist gerade in den Niederlanden gestartet und Frankreich folgt als zweites Land mit dem Ziel, in fünf Jahren eine Million digitale Immobilieneigentümer über die Plattform zu vereinen.

Digitale Immobilieninvestitionen werden in der zukünftigen Finanzwelt an der Tagesordnung sein. Ein Anleger wird beispielsweise mit 500 Euro an einem Wohnungshaus beteiligt sein, mit weiteren 1.500 Euro an einer Kita und mit noch einmal 2.000 Euro an einem Ärztehaus. Immobilieneigentum wird schon bald so unkompliziert gehandelt werden wie heute etwa Aktien. Auch herkömmliche Banken werden auf diesem Weg Immobilien als Assetklasse für jedermann anbieten. Wir sehen in Deutschland und Europa eine klare Entwicklung: weg von klassischen Finanzinstrumenten wie traditionellen „normalen" Anleihen, hin zu digitalen und voll regulierten Wertpapieren, wie sie Exporo bereits anbietet.

#DigitaleGeneration
#Ökosystemperspektive
#DisruptiveGeschäftsmodelle

» Finanz- und Versicherungsdienstleister sehen sich einer zunehmenden Konkurrenz um die Kundenschnittstelle ausgesetzt. Sie sind daher gut beraten, sich vom Fokus auf ihr Kerngeschäft zu lösen und eine Ökosystem-Perspektive einzunehmen. Denn die digitale Generation wird immer weniger dazu bereit sein, unnötige Interaktionen in Kauf zu nehmen und Lösungen 'aus einer Hand' einfordern. «

Dr. Christopher Oster

- ist Gründer und Chief Executive Officer (CEO) des Insurtechs CLARK
- begleitete Wimdu als Chief Operating Officer (COO) und war für das operative Geschäft sowie die internationale Expansion verantwortlich
- war mehrere Jahre bei der Boston Consulting Group als Berater für Unternehmen der Finanzbranche und im E-Commerce aktiv
- studierte an der European Business School in Oestrich-Winkel/Wiesbaden und promovierte an der WHU – Otto Beisheim School of Management
- ist im Rhein-Main-Gebiet verwurzelt

DR. CHRISTOPHER OSTER

Persönliches: Wo und wann haben Sie erkannt, dass auch der Versicherungsbranche eine Revolution bevorstehen könnte?

Schon immer habe ich eine Karriere in der Unternehmensberatung angestrebt und konnte mir lange Zeit nicht vorstellen, einen anderen Weg einzuschlagen. Ich begann meine berufliche Laufbahn 2006 bei der Boston Consulting Group (BCG). Mein Fokus lag auf Retailbanking; ich habe Kunden mit klassischem Filialvertrieb beraten: Wie viele Bankberater sitzen in der Filiale? Wie werden Kunden bedient? Wie viele und welche Produkte werden bevorzugt gekauft? Die Optimierung des Vertriebs und Zukunftsstrategien für das Endkundengeschäft waren das Brot- und Buttergeschäft dieser Zeit. Die Verknüpfung von Finanzdienstleistungen und Versicherungen war dabei seit jeher eine beliebte Kombination. Große Banken kooperierten mit großen Versicherern: die Deutsche Bank und die Zurich Gruppe, die Commerzbank und die Allianz, die Volksbanken und die R+V Versicherungen. Die Idee dahinter: Der Kunde wird von einem einzigen Finanzdienstleister rundherum betreut – vom Girokonto über Fonds bis zur Versicherung erhält er alles aus einer Hand. Was Anfang der Zweitausender als 'Allfinanz'-Konzept die Runde machte, war jedoch nicht neu. Bei Volks- und Raiffeisenbanken sowie Sparkassen war das Konzept schon lange etabliert. Allein für die Privatbanken ging dieses Konzept so recht nicht auf. Vor allem der stationäre Vertriebskanal schien sich nicht dafür zu eignen, neben der eigentlichen Bankdienstleistung auch Versicherungsdienstleistungen zu verkaufen. Zu einer Zeit, in der man an Retailbanking-Kunden noch gut verdiente, konnten sich

A. M. Bajorat et al. (Hrsg.), *Köpfe der digitalen Finanzwelt*,
https://doi.org/10.1007/978-3-658-29644-5_24

die Banken diesen Luxus erlauben. Niedrige Zinsen, sinkende Margen bei Bankprodukten und zunehmender Wettbewerbsdruck (vor allem durch Direkt- und Online-Banken) führten zum (Wieder-)Aufstieg des Allfinanz-Konzeptes. Das hier bestehende Potenzial habe ich bereits in meiner Zeit in der Unternehmensberatung erkannt. Damals war ich allerdings noch weit weg von dem Gedanken eines digitalen Versicherungsmaklers.

Mit dem Thema 'Start-up' kam ich zu Beginn meiner Dissertation 2009 in Berührung. Damals hörte man erstmals von Groupon aus den USA. In Deutschland war das Unternehmen noch nicht aktiv und ich hatte die Idee, eine Art Groupon auch hierzulande aufzubauen. Aus der Idee entwickelte sich eine Recherche der Kaufkraft in verschiedenen Städten sowie zu potenziellen Dienstleistungen; in der Folge die Entwicklung eines Business Modells – Hamburg sollte als erstes ausgerollt werden, danach München, Berlin und Frankfurt. Während ich noch an meinem Excel-Modell tüftelte, launchte der Start-up-Inkubator Rocket Internet CityDeal in 20 deutschen Städten. In diesem Moment habe ich gelernt, dass man nicht nur eine innovative Idee braucht, sondern auch schnell sein muss und im Zweifel bereit dazu, alles auf eine Karte zu setzen.

Mit dieser Erfahrung im Hinterkopf fiel die Entscheidung schnell, als gefragt wurde, ob ich als Co-Founder bei Wimdu, einem jungen Rocket Internet Start-up im Reisebereich, einsteigen wolle. Drei Monate zwischen Dissertation und Wiedereinstieg bei BCG sollte mein Ausflug in die Gründerszene zunächst nur dauern. Spannende Projekte, eine steile Lernkurve und noch mehr Potenzial bewegten mich dazu, immer wieder zu verlängern. Als ich schließlich 2014 bei Wimdu ausstieg, war eine Rückkehr in die Unternehmenswelt ausgeschlossen. Ich wollte unbedingt selbst gründen und begab mich auf die Suche nach einer zündenden Idee. Zu diesem Zeitpunkt kamen die Erfahrungen, die ich bei BCG gemacht hatte, wieder ins Spiel. Das Thema Fintech kristallisierte sich als Thema mit Potenzial heraus. Doch in vielen Finanzdienstleistungsbereichen gab es bereits innovative Start-ups, die den Markt besetzt hatten. Mit dem Wissen um die Schwäche der Retailbanken beim Versicherungsvertrieb und mit den Erfahrungen, die ich zuletzt in einem Digitalunternehmen gemacht hatte, fügten sich dann alle Puzzleteile für mich zu einem Bild zusammen.

Ein wichtiger Teil dieses Bildes ist die Erkenntnis, dass es beim Thema Versicherungen extrem viel Nachholbedarf gibt. Eine Studie von Capgemini und Efma 2015 (vgl. Capgemini und Efma 2015) zeigte, dass 70 Prozent aller Kunden unzufrieden mit ihrem Versicherungserlebnis sind. Und auch mir ging es bei näherer Betrachtung sehr ähnlich. Dabei gehören Ausgaben für Versicherungen nach Miete oder Wohnraum zu den größten Kostenfaktoren im Geldbeutel der Deutschen. Die Tatsache, dass wir Unmengen an Geld für eine Dienstleistung ausgeben, mit der wir nicht zufrieden sind, resultierte in der Idee für CLARK. Im Versicherungsmarkt schlummert immenses Potenzial, das gehoben werden kann: Mit Versicherungsbeiträgen von mehr als 200 Milliarden Euro im Jahr 2018 (vgl. Gesamtverband der Deutschen Versicherungswirtschaft 2019) ist der Markt viermal so groß wie der Gesamtmarkt E-Commerce (vgl. Handelsverband Deutschland 2019). Der Großteil dieses Versicherungsgeschäftes findet heute noch offline statt. Es lag für uns Gründer auf der Hand, dass der Markt mit neuen Geschäftsmodellen revolutioniert werden könnte.

Meinungen: Versicherungen scheinen häufig noch undigitaler zu sein als Banken. Welche aktuellen Entwicklungen zeigen sich im Markt?

Ein Blick auf den Smartphone Screen des durchschnittlichen Verbrauchers hierzulande verrät es: Versicherungen sind deutlich hinterher. Banking, Shopping, Reise, Kommunikation, Unterhaltung – alles erledigen Verbraucher heutzutage (auch) mobil. Nur Versicherungen haben es bei den meisten Deutschen noch nicht auf das mobile Endgerät geschafft. Die Frage nach dem 'Warum' entwickelt sich gerade zur Kardinalfrage. Die Grundvoraussetzungen in der Versicherungsbranche sind eigentlich gute: Anders als physische Produkte, sind Versicherungen ein rein virtuelles Produkt. Keine Ware, die von A nach B transportiert werden muss, lediglich Informationen, die recherchiert, verglichen und hinterlegt werden. Ob sie auf einem Blatt Papier oder auf einem Computerbildschirm stehen, macht für den Schutz des Versicherten keinen Unterschied. Nichtsdestotrotz war der Online-Vertrieb von Versicherungsprodukten vor 15 Jahren noch eher die Ausnahme. Zum Glück hat sich seitdem bereits einiges getan. Wie sah diese Entwicklung aus?

15 Jahre von Check24 bis zum ersten digitalen Carrier
Der Eintritt neuer Marktteilnehmer und Veränderungen in der Versicherungsbranche ging in Wellen vonstatten. Zunächst entdeckten die sogenannten Preisvergleicher den Versicherungsmarkt. Check24 startete bereits 1999 mit einem Vergleichsportal für Kfz-Versicherungen, doch erst Ende der Zweitausender nahm der Münchner Online-Riese an Fahrt auf und entwickelte sich zusammen mit Verivox zu den Platzhirschen im Versicherungsvergleich. Die Funktionen für den Kunden beschränkten sich jedoch lediglich auf den Vergleich und Abschluss von Versicherungen. Das Kernargument für den Nutzer war der Preis. Und auch heute noch stützt Check24 sein Geschäftsmodell auf die Preisargumentation. Ab 2013 bis 2015 eroberten dann die ersten Insurtechs den Markt. Neben Knip, Getsafe und Wefox (damals Financefox) zählte auch CLARK zu diesen jungen 'Wilden'. Mit digitalen Ordnern und einfachen Online-Abschlüssen sprechen sie vor allem die digitale Generation, die Gen Y und Gen Z, an. Die Versicherung selbst, also die Bewertung von Risiken, die Preisfestsetzung und die Schadenbearbeitung, übernehmen bei den Online-Versicherungsmanagern weiterhin traditionelle Anbieter. Erst in den letzten zwei bis drei Jahren sind echte digitale Carrier hinzugekommen. Anbieter wie Ottonova, Element und One sind digitale Versicherer und übernehmen selbst Risiken. Ein weiterer Schritt, der sich 2019 vollzog, war mit Lemonade der Eintritt ausländischer Player in den deutschen Versicherungsmarkt. Zusammengenommen lässt sich festhalten, dass die Versicherungsbranche von unterschiedlichen Seiten Konkurrenz bekommen hat: von Vergleichsportalen, die den Markt ein Stück weit transparenter machen, von Versicherungsmanagern, die die Customer Experience verbessern sowie von nationalen und internationalen digitalen Carriern, die neue, flexiblere Versicherungsprodukte anbieten. Diese Entwicklung bringt die 'traditionellen' Versicherer in Zugzwang und läutet gleichzeitig den oftmals angekündigten Umbruch der Branche ein.

Stufen der Wertschöpfungskette
Ist das bereits das Ende der Entwicklung? Hat die Branche das volle Potenzial ausgeschöpft? Betrachtet man die verschiedenen Komponenten der Wertschöpfungskette, kommt man unweigerlich zu dem Schluss, dass wir uns noch mitten auf dem Weg befinden:

1– **Prozesse und Effizienz durch Automatisierung:** In einer ersten Stufe hilft die Digitalisierung dabei, Prozesse effizienter zu gestalten und dadurch Kosten zu senken. Statt der manuellen Erfassung von Verträgen finden beispielsweise OCR-Tools (Optical Character Recognition) Einsatz. Die meisten Versicherer setzen solche Tools bereits ein, um Prozesse zu optimieren und Kosten zu senken. Insurtechs wie CLARK fußen bereits auf dem Modell der möglichst effizienten, automatisierten Kundenbearbeitung.

2– **Digitale Kunden-Journey:** Digitale Übersichten, Online-Abschluss, per App alle Versicherungen griffbereit – für Kunden bietet die Digitalisierung einen echten Convenience-Faktor. Vorbei sind die Zeiten, in denen sie sich den Versicherungsvertreter nach Hause einladen oder für eine Adressänderungen in der Telefonschleife warten mussten. Obwohl von Kundenseite vielmals gewünscht, tun sich Versicherer noch schwer damit.

3– **Neue Geschäftsmodelle:** Geschäftsmodelle, die ohne Digitalisierung nicht möglich wären? Zu diesem Bereich der Wertschöpfungskette sind weder Versicherer noch Insurtechs bislang vorgedrungen. Heutige digitale Geschäftsmodelle basieren (größtenteils) auf der Optimierung von bestehenden Produkten, Prozessen oder Kunden-Journeys.

Das größte Potenzial liegt meist in den neuen Geschäftsmodellen. In diesem Zusammenhang wird auch vom digitalen Reifegrad einer Branche oder eines Unternehmens gesprochen. In der Versicherungsbranche scheint noch massiv Nachholbedarf zu bestehen (vgl. Ernst & Young 2017; vgl. zeb 2017). Bleibt die Frage, warum es das neue digitale Geschäftsmodell im Versicherungsbereich noch nicht gibt. Was sind die Gründe?

Legacy-Systeme und fehlendes Vertrauen bremsen die Branche weiterhin

Vor allem Versicherer mit ihrem riesigen Vertrauensbonus können punkten. Als etablierte Marktteilnehmer und starke Kundenmarken gibt es sie bereits seit Generationen – auch neue, veränderte Produkte genießen einen Vertrauensvorschuss. Mit innovativen Geschäftsmodellen könnten sie extrem schnell eine kritische Masse an Kunden erreichen. Also volle Fahrt Richtung digitaler Zukunft? Für Versicherer bestehen die Hürden auf dem Weg zum digitalen Geschäftsmodell vor allem in der Digitalisierung selbst. Sie müssen an allen Fronten digitalisieren: jeden manuellen Prozess im Konzern, Technik, Systeme und nicht zuletzt das Mindset der Mitarbeiter. Extern Wissen und Lösungen einkaufen, scheint nur auf den ersten Blick eine einfache Lösung zu sein: In welchen Bereichen ist eine Zusammenarbeit mit einem Start-up sinnvoll? In welchen dagegen muss eine eigene Lösung entwickelt werden? Passen neue Systeme und Prozesse noch zusammen? Es gilt, eine Vielzahl an Parametern abzuwägen und Entscheidungen zu treffen.

Als die ersten Insurtechs auf den Markt gespült worden sind, war die Branche in Aufruhr. Von Eroberung und Revolution war schnell die Rede – nicht nur im Marketing der neuen Herausforderer, sondern auch in vielfacher Berichterstattung. Doch auch wenn Insurtechs es wesentlich besser verstehen, den Kundennutzen modern zu interpretieren und Trends zu antizipieren, fehlt ihnen zunächst ein wesentlicher Faktor: das Vertrauen des Kunden. Insbesondere im Versicherungsbereich spielt Vertrauen eine wichtige Rolle bei der Entscheidung für einen Makler, Anbieter oder Versicherer. Manch ein Experte stellte bereits fest: Das Konzept der Insurtechs werde nicht nachgefragt, weil in zwei bis drei Jahren nur wenige Tausend oder selbst mehrere Zehntausend Kunden zusammengekommen sind. Dass die Kunden nicht in Scharen die Seiten wechseln, ist aber weniger auf ein falsches Konzept und mangelnde Marktreife der Produkte zurückzuführen als auf das (noch) fehlende Vertrauen in die neuen Geschäftsmodelle. Das Vertrauen in gleichem Maße aufzubauen, wie es die Versicherer in Jahrzehnten geschafft haben, ist zentrale Herausforderung auf Insurtech-Seite.

Zusammengefasst lässt sich feststellen: Die Versicherungsbranche steht nicht mehr am Anfang der Digitalisierung; sie ist reif für Disruption. Legacy-Systeme auf der einen und fehlendes Vertrauen auf der anderen Seite sind jedoch weiterhin Hürden entlang der Wertschöpfungskette. Der zunehmende Wettbewerbsdruck von allen Seiten sowie das veränderte Medien- und Konsumverhalten der digitalen Generation macht einen massiven Umbruch in den nächsten Jahren erforderlich.

Utopien: Welche neuen Produkte werden wir in Versicherungen sehen und wie können Finanzdienstleister eine führende Rolle dabei einnehmen?

Noch sind es keine Siebenmeilenstiefel, mit denen die Versicherungsbranche voranschreitet. Die Digitalisierung und Technologisierung der Branche wird jedoch in den nächsten Jahren einen deutlichen Fußabdruck hinterlassen. Ausgelöst werden die Entwicklungen durch den automatisierten Einsatz von Daten und den Kampf um die Kundenschnittstelle.

Bei der Entwicklung neuer Angebote und Services sowie deren Vermarktung wird vor allem „Deep Tech" eine zentrale Rolle spielen: Big oder Smart Data, Machine Learning und IoT-Anwendungen werden dabei helfen, die gesamte Wertschöpfungskette einzubeziehen und dadurch sämtliche Potenziale zu nutzen. Beispiele für den Einsatz dieser Technologien gibt es viele: In der Risikobewertung sind die Maßschneiderung und Granularisierung von Risiken einfacher möglich. Warum sollte der Versicherte mehr zahlen, als er tatsächlich an Risiken verursacht? Und warum sollte gleichzeitig der Versicherer risikoreiche Kunden genauso gering bepreisen wie risikoarme Kunden? Der Preis wird in Zukunft auf Basis von noch viel granulareren und individualisierteren Risikomodellen gemacht – je mehr Daten vorhanden sind, desto besser die Risikoeinschätzung. Versicherungen können sich diesem Trend nicht verschließen: Sie müssen in Zukunft vermehrt Daten zur Bewertung von Risiken einsetzen, um sich im Wettbewerb mit anderen Marktteilnehmern nicht unnötigen Gefahren auszusetzen und gleichzeitig trotzdem Produkte zu wettbewerbsfähigen Preisen anbieten zu können.

Versicherungen sind in Deutschland einer der am stärksten fragmentierten Märkte: Dort finden sich mehr als 500 Versicherer mit mehrheitlich gleichen Produkten und Leistungen. Auch bei den Maklern und Beratern sieht es ähnlich aus: Insgesamt fast 200.000 Versicherungsvermittler und -berater sind laut Statistiken des Deutschen Industrie- und Handelskammertages (DIHK) von 2019 hierzulande aktiv. Der größte Makler in Deutschland, MLP, zählt grob 500.000 Kunden – bei einem Potenzial von rund 69 Millionen Deutschen, die über 18 Jahre alt sind. Eine Konsolidierung in diesem zerstreuten Markt ist unausweichlich. Die entscheidende Währung in dieser Konsolidierungswelle wird die Kundenschnittstelle, also der direkte Kontakt zum Kunden, sein. Denn hier kann der Anbieter Informationen sammeln und gezielt auswerten. Versicherer sehen sich einer zunehmenden Konkurrenz um die Kundenschnittstelle ausgesetzt – und das nicht nur von Bankenseite: Vergleichsportale, Insurtechs, Dienstleister aus ganz anderen Bereichen wie Telekommunikation, Automobil oder Sport & Fitness entwickeln Kundenschnittstellen und können sie zukünftig einsetzen, um maßgeschneiderte Produkte anzubieten. Die traditionellen Versicherungsgesellschaften und Banken müssen daher einen Wechsel von einer Branchen- hin zu einer Ökosystem-Perspektive vollziehen. Aktuell pflegen sie (noch) eine passive und eingeschränkte Beziehung zu Kunden. Mit einem Verlust der Vertriebs- und Kundenbeziehung sind sie der Gefahr ausgesetzt, zu einer reinen „Commodity", einer austauschbaren Ware, zu werden.

Finanz- und Versicherungsdienstleister sind daher gut beraten, sich vom Fokus auf ihr Kerngeschäft zu lösen. Eine Ökosystem-Perspektive könnte die digitalen Strategien von Versicherern und Banken neu beleben. Sie müssen sich besser früher als später die Frage stellen: „Was für ein Ökosystem kann ich anbieten?" Einzelne Player mit großem Kundenstamm werden sich zu Plattform-Ökosystemen entwickeln oder Teil solcher Ökosysteme sein. Im Vorteil sind dabei aktuell Plattformbetreiber wie Amazon, Google, Facebook oder Alibaba, die bereits heute zu jeder Zeit den Kontakt zum (kaufenden) Kunden kontrollieren. Bei der Bildung der Ökosysteme werden zahlreiche Parteien in der Leistungserstellung zusammengebracht; auch über Branchen- und Industriegrenzen hinweg. Im Zentrum der Ökosystem-Perspektive muss der Kunde – vor allem mit Blick auf die digitale Generation – stehen, der immer weniger dazu bereit sein wird, unnötige Interaktionen in Kauf zu nehmen und Lösungen „aus einer Hand" einfordert.

Literatur

Capgemini | Efma (2015): Less than 30 Percent of Insurance Customers Globally Are Having Positive Customer Experiences Finds World Insurance Report, unter: https://www.capgemini.com/news/less-than-30-percent-of-insurance-customers-globally-are-having-positive-customer-experiences/, zuletzt abgerufen am 18. Februar 2020.

Ernst & Young (2017): Die Chancen der IT in der Digitalisierung von Versicherern, unter: https://www.ivw.unisg.ch/wp-content/uploads/2020/02/DigitalisierungAB2019-EY.pdf, zuletzt abgerufen am 19. Februar 2020.

Gesamtverband der Deutschen Versicherungswirtschaft (2019): Branchendaten im Überblick, unter: https://www.gdv.de/de/zahlen-und-fakten/versicherungsbereiche/ueberblick-4580#Versicherungsbeitraege, zuletzt abgeufen am 18. Februar 2020.

Handelsverband Deutschland (2019): Umsatz im Online-Handel wächst weiter, unter: https://einzelhandel.de/presse/zahlenfaktengrafiken/861-online-handel/1889-e-commerce-umsaetze, zuletzt abgerufen am 18. Februar 2020.

Zeb (2017): Digital Performance Indicator von Versicherungen in Deutschland, unter: https://bankinghub.de/innovation-digital/versicherungswirtschaft, zuletzt abgerufen am 19. Februar 2020.

#MobileBanking
#SparkassenInnovation
#UserzentrierteEntwicklung

» Banken und Sparkassen kämpfen gegenwärtig nicht nur mit dem Niedrigzinsumfeld, sondern müssen sich zudem der Herausforderung stellen, neue Geschäftsmodelle zu finden, auch im Mobile Banking. Challenger Banken wie Revolut, N26, Monzo oder Check24 und Co., aber insbesondere Bigtechs und GAFAs, die nach eigenen Finanzdienstleistungen streben, setzen einen ganzen Sektor unter enormen Druck. Hier gilt es, in der Umgebung der Sparkasse digitale Innovationen zu entwickeln, die den Nutzer klar in den Mittelpunkt rücken und so Mehrwerte für beide Seiten generieren. «

Bernd Wittkamp

- ist Vorsitzender der Geschäftsführung bei der Star Finanz-Software Entwicklung und Vertriebs GmbH
- ist Mit-Initiator, Gründer und maßgeblich verantwortlich für Aufbau und Weiterentwicklung des Sparkassen Innovation Hub, Innovationsschmiede für Sparkassen
- zählt laut Handelsblatt (2016) zu den 100 klügsten Köpfen und wichtigsten Innovatoren in Deutschland
- ist Wegbereiter für Deutschlands erfolgreichste Finanz-App, der Sparkassen-App
- hat einen Abschluss der Betriebswirtschaftslehre an der Universität Köln

BERND WITTKAMP

Persönliches: Wann war Ihnen persönlich klar, dass das Smartphone das Thema Banking komplett auf den Kopf stellen wird?

Bereits 2004 arbeiteten wir bei der Star Finanz an einer eigenen Banking App „StarMoney“ für Mobiltelefone. Unser Plan war zunächst, Banking-Funktionen auf den mobilen Geräten wie Nokia oder Ericsson mit kleinen Farbsystem-Monitoren zu etablieren. Doch schnell wurde klar, dass auf diese Weise das Banking nicht entsprechend abgebildet werden konnte. Auch die weitere Entwicklung war eher zäh, es gab zu viele unterschiedliche Geräte, für die man jeweils verschiedene Apps bauen musste. 2007 läutete Apple mit dem iPhone eine neue Ära ein. Der Nutzer konnte mit einem Gerät Musik abspielen, Fotos machen, surfen, Nachrichten schreiben und eben auch telefonieren. Mir war schnell klar, dass dieser neue veränderte Formfaktor Potenzial hatte und es chancenlos war, auf dem bisherigen Weg weiterzumachen, zig Apps selbst bauen zu wollen, wo es doch einen Store gab, der eigene Apps anbot.

Und dann kam uns der Zufall und ein hausinterner Vorstoß zur Hilfe: Der Deutsche Sparkassen- und Giroverband (DSGV) unterstützte zu der Zeit ein Projekt zur Kundenbindung/Digitalisierung, bei dem die Star Finanz und der Deutsche Sparkassenverlag (DSV) die bereits entwickelte StarMoney-App aus dem Haus der Star Finanz in das Sparkassen-Rot einfärbten und unter dem Namen „S-Banking“ und „S-Finanzstatus“ in zwei unterschiedlichen Apps für das iPhone in den Apple App Store einstellten. Es war zunächst nicht ganz klar, ob wir mit unserer Idee scheitern

A. M. Bajorat et al. (Hrsg.), *Köpfe der digitalen Finanzwelt*,
https://doi.org/10.1007/978-3-658-29644-5_25

würden, denn obwohl in überraschend kurzer Zeit 100.000 Nutzer auf dem Thema waren, stellte ein Teil der Gesellschafter die Entwicklung der Applets (die Bezeichnung war damals noch üblich) grundsätzlich noch einmal in Frage. Mit der Unterstützung von Franz-Theo Brockhoff schließlich, dem damals stellvertretenden Vorsitzenden der Geschäftsführung der Finanz Informatik, und in Form einer Wette meinerseits ging das Thema doch noch in die nächste Runde. Ich stellte damals meine Tantieme als Wetteinsatz zur Verfügung, sofern die Downloadzahlen unter der von mir angenommenen Marke von 350.000 bleiben würden. Sie stiegen in diesem Zeitraum tatsächlich auf 850.000 und ich verlor meine Tantieme nicht. Es waren also die Downloadzahlen und die Nutzung durch die Kunden, die das Thema zum Fliegen brachten. Die App wurde fortan in das Angebot aller Sparkassen aufgenommen und ist schließlich zu einer echten Erfolgsstory geworden, die wir heute immer noch mit Stolz erzählen können: Die erfolgreichste deutsche bzw. europäische Mobil-Banking-Anwendung mit derzeit rund 21 Millionen Downloads und über neun Millionen Nutzern.

Entscheidend für die Erfolgsgeschichte der Sparkassen-App ist, dass wir sie als erste institutseigene Anwendung in den App-Store und kurz darauf auch im Google Playstore einstellen konnten. Das wertete die App und gleichzeitig auch das Ökosystem von Apple und Google auf. Zusätzlich zu diesem Alleinstellungsmerkmal hat die Entwicklung Anschub durch das typische App-Icon, das Sparkassen-S, bekommen. Das App-Icon der Sparkassen erschien auf Werbeplätzen von Apple, in TV-Werbung für ihren Store und wurde in Anzeigen wie auf Spiegel Online und FAZ gezeigt. Zu diesem Zeitpunkt war mir klar, dass sich dieses Ding innerhalb der Sparkassen-Finanzgruppe dynamisch weiterentwickeln würde. Und als ich schließlich während einer Taxifahrt in Frankfurt auf dem Phone des Fahrers die Sparkassen-App entdeckte, wusste ich: „Wir haben es geschafft. Wir sind im Mainstream angekommen!"

Die Etablierung der Sparkassen-App hat die Star Finanz in ihrer Unternehmensentwicklung enorm nach vorne katapultiert. Das Unternehmen steht seitdem mit seiner Expertise für alle mobilen Themen innerhalb der Sparkassen-Finanzgruppe. Man kann sagen, dass uns der Launch der Sparkassen-App zum Innovationshaus für mobile Lösungen innerhalb der Sparkassen-Finanzgruppe hat werden lassen.

Wie erwähnt, erhielt mit dem Smartphone ein neuer Formfaktor Einzug in das Banking, kontinuierliche Weiterentwicklung und Neuausrichtung folgten darauf. Wir von der Star Finanz haben gemeinsam mit den verantwortlichen Bereichen in der FI und dem DSGV kontinuierlich Kraft und Ressourcen in die Verbesserung und Erweiterung gegeben. Und die anhaltend steigenden Nutzerzahlen belegen, dass wir auf dem richtigen Weg sind. Die Sparkassen-App ist nach wie vor Deutschlands beliebteste und am besten bewertete Banking-App. Das bestätigt wiederholt Stiftung Warentest.

Noch einmal zurückblickend auf die Anfänge, so blieben Bankgeschäfte in den ersten Jahren auf dem Smartphone de facto unsexy. Eine digitale Darstellung des Kontoauszugs auf dem Display war nichts anderes als das Kleinschrumpfen der PC-Darstellung, unterschiedlich funktional abgespeckt oder aufgeladen. Schließlich, mit Einführung der pushTAN-App im Jahr 2013, kam ein Paradigmenwechsel im Mobile Banking, der mit einem neuen Fokus auf Nutzungskomfort und der Vereinfachung von Mobile Banking einherging. Die pushTAN-App bildet ein von mir patentiertes Verfahren ab, dass die logische Kanaltrennung möglich macht, die leider rechtlich notwendig, aber nicht nutzerzentriert ist. Somit konnten Nutzer erstmals von einem einzigen Gerät aus mit zwei Apps ihre Bankgeschäfte ohne Papier sicher betreiben. Die Sparkassen-App wurde in den darauffolgenden Jahren zur Filiale für die Hosentasche. Orientiert an Usability-Anforderungen und den Möglichkeiten der multifunktionalen Devices wurden weitere Funktionen entwickelt und sinnvoll in die Anwendungen integriert. Beispiele dafür sind die Fotoüberweisung oder das Senden von Geld mit Kwitt zwischen Freunden. Dieser Erfolg treibt meine Mitstreiter und mich an, kommende Trends aufzuspüren, zu bewerten und angemessen auf die Anwendung zu übertragen, um in der Entwicklung auch weiterhin führend zu bleiben.

Meinungen: Das Produktspektrum von vielen Mobile-first-Banken ist nicht neu. Warum können Unternehmen wie N26 so hohe Wachstumsraten erzielen?

Heute besitzt jeder Zweite der unter Zwölfjährigen ein Mobiltelefon. Bereits die Vorgängergeneration Gen Y lebt mobil und unabhängig und bemerkt Digitales nur noch, wenn es fehlt. Die Digital Natives werden in den kommenden Jahren immer marktbestimmender. Das Smartphone ist für sie längst zur Fernbedienung des Lebens, ja beinahe zu einem Körperteil geworden. Daher wird im Mobile Banking vermutlich auch der zentrale Zugang zu Finanzgeschäften stattfinden.

Mobile-first-Banken oder Challenger Banken sind dabei neue, innovative Banking-Anbieter, die auf digital-affine Kunden mit einer neuen Art der User Experience für das Banking zielen. Sie haben mit ihrem nutzerzentrierten Ansatz den Bankenmarkt im Bereich des Mobile Banking in den vergangenen Jahren nicht nur belebt, sondern sind – für bestimmte Zielgruppen – zu einer ernsthaften Alternative zu den etablierten Banken geworden.

Challenger Banken erheben für sich den Anspruch, Banking komplett neu zu denken, nicht vom traditionellen Bankengeschäft her kommend, sondern mit vollem Fokus auf digitale Services. Sie analysieren digitale Kunden- und Nutzererlebnisse und übertragen diese auf ihr Banking-Produkt. Sie bleiben dabei reine Mobile-Bank ohne Geschäftsmodell in Richtung Filiale; dies ist der entscheidende Unterschied zu den etablierten Finanzinstituten. Tatsächlich agieren die Challenger Banken wie N26, Revolut, bunq, Moneyou, Monzo und andere als Vollbank. Mit ihren Apps lassen sich Alltag und die unterschiedlichen Lebenssituationen in finanzieller Hinsicht vollumfänglich managen.

Ausgangspunkt für die Umsetzung der App ist der absolute Fokus auf den Kunden. Challenger Banken identifizieren zunächst ihre Zielgruppe und richten ihr Produkt zu 100 Prozent auf die Bedürfnisse und Nutzungsgewohnheiten dieser User aus. Diese Vorgehensweise unterscheidet sie grundlegend von der Herangehensweise etablierter Institute und Software-Anbieter. Hier wurden Produkte lange auf das gesamte Kundensegment zugeschnitten. Das Konzept bestand meist aus der One-fits-all-Lösung, die alles für alle abbilden sollte und sich stark an das Erlebnis der Institutsfiliale anlehnte. Dazu kommt, dass von der Produktentwicklung bis zur Platzierung im Markt in traditionellen Bankhäusern, aber auch Konzernen, im Allgemeinen Jahre vergehen, verglichen mit dem Time-to-Market der Challenger Banken. Dies liegt zum einen an schlanken Strukturen; Challenger Banken müssen kein teures Filialnetz finanzieren und deren Organisation beschränkt sich meist auf wenige 100 Mitarbeiter. Zum anderen liegt es an einer konsequenten Investmentstrategie in die Entwicklung der Produkte, finanziert durch massives Venture Capital.

Das erfolgsentscheidende Kriterium der Kundenzentrierung dekliniert eine Challenger Bank dann konsequent durch alle Bereiche hindurch. Sie orientiert sich wie eingangs erwähnt an den derzeitigen digitalen Angeboten und adaptiert deren Customer Journey. Auch während des Prozesses der Entwicklung wird das Kundenbedürfnis in das Zentrum gestellt und die Produktverantwortlichen sind jederzeit bereit, das bisher geplante für den Kunden zu verwerfen. Jede Handlung von der Entwicklung bis zur Kommunikation ist zielgruppengerecht ausgerichtet. Das meint selbstverständlich auch den Invest in die Marke und das Produkt in Form von Werbung beispielsweise in S- und U-Bahnen, vor Universitäten oder als Plakatwand – in jedem Fall innerhalb der Lebenswelten der Zielgruppe.

Nutzerzentrierte Entwicklung am Beispiel von N26 lässt sich wie folgt beschreiben: Exzellente Experience am Smartphone, das Onboarding geschieht innerhalb von fünf Minuten am Smartphone durch einen Videochat. Alle Funktionen in der App und rund um das Bankkonto kontrolliert man in Echtzeit. Der Nutzer erhält eine Push-Notification nach jedem Bezahlvorgang, die Kategorisierung erfolgt automatisch. Prozesse, bei denen ein Großteil der etablierten Finanzinstitute noch nicht den Mut aufbringt, traditionell bewährte Wege zu verlassen, werden schlichtweg vereinfacht. Institute sollten sich die Frage stellen, ob dies auch für sie eine Option darstellt.

Entscheidend gepusht hat die Entwicklung von N26 zudem der Eintritt als erster und im Jahr 2015 einziger Anbieter in den ausschließlich digitalen Markt. Gepaart mit dem ein oder anderen Marketing-Kniff und einer möglicherweise künstlichen Verknappung zu Beginn, nahmen die Medien das Thema auf, es schwappte in die Netzwerke mit dem Ergebnis, dass darüber gesprochen wurde. Dies verhalf N26 bereits in kurzer Zeit zu einem hohen Bekanntheitsgrad. Es liegt auch an der Kombination aus Produkt, welches die Kunden täglich verwenden, und

Bereitstellung über die App Stores, in denen ein bestimmtes Grundvertrauen durch Bewertungen und Kundenrezensionen herrscht. Vor zehn bis fünfzehn Jahren hätte man ein Bankenprodukt niemals so schnell und groß aufbauen können. Wenn man heute jedoch in die Bewertungen der App Stores schaut, erhalten die Challenger Banken zum Teil Bestnoten. Die Transparenz des Internets und der Social-Media-Kanäle erzeugt Vertrauen und Aufmerksamkeit. Das führt dazu, dass viele Leute von diesem Produkt Notiz nehmen und es ausprobieren. Wenn das neueröffnete Bankkonto im Weiteren den Nutzungsgewohnheiten und Bedürfnissen der Kunden entspricht, werden sie es vorerst nicht wechseln und unter Umständen sogar – unterstützt durch Incentivierung – das Produkt im Freundeskreis empfehlen.

Weiterer Treiber ist die Entwicklung einer Banking-App auf der „grünen Wiese". Das meint nicht nur die Entwicklung fern ab der herkömmlichen Industrie, sondern wie oben schon erwähnt, die Realisierung eines Produkts ohne Altlasten, wie alte IT-Systeme, sperrige Organisationsstrukturen oder teure Filialen. Daraus wiederum ergeben sich Kostenvorteile, die zum Teil an den Kunden direkt weitergegeben werden können.

Globales Denken und die erleichterte Regulatorik sind weitere Punkte auf der Suche nach Gründen für die hohen Wachstumsraten. Erstmalig kann eine Bank nicht nur mit einer Banklizenz in einem Land Geschäfte machen, sondern heute in über 20 Ländern europaweit auf Basis einer Banklizenz. Darauf folgt die Markterweiterung in Richtung der USA und später weitere Teile der Welt. Die Entwicklung auf Basis einer x-fach höher angesetzten Reichweite, erzielt eine andere Stärke als dies ein Bankinstitut oder Software-Anbieter auf regionaler oder deutschlandweiter Ebene kann.

Innerhalb der kundenzentrierten Entwicklung hat sich in den vergangenen Jahren auch bei etablierten Instituten einiges getan, und sie tun gut daran, sich noch enger an dem Beispiel der Challenger Banken zu orientieren, um in der digitalen Welt besser zu werden. Damit ist unter anderem die Fokussierung auf ein Thema gemeint und der Mut dafür, ein anderes Thema „fallen" zu lassen. Geld, Zeit und Energie – der gesamte Invest – in einen Ansatz zu stecken, mit dem Ergebnis, ihn mit hoher Usability aufzuladen.

Der Erfolg bzw. die Diskussion um die Mobile-first-Banken verwunderte anfangs etablierte Anbieter von Banking-Anwendungen. Sie argumentierten, dass ihre eigenen Anwendungen eben diese Funktionalitäten auch beinhalten. Es ist jedoch genau diese Fokussierung auf das eine Feature bzw. die wenigen wirklich wichtigen Funktionen und die Reduzierung von Komplexität im Produkt, die schließlich dazu führt, dass es einfacher und komfortabler benutzbar ist. Hier unterschätzen diese Anbieter, wie stark ihre Apps mit den unterschiedlichsten Funktionen und dazu noch ausgerichtet auf eine Bandbreite von Nutzergruppen sind. Sie überfrachten ihr Produkt anstatt es entlang der Bedürfnisse der Nutzer zu entwickeln und damit attraktiver und komfortabler zu machen.

Die Erfahrung zeigt weiterhin: Selbst wenn etablierte Player diese Produkte oder Funktionen haben, sprechen sie anders darüber. Institute müssen eine zielgruppengerechte Ansprache finden und dürfen sich nicht scheuen, andere dabei außen vor zu lassen. Weiterhin notwendig: Geschäftsmodelle im mobilen Bereich zu überdenken und aufzubrechen. Ein Beispiel ist das Festhalten an den Kontoführungsgebühren. Diese könnte man beispielsweise gegen Freemium-Modelle tauschen. Das heißt, nicht in der Basis zu monetarisieren, sondern in den Value Added Services und somit für Dienste und Services Geld verlangen. Auch hier kann man sich an den Vorreitern orientieren und wie andere Anbieter in der digitalen Welt den eigenen Kunden Zusatzangebote unterbreiten. Sie sind bereit, dafür zu zahlen, wenn ihnen der Nutzen klar und wertig erscheint. Banking-Produkte können über Kooperationen und Partnerschaften mit anderen Anbietern auch in finanznahen Bereichen ihre Kunden unterstützen.

Utopien: Wie sieht das Mobile Angebot von Banken in Zukunft aus? Welche neuen Entwicklungen werden wir sehen?

Das Banking der Zukunft braucht Kontext. Bankdienstleistungen werden „am Kunden" und in seinem Alltag erbracht werden müssen. Dienstleistungen der Banken werden nur dann weiterhin von Bedeutung sein, wenn sie tief in den Alltag des Nutzers integriert sind. Außerdem müssen Banken digital zum Kunden, nicht der Kunde offline in die Filiale – es sei denn, er will es.

Vor einigen Jahren führte in finanziellen Angelegenheiten nichts am Berater in der Filiale vorbei. Das änderten in einem ersten Schritt der Geldautomat und die SB-Zone, ebenso die Online-Filiale, und heute ist es die App auf dem Smartphone. Die Kundenkontaktfläche hat sich über die Jahre von den 400 Quadratmetern einer Filiale auf 60x60 Pixel, die Größe eines App-Icons, reduziert.

Für immer mehr Menschen ist das Smartphone inzwischen der ständige Begleiter im Alltag. Wir nutzen es als mobile Kamera, um wichtige Momente in unserem Leben festzuhalten, hören Musik, Hörbücher oder ausgewählte Podcasts, streamen Lieblingsserien oder lesen mit einem Klick in tausenden Zeitschriften oder Magazin-Titeln. Längst organisieren wir einen nicht unerheblichen Teil unseres Lebens mobil. Dazu zählt nicht zuletzt auch das Management der eigenen Finanzen. Laut einer aktuellen Studie das Digitalverbands Bitkom nutzen inzwischen zwei Drittel der Deutschen eine App für das Mobile Banking. Zum Vergleich: Ein Jahr zuvor lag dieser Anteil noch bei 55 Prozent. Insbesondere junge Menschen zeigen sich offen für App-Angebote im Banking-Umfeld und sind bereit, hierfür Geld auszugeben.

Für die Banken und Sparkassen kommt es vor diesem Hintergrund jetzt darauf an, die mobilen Angebote für ihre Kunden weiterzuentwickeln. Hier gilt es, digitale Innovationen voranzutreiben, die den Nutzer klar in den Mittelpunkt rücken. Dabei wird es nicht reichen, bestimmte Anwendungen einfach wie bisher funktional zu erweitern oder an weitere Lösungen zu koppeln. Vielmehr wird für mobile Anwendungen Open Banking an Wichtigkeit gewinnen und es ermöglichen, Use Cases und Anwendungen völlig neu zu kombinieren. Der Begriff Banking wird so kontextuell erweitert, er umschließt nicht mehr nur Bezahlvorgänge, sondern wird zu einem ganzheitlicheren Erlebnis. Das bedeutet, dass immer mehr Aktivitäten oder Aktionen aus dem Alltag der Nutzer in das Banking eingebunden werden und mehr als eine reine Finanzsache für die Menschen sind.

Moderne mobile Anwendungen schaffen es beispielsweise, entlang der Aktivitäten der Kunden Mehrwerte zu generieren, etwa durch spezifische Bonusprogramme. Das schafft Vorteile sowohl für die Kunden als auch für die Finanzinstitute. Banken und Sparkassen können beispielsweise durch kostenpflichtige Zusatzservices sowie einen Anstieg der Transaktionen ihre Umsätze erhöhen. Die etablierten Banken und Sparkassen haben hier den Vorteil, dass sie hohes Vertrauen bei den Kunden genießen und damit als Anbieter solcher umfassenden Services Glaubwürdigkeit ausstrahlen.

Sicher ist, dass insbesondere die großen Tech-Konzerne aus den USA, die sogenannten GAFAs (Google, Apple, Facebook, Amazon), in Zukunft eine wichtigere Rolle im Banking einnehmen werden. Hier zeichnet sich im Mobile Banking eine bisher noch unterschätzte Entwicklung ab. Denn während wir bisher unterschiedliche Apps für unterschiedliche Lebensbereiche nutzen, implementieren die etablierten App Stores und Tech-Anbieter die Anwendungen mit den besten Bewertungen und dem größten Kundenzuspruch gleich direkt in das eigene System oder die eigene Plattform. Letztlich nutzen sie ihren Zugang zum Kunden und übernehmen so immer mehr zentrale und lebensrelevante Funktionen in den Basis-Anwendungen ihres Systems. Davon werden auch zunehmend Finanzanwendungen betroffen sein; Apple Pay, Google Pay, neue Zahlungsmethoden bei Amazon, die den One-Click-Einkauf auf Rechnung oder Händlerfinanzierungen möglich machen und der Ausbau des Voice-Kanals durch Google im Bereich Finanzen sind sicher nur der Anfang. Diese Indikatoren zeigen deutlich, dass auch in Zukunft immer mehr Banking-Services mobil stattfinden werden. Die GAFAs werden sich weiter in den Bereich Banking, Transaktionen und Versicherungen hineinbewegen. Vermutlich stehen nicht die Gebühren auf Transaktionen in ihrem Fokus, sondern vielmehr die Daten der Kunden. Hierfür werden sie Partnerschaften mit Finanzinstituten anstreben, die wiederum die Infrastruktur und das regulatorische Know-how stellen. Insbesondere Challenger Banken besitzen die notwendigen Eigenschaften, um als Whitelabel-Banken solche Partnerschaften einzugehen. Entsprechend ist ein mögliches Szenario, dass in den kommenden Jahren einige dieser Challenger- oder Mobile-First-Banken aufgekauft werden und so für die GAFAs die Basis für die Internationalisierung im Bankenumfeld bilden.

Das Mobile Banking stellt die etablierten Finanzinstitute im Wettbewerb mit den digital bestens aufgestellten Tech-Konzernen vor Herausforderungen.

Unser Alltag wird sich weiter beschleunigen. Geschwindigkeit wird nicht mehr in Stunden und Minuten gemessen. Schnelligkeit wird durch die Echtzeit des Internets definiert. „Eingebettete" Finanzservices werden daher auch weiterhin Schnelligkeit und damit Kundenzufriedenheit erzeugen. Der sofortige Zugang zu den eigenen Finanzdaten – jederzeit und überall – macht Mobile Banking, ob über das Smartphone oder ein zukünftiges Device, so erfolgreich. Dadurch wird auch die Integration von Online-Bezahlmethoden in Shopping- und Serviceangebote Dritter selbstverständlich.

Die Chancen für Banken und Sparkassen können überwiegen, wenn sie bereit sind, ihre Modelle neu zu denken und die Möglichkeiten der Digitalisierung aufzunehmen. Das ist ein laufender, schneller und wenig vorhersehbarer Prozess. Denn ob wir in zehn Jahren noch Smartphones in der heutigen Form nutzen, bleibt abzuwarten. Es ist davon auszugehen, dass Sprache die Usability-Forschung antreibt und neue Devices und Anwendungsrealitäten schaffen wird.

Banken und Sparkassen haben hier die Möglichkeit, mit durchdigitalisierten Prozessen und einer klaren Mobile-first-Strategie erfolgreich zu sein. Darunter fällt auch der Einsatz neuer Technologien, um die wichtigste Ressource der digitalen Welt, nämlich die in den Banken und Sparkassen verfügbaren Daten, besser zugänglich und nutzbar zu machen. Neue Produkte und Mehrwerte können beispielsweise Big-Data-Analysen liefern, mit denen sich der Bedarf von Einzelkunden und Kundengruppen besser ermitteln lässt, um ihnen passgenauere Angebote machen zu können. Diese werden dann ganz sicher auf Augenhöhe mit den Angebotswelten der genannten Wettbewerber liegen. Und auch der Einsatz von Künstlicher Intelligenz wird es ermöglichen, standardisierte Kreditanträge zu prüfen oder Zahlungsströme zu analysieren.

ABWIC
INFRAS

KLUNG &
TRUKTUR

#videoident
#trueidentity
#globaltrusttechnologyplatform

» Unsere innovativen Identifikationsverfahren haben ein Problem gelöst, das als unlösbar galt: sich online auszuweisen und rechtskräftig Verträge abzuschließen. Das ermöglicht uns große Zukunftsvisionen: In wenigen Jahren könnte es dank digitaler Identitäten und KI möglich sein, sich auf weltweiten Reisen und im Web jederzeit allein durch Stimm- und Gesichtserkennung auszuweisen. «

Frank S. Jorga

- ist Visionär, Gründer und CEO der WebID Solutions GmbH
- hat als Pionier das Konzept der Videoidentifikation 2011 selbst entwickelt und auf den Markt gebracht
- ist Experte für Themen rund um Digitalisierung und Digitalisierungsstrategien und arbeitete in entsprechenden Geschäftsführungspositionen für Konzerne und mittelständische Unternehmen
- arbeitete für ein internationales Aufbauprojekt in Los Angeles, USA
- studierte BWL und absolvierte beide juristische Staatsexamina (mit Rechtsanwaltszulassung)
- gründete bereits mehrere Unternehmen und führte diese zu nachhaltigem Wachstum

FRANK S. JORGA

Persönliches: Was begeistert Sie bei der digitalen Prozessgestaltung und wie sind Sie zum Thema Digitale Identitäten gekommen?

Mein Vater hat in meiner Heimatstadt Lübeck aus dem Nichts heraus ein großes technologisch orientiertes Unternehmen aufgebaut. Dementsprechend fungierte er als mein Vorbild und förderte meinen Unternehmergeist, den ich von ihm geerbt habe. Ich bekam in beruflicher Hinsicht nichts geschenkt, sondern wuchs in dem Bewusstsein auf, dass man sich alles selbst erarbeiten kann und soll. Für mich war bereits damals – in den 1980er-Jahren – klar, dass Technologien unser Leben in Zukunft immer stärker prägen werden. Mein Vater gab mir mit auf den Weg: „Von dem, was du dir erarbeitest, kannst du dir neue Technologien aneignen, um davon zu lernen und weitere Dinge zu entwickeln."

Mein erster Schritt war also, Kenntnisse in Informationstechnologien aufzubauen. Dazu gehörte selbstverständlich, technologische Hintergründe und das Programmieren zu verstehen: Turbo Pascal, C++ und in den Grundzügen die Maschinensprache Assembler. Doch noch viel spannender fand ich, mich mit Technologievisionen zu befassen, mit der Frage: Was kann sich weltweit in dem Bereich entwickeln? Es war eine Zeit, in der die Identifikation mit Computern deutlich intensiver und auch emotionaler war, wie zum Beispiel in den zwei Lagern der Atari- und Commodore-Fans. In dieser Ära kamen die wegweisenden

A. M. Bajorat et al. (Hrsg.), *Köpfe der digitalen Finanzwelt*,
https://doi.org/10.1007/978-3-658-29644-5_26

Technologien aus den USA sowie Japan und die ersten Datentransfers fanden über das Internet statt.

Während dieser technologischen Aufbruchsstimmung habe ich zusammen mit meinem Bruder die erste Unternehmensgründung geplant und maßgeschneiderte IT-Leistungen angeboten. Ich war 17 Jahre alt, mein Bruder 16. Wir boten Programmier- und Grafikleistungen mit Visualisierungen an. Dieser Bereich nannte sich „Ray Tracing Animations". Das war ein Vorläufer der heute alltäglichen realitätsnahen Computeranimationen, die sich in fast jedem Kino- oder Streamingfilm befinden. Dieses Technologieverständnis und dieser Anwendungsbereich allein waren mir aber damals schon nicht genug. Denn die Welt wird schließlich noch von vielen Bausteinen mehr geprägt, die ich verstehen und durchschauen wollte – etwa Banken und Finanzströme, volkswirtschaftliche und juristische Themen. Mit diesem Ziel vor Augen ging ich sämtliche weitere Karriereschritte an: die Ausbildung bei der Dresdner Bank, das Arbeiten dort im Bereich der Terminbörse, das Grundstudium der Betriebswirtschaft und das Jurastudium inklusive des zweiten Staatsexamens. Bei allen diesen Stationen wurde mir klar, dass ich nicht bei der Bank bleiben und nicht als Betriebswirt tätig sein und auch nicht als Anwalt arbeiten sollte. Stattdessen war es mir wichtig, diese Bereiche fachlich zu beherrschen, um alles vernetzen zu können und zum Beispiel keine juristischen Fehler beim Aufbau von Strategien zu machen.

Ich habe eine sehr schnelle Auffassungsgabe bei Themen, die ich mit viel Leidenschaft und Engagement angehe, wie den Dreiklang aus Bank, Betriebswirtschaft und Jura. Zur Jahrtausendwende bin ich dann in die USA gegangen und strukturierte dort für die deutsch-amerikanische Handelskammer die Rechts- und Wirtschaftsabteilung neu. Diese Zeit hat mir zum einen viele Kontakte und zum anderen einen direkten und nachhaltigen Eindruck vom Silicon Valley beschert. Dessen Spirit habe ich geliebt – und nach Deutschland mitgenommen. Zurück in der Heimat folgte eine Reihe von spannenden Aufgaben wie der Aufbau einer juristischen Abteilung in einem mittelständischen Konzern, die Mitarbeit an der Fusion von Deutscher und Dresdner Bank und die Abwicklung der Fusion, nachdem diese „abgesagt" wurde. Es folgte die erste Geschäftsführung und mit dieser – für meinen Werdegang besonders bedeutend – die weitere Spezialisierung in den Bereichen Finanzprodukte und Digitalisierung mit der Entwicklung volldigitaler Finanzprodukte. Die nächsten Geschäftsfelder, in die ich mich sehr intensiv eingearbeitet habe, waren Geschäftsstrategien und Vertrieb. Ich habe Gesellschaften aufgebaut, umstrukturiert und internationalisiert. In verschiedenen Positionen habe ich diese Arbeit weitergeführt und mir so immer mehr Erfahrung als Strategie- und Digital-Chef erarbeitet. In dieser Funktion richtete ich zum Beispiel für die GFKL Financial Services AG (später: Lowell Group) die Strategie neu aus. Eine der wesentlichen Säulen war dort die digitale Finanzdienstleistung. Im Zuge dessen brachte ich unter anderem ein Produkt auf den Markt, das in ganz Europa Anwendung findet: PayProtect. Das Verfahren ermöglicht es jedem Onlineshop, Rechnungskauf, Kredit und Lastschriftverfahren anzubieten – mit null Risiko. Das war damals das erste Produkt dieser Art weltweit neben „Bill Me Later" aus den USA und wurde von heute großen internationalen Unternehmen kopiert und in unterschiedliche Segmente weiterentwickelt. Ich hatte weitere Positionen als Geschäftsführer/CEO und Holdingchef von anderen Gesellschaften inne, beteiligte mich aber parallel auch finanziell an anderen Unternehmen. Teils baute ich diese operativ, strategisch und vertrieblich als Gründer mit auf, zum Beispiel einen Anbieter für ein voll digitalisiertes Forderungsmanagement. Das war ein Riesenerfolg. Nach dem Verkauf fasste ich daher gleich weitere Gründungen ins Auge. Das war die Initialzündung für WebID. Mit dieser Firma wollte ich ein als nicht lösbar geltendes Problem angehen.

Was mich bereits bei allen vorherigen digitalen Projekten umtrieb, waren zwei Dinge, vor denen bis dahin jeder kapitulierte – die niemand für machbar hielt. Es galt zum einen als unmöglich, dass sich Personen etwa bei Kontoeröffnungen auf digitale Weise identifizieren können – sei es aufgrund rechtlicher Anforderungen oder aus Sicherheitsgründen. Zum anderen war die echte digitale Vertragsunterschrift ein Problem. Dafür ist in Deutschland die Schriftform erforderlich. Man musste also den Vertrag ausdrucken, unterschreiben, zurückschicken – völlig non-digital.

Diese beiden Themen habe ich mir vorgenommen und technisch, strategisch und rechtlich in nächtelangen Arbeitssitzungen gelöst. Daraus sollte dann eine Gründung werden. Doch erst einmal hagelte es bei der Suche nach Mitgründern Absagen. Viele glaubten nicht an die Idee, anders jedoch Franz Thomas Fürst, Tim-Markus Kaiser und mein Bruder Sven Oliver Jorga. Zusammen haben wir das scheinbar Unlösbare auch operativ und als Gründer in Angriff genommen. Und auch uns war am Anfang nicht klar, ob wir es in allen Belangen schaffen würden.

2011 hatte ich die ersten umsetzbaren Ideen zu den WebID-Verfahren, ab 2012 war ausgeformt, wie alles funktionieren kann. Die Lösung hätte ich nie ohne mein Erfahrungsportfolio gefunden – mit den Kompetenzen aus den Bereichen Technologie, Bank, Betriebswirtschaft, Vertriebsstrategie und Jura. Dann wären uns entscheidende Fehler bei der Konstruktion von WebID samt des Videoidentifikationsverfahrens und der digitalen Signatur auf Basis einer qualifizierten elektronischen Signatur unterlaufen. Nach zwei Jahren intensiver Entwicklung und vielen Gesprächen mit den zuständigen Behörden haben wir Ende Januar 2014 vom Bundesministerium der Finanzen die persönliche Zustimmung für unsere digitale Videoidentifikation bekommen. Dazu wurde die Auslegung des sogenannten Geldwäschegesetzes (GwG) so geändert, dass wir die digitale Legitimation per Videochat wie geplant betreiben konnten – als allererstes Unternehmen weltweit. Basis dieser Pionierleistung waren mein Know-how und mein Spirit aus dem Silicon Valley. Ich habe mit der festen Überzeugung an dem Projekt gearbeitet, dass es umsetzbar ist. Mit dieser Einstellung gehe ich bis heute alle Herausforderungen an: 99,9 Prozent aller Herausforderungen sind lösbar, nur 0,1 Prozent sind es nicht.

Meinungen: Legitimationsprozesse waren lange Zeit die große Hürde beim Wechsel des Finanzdienstleisters. Hat erst die Onlinelegitimation den Wettbewerb und die Digitalisierung auf ein neues Niveau gehoben?

Mit der Digitalisierung sollen Prozesse vereinfacht und beschleunigt werden – und es eröffnen sich immer auch neue Möglichkeiten und damit Fortschritt. Doch es gibt gleichzeitig Bereiche, in denen eine Digitalisierung nicht umsetzbar erscheint. Beispiele dafür sind die Videoidentifizierung auf höchstem Sicherheitsniveau ebenso wie die digitale Unterschrift als Alternative zum Schriftformerfordernis. Beides galt lange Zeit als nicht realisierbar, aber beide Probleme wurden letztlich gelöst: technisch und rechtlich – mit weltweiten Auswirkungen auf alle Branchen. Das betrifft etwa das Eröffnen von Bankkonten, den Abschluss von

Mobilfunkverträgen und den Onlinehandel mit Waren wie altersbeschränkten Videospielen, um nur einige Beispiele zu nennen.

Neben den technischen Lösungen war die Basis für diese Fortschritte auf der einen Seite die Änderung des Geldwäschegesetzes. Es wurde zulässig, im Rahmen eines Videocalls eine Identifikation durchzuführen. Auf der anderen Seite erfolgte auf europäischer Ebene mit der sogenannten eIDAS-Verordnung (Electronic Identification, Authentication and Trust Services) eine Neuregulierung des Signaturrechts. Bis zu diesem Zeitpunkt waren alle genutzten qualifizierten elektronischen Signaturen – kurz QES genannt – keine digitalen Produkte, denn für Endnutzer funktionierte es eben nicht digital. Den Betreibern von sogenannten Trust-Centern, in denen das Zertifikat und die Signatur quasi produziert werden, musste deshalb verdeutlicht werden: „So, wie ihr es macht, geht es nicht, denn kein Neukunde kann das einfach nutzen." Mit WebID haben wir die Erstellung der digitalen Signatur daher auf Grundlage der rechtlichen Vorgaben technisch derart ausgeformt, dass sie einfach und digital funktioniert – per TAN-Verfahren.

Ohne an dieser Stelle Anbieter zu nennen: Es gab natürlich zahlreiche gut gestaltete Produkte zur Identifizierung, die aber alle keinen Erfolg hatten. Warum? Weil der Endkunde sie nicht nutzen konnte oder wollte. Deshalb haben wir beide Produkte – das digitale Identverfahren und die digitale Signatur – so aufgebaut, dass man nichts anderes als einen Computer, einen Laptop oder ein Smartphone braucht. Externe Software und externe Kartenlesegeräte sowie technologische Kenntnisse sind nicht erforderlich. Das war ganz klar der Erfolgstreiber und der entscheidende digitale Entwicklungsschritt für die Onlinelegitimation. Und: Ohne die Ausrichtung auf den Endkunden wäre das kein Erfolg geworden.

Doch die Entwicklung ist damit längst nicht zu Ende. Gerade der Bankensektor ist ein schwieriges Risikoumfeld. Das Bestreben, Personen digital zu identifizieren und Verträge zu unterzeichnen, wird demnach nicht einfacher, sondern eher komplexer. Trotzdem muss der Prozess für den Nutzer so bequem und verständlich wie möglich bleiben. Das führt automatisch zu der Frage, ob die digitale Identifikation des Endkunden wirklich immer wieder auf Basis eines Videocalls erfolgen muss. Zur Veranschaulichung: Die Videoidentifizierung dauert zwischen drei und fünf Minuten. Bei WebID arbeiten wir davon mittlerweile bis zu 15.000 Stück am Tag ab. Da muss es also bessere und einfachere Wege für beide Seiten geben.

Grundsätzlich kann man sagen, dass es das Videoident-Verfahren auch noch in zehn Jahren geben wird, aber der

Anwendungsbereich wird sich wandeln. Von einer generellen Nutzung aus dem Bankenbereich kommend, wird es verstärkt in alle weiteren Branchen gehen – vom Automobilsektor über Airlines und Telekommunikationsunternehmen bis zum Staat. Daher ist der nächste Entwicklungsschritt, digitale Identitäten aufzubauen. Auf Basis einer Videoidentifikation wird mit dem Einverständnis des Kunden seine digitale Identität in einer Art Hochsicherheitscontainer gespeichert. Dieser darf nur von diesem Endnutzer selbst geöffnet und verwendet werden – nicht von der Firma, die die Identität speichert und auch nicht von Geschäftskunden. Das findet aktuell allerdings noch wenig Anwendung. Bei WebID sind es derzeit mehr als vier Millionen Personen, die ihre digitale Identität hinterlegt haben. Doch in Zukunft wird diese Zahl steigen, ebenso wie die der Anbieter. Wir nutzen zudem die bisherigen Erfahrungen, um ein vollautomatisches Identifikationsverfahren zu entwickeln – auf Basis von Künstlicher Intelligenz mit einem biometrischen Abgleich jeder Person in einer Art Selfservice.

Das alles wird bei WebID auf einer Plattform zusammengeführt, der Global Trust Technology Platform (GTTP), die weltweit genutzt werden kann. Wir arbeiten mit Kunden wie Banken und Anbietern digitaler Produkte zusammen. Diese agieren international, zum Beispiel in Europa, in den USA oder in Indien. Man wird dort das Rad der digitalen Identifizierung nicht neu erfinden. So können lokale Produkte in die Plattform integriert werden.

Über die Onlinelegitimation wurde die Digitalisierung auf ein neues Niveau gehoben – global in allen Branchen. Ein simples Beispiel verdeutlicht dies: Wenn ein chinesisches Unternehmen online Videospiele nach Europa verkauft, ist oft eine Altersprüfung seitens des Kunden erforderlich. Früher musste der Käufer dazu in ein Geschäft gehen, um sich auszuweisen. Heute kann die Identifizierung digital und sehr schnell erfolgen. Der digitalisierte Vorgang muss aber immer für beide Seiten sicher sein.

Datensicherheit, Qualität und Flexibilität sind ausschlaggebend bei der digitalen Identifizierung. Nach der Markteinführung der Videolegitimation durch WebID im Januar 2014 gab es nachfolgend zwölf Unternehmen, die das Gleiche machen wollten. Heute sind noch drei relevante Gesellschaften im deutschen Markt tätig. Alle drei stehen im Wettbewerb miteinander und jeder geht seinen Weg.

Was alle gleichermaßen betrifft und was bei der Nutzung digitaler Identifizierungsprozesse unterschätzt wurde:
In Deutschland laufen Veränderungsprozesse deutlich langsamer ab als in anderen Ländern. Das bedeutet konkret, dass selbst sehr digital ausgerichtete Menschen weiterhin teils zur

Post gehen, um sich dort mit dem sogenannten Postident-Verfahren zu identifizieren – ein Prozedere, mit dem die Kontoeröffnung, die Beantragung einer neuen Kreditkarte oder der Abschluss eines Mobilfunkvertrags letztendlich bis zu 14 Tage dauern kann. Dabei gibt es den digitalen, viel simpleren und vor allem schnelleren Weg. Das lange Festhalten an alten Vorgehensweisen ist kulturell bedingt. Es ist über die Jahre gelernt und dadurch ist eine Gewöhnung eingetreten. Ein anderer Grund ist die generelle Skepsis digitalen Prozessen gegenüber. Und die Deutschen sind zudem grundsätzlich kritisch in Bezug auf Datenschutz und -sicherheit und werden langsam überzeugt.

Entsprechend wichtig ist es, bei der Identifikation und der Speicherung von Identitäten mit dem höchsten Sicherheitsniveau Vertrauen und Glaubwürdigkeit aufzubauen. Wenn wir das hierzulande geschafft haben, kann das internationalisiert werden – mit dem Label „Made in Germany", das bereits in anderen Branchen ein Exportschlager ist. Grundsätzlich gilt: Sobald dem Endkunden etwas nicht legitim vorkommt, wird er den Identifizierungsvorgang sofort abbrechen. Ausländische Unternehmen arbeiten vielfach nicht auf unserem höchsten Sicherheitsniveau und genießen daher nicht diesen Vertrauensbonus. Und das wird es Konkurrenten, die auf den hiesigen Markt drängen, schwer machen.

Utopien: Wird es in Zukunft eine branchenübergreifende Identität geben, die alle Marktteilnehmer nutzen und wer wird diese bereitstellen?

Die digitale Identifizierung ist ohne Zweifel auf dem Vormarsch. Doch wohin führt der Weg? Es kommt häufig die Frage auf, ob WebID irgendwann alle Deutschen, am besten alle Europäer, digital durchidentifiziert hat. Die kurze Antwort lautet ganz klar: nein! Denn es ist politisch schlicht nicht erwünscht, einen einzigen privaten Anbieter zu haben, der alle Daten speichert. Es wird mehrere Unternehmen geben, die sichere digitale Identitäten bauen.

Wie kann die Zukunft im Bereich „digitale Identität" also weltweit aussehen? Es wird einen Kreislauf geben, der bei einer hochqualitativen Identifikation beginnt und endet. Wer eine digitale Identität haben möchte, für den muss es auch einen Weg geben, diese zu ändern. Einfache Beispiele dafür sind Namens- und Adressänderungen. Diese werden aktuell hochsicher mit der Videoidentifizierung durchgeführt. In diesem Kontext wird eine Vernetzung immer wichtiger. Das bedeutet, dass wir und andere Anbieter als technische Provider auftreten, um digitale Identitäten zugänglich zu machen.

Agiert ein Provider für eine Bank, möchte diese natürlich dessen digital aufgebaute Identitäten nutzen, weil dadurch Identifizierungsprozesse etwa bei Kontoeröffnungen nutzerfreundlich, schnell und effizient vonstattengehen. Nun ist es aber so, dass Identitäten bei verschiedenen solcher Provider liegen – hier in Deutschland, aber auch im Ausland. Unsere Aufgabe ist es dann, diese digitalen Identitätsdaten zu vernetzen, dabei die Sicherheit zu garantieren und diese Informationen, um beim Beispiel zu bleiben, an die Bank weiterzugeben. Zusammengefasst gesagt: Jedes Unternehmen, das digitale Identitäten aufbaut, speist sie auch auf die sicheren Plattformen der anderen ein. Ganz wichtig: Dies geschieht immer nur mit der Zustimmung des Endkunden – und stets auf höchstem Sicherheitsniveau. Daraus entsteht dann das Netzwerk, das es ermöglicht, sich weltweit digital ausweisen zu können. Es wird also in Zukunft für eine physische Identifikation nicht mehr zwingend notwendig sein, den Ausweis bei sich zu tragen oder immer wieder eine Videoidentifizierung durchzuführen.

Wenn man an dieser Stelle einen Vergleich wagen will, wird die Entwicklung ähnlich der Kreditkartenunternehmen sein. Visa und Mastercard haben es geschafft, als Zahlungsmittel weltweit Akzeptanz zu finden. Unser Anliegen ist es, sich parallel dazu mit einer digitalen Identität weltweit ausweisen zu können. Eine vernetzte Datenbank allein reicht dafür nicht aus. Diese muss auch für den Endkunden nutzbar sein. Aktuell funktioniert das derart, dass ein Nutzer mit einer hinterlegten digitalen Identität eine TAN oder etwas Gleichwertiges auf sein Smartphone oder ein anderes Device gesendet bekommt, mit der er seine aufgebaute digitale Identität verifiziert. Dieses Prozedere geht aber noch besser – und an diesem Punkt setzt der nächste Schritt der Vision von WebID an.

In Zukunft wird es noch weit mehr Kameras und Mikrofone in der Öffentlichkeit und in elektronischen Produkten geben. Schon heute ist jedes Smartphone damit ausgestattet. Es geht langfristig um eine biometrische Erkennung, gesichert durch die Kombination der Stimm- und Gesichtserkennung. In Zukunft hält man sich also beim Produktkauf das Smartphone vor das Gesicht oder setzt sich vor den Laptop, lächelt und spricht hinein, wird identifiziert und hat einen Kaufvertrag geschlossen. Natürlich werden auch biometrische Systeme von Betrügern angegriffen. Die Kombination aus mehreren Verifikationsmöglichkeiten ist daher am sichersten. Das Smartphone kann man verlieren – aber das, was man immer dabei hat, sind die eigene Stimme und das Gesicht. Die Entwicklung der biometrischen Erkennung wird künftig durch Sprachassistenzsysteme wie Alexa, Siri und Co. beschleunigt. Irgendwann werden sie in sehr vielen Haushalten zu finden sein. Ich sage zum Beispiel: „Siri, lade mir dieses Videospiel herunter!" Und wenn die digitale Identität hinterlegt ist, weiß das System, ob die Alterseinschränkung eingehalten ist, und man kann das Spiel direkt herunterladen. Auch wenn man ein Bankkonto eröffnet, ist man mittels der biometrischen Daten sofort digital identifiziert.

Die ersten Schritte zu dieser Vision sind bereits vollzogen: Es sind digitale Identitäten aufgebaut. Diese werden sicher verwahrt, zum Beispiel in unserem Fall auf der Global Trust Technology Platform (GTTP), und die Identifikationsmöglichkeiten sind aktuell mit dem TAN-Verfahren und weiteren Verfahren vorhanden. Doch bereits im Jahr 2020 werden die ersten biometrischen Anwendungssysteme erscheinen. Der Markt ist mittlerweile reif dafür. Und es wird die ersten sinnvollen und größeren Anwendungsfälle für digitale Identitäten geben. Dann beginnt die Vernetzung – inklusive der Gespräche mit Staaten darüber, wie sie digitale Identitäten sicher und rechtskonform zum Nutzen aller einspeisen können. Das wird aber nicht vor 2025 realisierbar sein, eher später. Von jetzt an gerechnet wird es demnach noch mindestens fünf bis acht Jahre dauern, bevor etwas weltweit Signifikantes entsteht.

Die Vision von WebID ist wirklich groß, aber auch Visa und Mastercard haben sich am Anfang schwergetan und ihr weltumspannendes Kreditkartennetz nicht innerhalb von fünf Jahren aufgebaut. Zwar nutzen in Deutschland heute geschätzt lediglich etwa 40 Prozent eine Kreditkarte, im Ausland sieht das aber ganz anders aus. Warum? Weil der Kunde erkannt hat, dass es ein riesiger Vorteil ist, kein Bargeld, sondern virtuelles Geld dabei zu haben. Und das wird bei der digitalen Identität genau das Gleiche sein – sobald der Kunde merkt, wofür er überall seine digitale Identität nutzen kann. Dann könnte es auf einmal eine sehr schnelle Dynamik geben, die innerhalb weniger Jahre eine globale Abdeckung der digitalen Identifizierung bedeutet.

#Kultur
#Innovation
#Cloud

» Eine innovationsfreudige Unternehmenskultur ist mindestens genauso wichtig bei einem erfolgreichen datenbasierten Geschäftsmodell wie die Erfüllung der reinen technischen und personellen Voraussetzung. «

Thomas Grosse
- ist Chief Banking Officer bei N26
- verantwortete Googles Geschäft mit Banken und größeren Fintechs in Deutschland
- leitete als Vorstand bei Wüstenrot u.a. wesentliche Digitalisierunginitiativen
- hielt diverse Führungsfunktionen im Privat- und Geschäftskundenbereich der Deutschen Bank
- leitete bei McKinsey verschiedene Projekte im Finanzdienstleistungssektor
- studierte Volkswirtschaftslehre an der Uni Köln und hält einen Master of Business Administration an der University of Southern California

THOMAS GROSSE

Persönliches: Wie entsteht der Wunsch eines erfolgreichen traditonellen Bankers, ein Tech-Unternehmen von innen kennenzulernen?

Mein Einstieg in den Finanzdienstleistungs- und Bankensektor war zurückliegend betrachtet ein Zufall. Nach meinem VWL-Studium in Köln und dem anschließenden MBA in Los Angeles stieg ich 1996 in das Management Consulting bei McKinsey ein. Ein besonderes Banking-Interesse hatte ich zu diesem Zeitpunkt nicht, sondern verfolgte das Ziel, möglichst viele verschiedene und spannende Unternehmen kennenzulernen.

Wie es der Zufall jedoch wollte, hatte der Finanzdienstleistungssektor bei McKinsey zu diesem Zeitpunkt eine hohe Priorität, sodass es in diesem Bereich eine Vielzahl an spannenden Projekten gab. Aufgrund dieses Umstandes standen in den letzten zwei Jahren bei McKinsey vermehrt Projekte bei Banken auf meiner Agenda. Eines der interessantesten Projekte damals war die Entwicklung und Einführung eines wertorientierten Steuerungsinstruments im Format einer Balanced Scorecard für den Privat- und Firmenkundenbereich der Deutschen Bank unter Herbert Walter.

In diesem Kontext fand dann auch mein Wechsel zur Deutschen Bank statt. Mit einem neu aufgebauten Team „Strategische Projekte“ implementierten wir die Balanced Scorecard und bauten das Team weiter zum Bereich „Strategisches

A. M. Bajorat et al. (Hrsg.), *Köpfe der digitalen Finanzwelt*,
https://doi.org/10.1007/978-3-658-29644-5_27

Performance Management" aus. Im Anschluss hatte ich die Möglichkeit, meine erste Geschäftsverantwortung im digitalen Umfeld zu übernehmen. Eine gelungene Abwechslung, da es darum ging, als Leiter Online Brokerage/maxblue dem vernachlässigten Brokerage-Geschäft wieder mehr Leben einzuhauchen. Kern für den Erfolg war hier neben der Optimierung der Website und der Service-Prozesse insbesondere die komplette Überarbeitung des Pricings. maxblue hatte sich im Vergleich zur Konkurrenz wie Comdirect und Consors gerade für die Gewinnung von neuen Kunden über die Jahre aus dem Markt gepreist.

Nach zweieinhalb Jahren bei maxblue, einem kurzen Abstecher in den Bereich des mobilen Vertriebs und auf der Suche nach einer neuen Herausforderung innerhalb der Deutschen-Bank-Gruppe erreichte mich das Angebot einer Altersnachfolge als Vorstand bei der Wüstenrot Gruppe. Die Aufgabe beinhaltete neben den Bereichen Produkte, Direktvertrieb und Treasury & Kapitalmarkt auch die Koordination der übergreifenden Digitalisierungsinitiativen der W&W-Gruppe. Dies war im Nachhinein eine Art Vorläufer des Chief Digital Officers (CDO), den es mittlerweile oft und prominent gibt.

Der übergreifende Digitalisierungsprozess bei einer traditionellen und dabei relativ komplexen Unternehmensgruppe war daher auch die gesamten fünfeinhalb Jahre meiner Zeit dort im Fokus mit all seinen Herausforderungen: Kein einheitlicher Datenhaushalt, unterschiedliche IT-Systeme und -Architekturen, Kannibalisierungsdiskussionen mit dem Vertrieb, zum Teil fehlendes Alignment auf Geschäftsleitungsebene, unterschiedliche Kulturen/Subkulturen innerhalb der Gruppe.

Neben allen technischen Herausforderungen sind das fehlende Management-Alignment und eine wenig auf Veränderung ausgeprägte Kultur meines Erachtens die größten Hemmnisse einer erfolgreichen Digitalisierung. Auch kann eine CDO-Rolle nur funktionieren, wenn das gesamte Management sich für die Digitalisierung verantwortlich fühlt. Mein beginnender Austausch mit Google zu dieser Zeit und meine Erfahrungen bei der Deutschen Bank haben weiterhin dafür gesorgt, dass sich grundsätzlich Fragezeichen zur digitalen Veränderungsfähigkeit der Finanzdienstleistungsbranche in der notwendigen Geschwindigkeit entwickelten. Dies hat bei mir den Wunsch genährt, als „traditioneller Banker" ein echtes Tech-Unternehmen von innen heraus kennenzulernen.

Nach einer zwölfmonatigen Pause und ein paar Experimenten im gerade entstehenden Fintech-Sektor bin ich zu Google gewechselt, um dort das Geschäft mit Banken und größeren

Fintechs in Deutschland zu leiten. Meine Erfahrung dort nach vier Jahren bestätigte meine Erfahrungen aus meiner Zeit im traditionellen Banking. Klar ist Google technologisch sehr gut aufgestellt mit einer breiten Masse an hochbegabten Software-Ingenieuren, die Banken in dieser Form nicht aufbringen können, aber der Erfolg Googles ist meines Erachtens auch ein Erfolg einer modernen Unternehmenskultur: Fokus auf kleine, schlagkräftige Teams mit viel Autonomie, ein tief verankertes Verständnis von Teamwork und Kollaboration sowie ein komplett anderes Verständnis von Mitarbeiterführung als Enabler und Coach und nicht als disziplinarisch definierende Führungskraft sind hier nur einige Beispiele.

Seit Oktober 2019 bin ich nun „Chief Banking Officer" bei der „Techbank" N26. Meine übergreifende Mission ist es dort, die beiden Welten „Tech" und „Bank" möglichst synergetisch zusammen zu führen. Eine besonders spannende Herausforderung in einem derzeit sehr dynamischen Wettbewerbsumfeld.

Meinungen: Warum haben Tech-Unternehmen wie zum Beispiel Google und nicht Banken erfolgreiche neue datenbasierte Produkte entwickelt?

Wenn man einen Schritt zurückgeht und neutral über die Entwicklung der letzten 20 Jahre im Banking nachdenkt, dann muss sich meines Erachtens eine Frage aufdrängen: Warum sind Banken eigentlich keine globalen Vorreiter in der Nutzung von Daten?

Banking ist traditionell vom Produkt als auch vom Geschäftsmodell her ein datenbasiertes Geschäft. Bis auf ganz wenige Ausnahmen, zum Beispiel die Kreditkarte, ist Banking ein virtuelles Produkt und rein datenbasiert. Und selbst eines der letzten physischen Produkte (die Kreditkarte) wird sich im Kontext des mobilen Bezahlens über Smartphones zum reinen digitalen Produkt entwickeln.

Banken sind Unternehmen, die historisch oft eine Vorreiterrolle in der Nutzung von Informationstechnologie erfüllt haben. Banken waren eine der ersten Unternehmen mit eigenen Rechenzentren. Viele Prozesse wurden frühzeitig datentechnisch hinterlegt und aufgebaut zum Beispiel im Processing, Risikomanagement oder Underwriting. Auch setzt erfolgreiches Banking in vielen Facetten auf einem tiefgreifenden Datenverständnis, sei es in der Modellierung von Kredit-, Liquiditäts- und Marktrisiken als auch in der Erkennung von Financial Crime, auf.

Trotzdem haben Banken aus dieser eigentlichen Vorreiterrolle in den letzten 20 Jahren nicht ausreichend Kapital schlagen können. Gut, auch Banken haben weiterhin Prozesse, Datenhaushalte und IT-Infrastrukturen verbessert, aber echte, neue datenbasierte Geschäftsmodelle oder daraus abgeleitete Produktinnovationen sind so gut wie nicht entstanden.

Die Kernfrage ist daher: Woran liegt das?

Ich glaube es gibt hierfür drei Hauptgründe, die interessanterweise alle nichts mit fehlendem technischen oder Daten-Knowhow zu tun haben. Diese Gründe behindern jedoch die notwendige Innovation im Ausbau von datenbasierten Geschäftsmodellen:

1– regulatorisches Mindset
2– fehlender „Sense of Urgency"
3– langsame Organisation

Regulatorisches Mindset

Ich glaube, Regulatorik per se, also im Sinne dass Regulatorik, die innovative Nutzung von Daten gesetzlich einschränkt, ist nicht das eigentliche Problem. Es schützt Banken zum Teil ja auch vor unliebsamer Konkurrenz. Ich glaube eher, dass die intensive und jahrzehntelange Auseinandersetzung mit Regeln und gesetzlichen Vorgaben das kreative Denken von Bankorganisatoren stark eingeschränkt hat bzw. in ein gedankliches Korsett gedrängt hat. Hinzu kommt, dass durch den andauernden Arbeitsplatzabbau im Bankensektor auch wenig neue Mitarbeiter mit neuen Ideen und Ansätzen hinzugekommen sind.

Meine persönliche Erfahrung zum Beispiel bei Wüstenrot war, dass genau dieses Mindset dazu geführt hat, dass zu wenig innovative Lösungen entwickelt wurden. N26 versucht das Problem interessanterweise dadurch zu lösen, dass Produktentwicklung sowie die IT bzw. der Tech-Bereich organisatorisch komplett aus der eigentlichen Bank herausgelöst ist. Auch ist das Produktmanagement sehr divers und überproportional von Nichtbankern besetzt. Dies stärkt insgesamt die Innovationsfähigkeit und das Austesten von Ideen jenseits der traditionellen Banklogik. Natürlich hat diese Aufstellung nicht nur Vorteile, da das notwendige funktionale Banken-Know-how über einen eng vernetzen Produktentwicklungsprozess einfließen muss. Insgesamt ist es ein Ansatz, der für N26 bis jetzt aber gut funktioniert.

Fehlender Sense of Urgency

Die Trägheit des typischen Bankkunden ist Fluch und Segen zugleich. Einmal erlaubt sie eigentlich einen relativ strukturierten und nicht zu ad hoc getriebenen Digitalisierungs- und Transformationsprozess. Andererseits fehlt meines Erachtens der notwendige „Sense of Urgency" zur Veränderung. Interessanterweise deckt sich hier die allgemeine Wahrnehmung nicht mit den Fakten. Nicht ein Tag geht vorbei, an dem man nichts über große Restrukturierungs- und Transformationsprogramme von Banken liest.

Die Fakten sprechen jedoch eine andere Sprache. Laut einer aktuellen McKinsey-Studie haben alle deutschen Banken über einen durchschnittlichen Zeitraum von vier Jahren (2010–2013 bis 2014–2017) die Kosten von 99,2 Milliarden auf 96,3 Milliarden

Euro gesenkt. Das ist weniger als ein Prozent pro Jahr. Vergleicht man dies mit der Geschwindigkeit von Veränderungsprozessen in anderen von der Digitalisierung betroffenen Branchen, wie zum Beispiel im Bereich Medien, Reisen oder Einzelhandel, dann scheinen Banken aufgrund der stabileren Kundenbeziehungen grundsätzlich mehr Zeit zu haben.

Google zum Beispiel ist im Gegensatz hierzu geprägt von einer schon fast schizophrenen Einstellung zu potenziellen neuen Wettbewerbern und Veränderungsprozessen. Das Unternehmen aus dem Silicon Valley hat von der Stabilität seines Geschäftsmodells sowie der Profitabilität her eigentlich keinen großen Handlungsdruck. Interessanterweise ist aber gerade Google in der Geschäftssteuerung als auch in der Produktentwicklung davon geprägt, dass eine hohe „Nervosität" herrscht: „Wer könnte das nächste Start-up sein bzw. was könnte die nächste Innovation sein, die das Geschäftsmodell von Google in Frage stellt?"

Dieser „Sense of Urgency" ist meines Erachtens einer der Gründe dafür, dass Google nach wie vor in vielen Bereichen eine Vorreiterrolle in der Innovation innehat.

Langsame Organisation
Meiner Erfahrung nach ist der zum Teil sehr hierarchische Entscheidungsprozess in Banken ein weiteres Hindernis für Innovation. Vorgaben werden oft Top-down gemacht und wesentliche Entscheidungen werden von Gremien getroffen, die sehr weit weg sind vom operativen Geschäft. Des Weiteren gibt es einen Hang zu exzessiven und detaillierten Business-Case-Modellierungen. Da aber gerade bei Innovationen der zukünftige Erfolg oft unklar ist, generieren diese nur eine Scheinsicherheit und verzögern den Innovationsprozess unnötig. Insgesamt sorgt die hierarchische Orientierung von Banken für zu wenig innovative Ideen aus der Breite der Organisation.

Google, welches mittlerweile auch die Größe einer Großbank hat, versucht dies insbesondere dadurch zu lösen, dass viele Entscheidungen dezentral getroffen werden. Teams haben eine hohe Entscheidungskompetenz und viele Freiheitsgrade. Die grundsätzlichen Ziele bzw. die Vision ist vorgegeben, aber der Weg dorthin ist relativ frei gestaltbar. Gleichwohl unterstützen und fördern die Kalifornier die Eigenverantwortung und die Kreativität der Mitarbeiter viel tiefer und eindringlicher, als man es vom klassischen Bankensektor her kennt. Dies beinhaltet auch den Umgang mit Fehlern. Der Gedanke hinter einer Fehlerkultur wird meines Erachtens oft falsch verstanden. Google möchte natürlich auch nicht, dass Fehler gemacht werden, aber es herrscht ein klares Verständnis, nach dem bei hoher Innovationsgeschwindigkeit Fehler passieren werden. Daher werden diese als inhärenter Teil des Geschäftsmodells gesehen. In der Aufbereitung von Fehlern geht es dabei nicht um Schuldzuweisungen, sondern darum, was man aus Fehlern für die Zukunft lernen kann.

In meinen ersten Wochen bei N26 hatte ich in diesem Kontext eine interessante Erfahrung. N26 hatte eine Herausforderung im Bereich des Datenschutzes. Durch die Einführung der Datenschutzgrundverordnung konnte N26 einen gut funktionierenden Marketingansatz nicht mehr weiterführen. Das Thema wurde in einem kurzen Expertentermin diskutiert und eine pragmatische Alternativlösung entwickelt. Bereits am nächsten Tag hatte das Daten- und Marketingteam einen Test aufgesetzt und gestartet. Nach ein paar Wochen lagen die erfolgreichen Ergebnisse vor und der Marketingansatz wurde gruppenweit geändert. Das Ganze hat insgesamt etwa vier Wochen gedauert.

Fazit

Klar braucht man für eine effektive Datennutzung und den Ausbau von datenbasierten Geschäftsmodellen auch die „Basics“: eine solide Dateninfrastruktur, qualifizierte Mitarbeiter mit technischem und analytischem Know-how als auch geeignete Tools zur Datenanalyse und -manipulation bis hin zu Machine Learning. Aber meines Erachtens liegt die Hauptherausforderung für Banken eher im Bereich der Innovationsfähigkeit und -geschwindigkeit. Und hierzu müssen sich Banken neben den „Basics“ auch intensiv mit ihrer Organisation, ihren Entscheidungsprozessen und ihrer Kultur auseinandersetzen.

Utopien: Werden die GAFAs als Datenkraken wirklich die Bankenwelt erobern?

Die spannendste Phase der Veränderung im Bankensektor steht uns noch bevor. Wie bereits aufgeführt, waren die Veränderungen bzw. der Veränderungsdruck im Bankensektor in den letzten Jahren eher moderat. Dies wird sich meines Erachtens ändern.

Big Tech Player sind mit Google Pay und Apple Pay bereits in den Zahlungsverkehr eingestiegen. Darüber hinaus bringt Apple mit Goldman Sachs eine eigene Kreditkarte heraus und Google steigt über Bankenkooperationen in den USA in das Girokontengeschäft ein. Weitere Player am Rande des Bank Ökosystems wie zum Beispiel Check24 planen, mit einer eigenen Banklizenz verstärkt ins Kerngeschäft von Banken vorzustoßen. Fintechs wie Revolut, NuBank und auch N26 werden zunehmend erwachsen und haben glaubhafte globale Ambitionen.

Auf der technischen Seite wird die Bedeutung des Smartphones für Bankgeschäfte weiter zunehmen, wie auch die des Cloud Computing. Dieses kann ein starker Wegbereiter gerade für datenbasierte Dienstleistungen und Lösungen sein. Die neue Generation von Bankkunden hat eine weniger feste persönliche Beziehung zu Banken als auch andere und zum Teil deutlich höhere Erwartungshaltungen an Banken. Diese Generation ist geprägt von der Interaktion mit Digital First Playern wie Amazon, Google, Spotify oder Netflix.

Das Bankökosystem wird sich dabei weiter verändern und zu einer größeren Fragmentierung führen. Die Ziele und Ansätze der einzelnen Player sind dabei zum Teil deutlich unterschiedlich. Während Banken im Kern noch produktorientiert agieren und die Wertschöpfung aus den Produkten selbst erzielen, verfolgen Player wie Google voraussichtlich eher eine plattform- bzw. datenorientierte Strategie ohne in den Kern des Banking vorzustoßen, das heißt ohne eigene Banklizenz. Die übergreifende Gefahr besteht sicherlich für Banken, dass sie verstärkt die Kundenschnittstelle verlieren und zu reinen Commodity-Anbietern werden.

Die effektive Nutzung von Daten wird hierbei eine entscheidende Rolle für den geschäftlichen Erfolg spielen. Die drei Kernfragen hierbei sind meines Erachtens:

1– Wem sind Kunden zukünftig bereit, Ihre Bankdaten anzuvertrauen?
2– Wie kann ich Daten verstärkt nutzen, um die Leistungsfähigkeit der Bankprodukte bzw. die Kundeninteraktion zu verbessern?
2– Wie kann ich Daten und technische Infrastrukturen effektiv nutzen, um mein Geschäftsmodell übergreifend wettbewerbsfähig aufzustellen?

Nur wer es schafft, alle drei Fragen erfolgreich zu beantworten, wird zukünftig im Retailbanking erfolgreich sein. Banken haben sicherlich noch einen Vorteil im Bereich des Vertrauens bezüglich Datennutzung, aber gerade die großen Tech-Konzerne haben in diesem Bereich aufgeholt. Die jüngeren Kunden zeigen eine große Bereitschaft, auch diesen Unternehmen vertrauensvolle Bankdaten anzuvertrauen. Insofern besteht hier kein Wettbewerbsvorteil, auf den sich Banken verlassen sollten.

Bei den beiden Punkten „Leistungsfähigkeit der Produkte" und der „Effektivität des datenbasierten Geschäftsmodells" sind Banken derzeit meines Erachtens oft im Nachteil. Viele der neuen bzw. potenziellen Wettbewerber haben mehr Erfahrung in der Nutzung von Daten zur Optimierung der User Experience und setzen hier derzeit sogar den globalen Benchmark. Auch im Bereich der IT-Infrastruktur und Datenhaltung haben die neuen Wettbewerber zum Teil Vorteile bzw. können bereits jetzt auf moderne Cloud-Infrastrukturen zurückgreifen.

Insgesamt sieht die Zukunft für klassische Retailbanken durchaus kritisch aus. Obwohl Banken historisch durchaus Vorteile in der Nutzung von Daten hatten, sind diese Vorteile bis vielleicht auf die Teilbereiche Risikomanagement und Regulatorik nicht mehr existent bzw. Banken hinken in anderen Bereichen bereits hinterher. Darüber hinaus haben viele Banken noch Nachholbedarf in der Schaffung einer innovationsfähigen Organisation und Unternehmenskultur. Aus meiner Sicht sind das besonders wichtige und erfolgskritische Faktoren, allerdings in der Umsetzung sehr schwierig zu orchestrieren.

Einen großen Vorteil, den Banken sicherlich noch haben, sind die bestehenden Kundenbeziehungen und die Trägheit vieler Kunden. Es wird Zeit, hieraus mit der notwendigen Geschwindigkeit und Innovationskraft Kapital zu schlagen. Die Zukunft bleibt spannend!

#openbanking
#datensouveränität
#plattform

» Wir haben im Open Banking dank unserer Erfahrung eine sehr große Chance gehabt, diesen Elfmeter ohne Torwart aber erstmal verschossen und können nun nur Gas geben und hoffen, dass andere Player nicht schneller sind und uns rechts überholen! «

André M. Bajorat

- ist Gründer und Herausgeber von paymentandbanking.com und Host des gleichnamigen, wöchentlichen Podcasts
- hat mit figo von 2014 bis 2019 den ersten regulierten Banking Service Provider in Europa aufgebaut
- war Mitglied der Geschäftsleitung der Star Finanz, Geschäftsführer von giropay und CEO der enfore AG
- ist Mitglied im FinTech Rat des Bundesministeriums der Finanzen
- ist Mitglied im Beirat verschiedener Unternehmen
- ist early stage Investor in verschiedenen Frühphasen-Unternehmen in Europa
- ist Mitveranstalter der Event-Serien payment-exchange.de, banking-exchange.de und der transactions.io

ANDRÉ M. BAJORAT

Persönliches: Vom Aufbau der Star Finanz über die Gründung von Giropay bis hin zu figo, Sie haben viele Initiativen begleiten können, die das Banking grundlegend verändert haben. Was hat sie dabei am meisten geprägt und beeinflusst?

Mein Start in der Finanzwelt ist einem puren Zufall geschuldet und folgte keinem persönlichen Karriereplan: Ein Jobaushang einer neu gegründeten Tochter der Stadtsparkasse Köln in der Fachschaft beim Versuch meine Jurabücher nach Abbruch des Studiums zu verkaufen war der Startpunkt zu einem Aushilfsjob in einer Firma, die sich mit dem damals neuen Thema Online-Banking beschäftigte. Über viele eher zufällige Begegnungen ging es dann bis heute weiter.

Die eher ungewöhnlichen Umstände des Anfangs sind wohl auch eine meiner Eigenschaften, und wie ich finde Stärken, bis heute: Ich fühle mich oft mehr als Gast, der beobachtet, kommentiert und diskutiert, denn als originärer Bestandteil der sogenannten Branche. Nach fast 25 Jahren ist dies natürlich etwas, was mehr im Kopf stattfindet, als etwas, was die Realität und sicher auch die Fremdwahrnehmung widerspiegelt.

A. M. Bajorat et al. (Hrsg.), *Köpfe der digitalen Finanzwelt*,
https://doi.org/10.1007/978-3-658-29644-5_28

Meine berufliche Historie war über all die Jahre nie langweilig und ist geprägt von Ereignissen, die unsere Branche nachhaltig verändert haben und dies weiterhin tun. Angefangen habe ich Mitte der Neunzigerjahre mit der Urform des online sein: Dem Bildschirmtext oder kurz BTX. Parallel mit meinem Berufseinstieg begann der noch immer anhaltende beispiellose Siegeszug des Internets. Diese sich schnell verbreitende Technologie stellte auch sehr schnell Banken vor neue Herausforderungen inklusive komplett neuer Wettbewerber mit anderen Geschäftsmodellen.

Die mit dem Internet 1.0 verbundene Fortschrittsgläubigkeit erhielt dann Anfang der 2000er mit dem Platzen der dot-com Blase eine deutliche Delle, ehe dann mit Mobile und dem iPhone samt App-Store, Social Media und der Fintech-Bewegung ein Wandel in der Branche Einzug hielt, den keiner so hat voraussagen können und der noch immer anhält und den Markt an vielen Stellen auf den Kopf stellt.

Schaue ich neben den Ereignissen auf die inhaltlichen Meilensteine, so waren für mich die Weiterentwicklung von BTX auf das Internet, der Marktstart von PayPal in Deutschland, die Einführung des Apple App-Stores, die in der PSD2 mündende Auseinandersetzung zwischen sofort und giropay, der Einstieg von VCs in das Thema Banking und Payment sowie zuletzt der Start von Apple Pay die wesentlichsten Ereignisse.

Meinen beruflichen Weg haben dabei Menschen stark beeinflusst, denen ich zumeist noch heute sehr nahe stehe: Bernd Wittkamp, der einem jungen nichtwissenden Studienabbrecher einen Job gab, Arnulf Keese, der mich mit seiner Nerdigkeit und Hartnäckigkeit ansteckte und mit dem ich erkannte, dass Mobile alles verändert, Marco Börries, der mich nach 13 Jahren aus den Zwängen der Sparkassen-Finanzgruppe befreite und mir beibrachte, im Business ohne Grenzen zu denken, Ramin Niroumand, mit dem ich die Fintech-Bewegung beeinflussen konnte, sowie Jochen Siegert, der uns die Idee zum Podcasten und mir ein wichtiges Ventil gab.

Schau ich auf mich selbst, so habe ich, wie bereits oben erwähnt, bis heute immer versucht, eine gesunde Portion Abstand zur Branche zu halten, mir meine Skepsis zu erhalten, versucht so technikverliebt wie nötig und unabhängig wie möglich zu sein und Sachthemen immer wichtiger als Hierarchien zu nehmen. Dabei war mir persönlich immer wichtig, dass meine eigenen Werte vor der der Karriere stehen und ich angstfrei und hierarchielos mit meinem Umfeld kommunizieren kann.

Bis heute reizt mich an dem Umfeld die unglaubliche Relevanz – und dies sowohl bezogen auf die Alltags- als auch die Breitenrelevanz. Fast alles, was wir machen, betrifft immer (fast) alle.

Den kommenden Machern empfehle ich daher, immer neugierig zu sein und zu bleiben sowie ihren Mitmenschen im Alltag genau in der Nutzung von Diensten und Services zuzusehen.

Meinungen: Das Thema PSD2 und insbesondere Access to Accounts wurde in den letzten Jahren als der Game Changer für Open-Banking-Ansätze platziert. Ist es wirklich der Tipping-Point, der die Bankenlandschaft in Deutschland grundlegend verändern wird?

Leider ist die PSD2 in der aktuellen Umsetzung nicht der Tipping-Point, der die Landschaft grundlegend verändert. Vor allem nicht, da wir sehr oft PSD2 als Synonym für Open Banking nutzen, das wiederum in seiner Gänze weiter das Potenzial zum echten Game-Changer hat.

Lasst uns auf die Fakten schauen: PSD2 selbst ist „nur" eine Directive, also eine Gesetzesnorm des Europäischen Parlaments bzw. der Kommission und damit qua Herkunft weder eine Strategie noch ein Produkt eines Unternehmens. Vielmehr ist PSD2 erst einmal Regulatorik und im besten Fall als Folge ein Katalysator für moderne und progressive Banken auf dem Weg in eine vernetzte, API-isierte Welt der erfüllten Kundenanforderungen und Wünsche.

Wozu hat diese verpflichtende Directive aber bis heute geführt? Das, was wir heute (Ende 2019) bei den meisten Banken im Einsatz sehen, ist eine recht einfallslose Umsetzung der regulatorischen Minimalanforderungen aus der Directive und hat wenig bis nichts mit dem zu tun, was wir in der besonderen deutschen Open-Banking-Vergangenheit in der Realität bereits hatten oder was man nach vorn gerichtet als modernes Open Banking bezeichnen würde.

Diese Einfallslosigkeit und die in weiten Teilen rückwärtsgewandte Umsetzung in Zeiten von erodierendem Basisgeschäft ist für mich enttäuschend und auch überraschend, da andere Industrien und Unternehmen in den letzten Jahren sehr erfolgreich vorgemacht haben, was mit einer konsequenten API-isierung und arbeitsteiligen Vorgehensweise im Sinne der Nutzer erreicht werden kann: wirtschaftlicher Erfolg auf dem „Rücken" von zufriedenen und souveränen Kunden.

Eine der größten Herausforderungen im Markt scheint aktuell darin zu bestehen, aus dem weit verbreiteten Motivationstief der Fol-gen der PSD2 in einen konstruktiven Open-Banking-Mindset zu finden – oder anders gesagt: Open Banking als echtes Produkt und in Folge als Chance zu verstehen und nicht als eine teure regulatorische Pflicht, die sich auf PSD2 beschränkt und zudem speziell in Deutschland seit Jahrzehnten bestehende Lösungen zusätzlich in der Nutzung einschränkt.

Unterschätzt wurden im Rahmen der Umsetzung die bestehenden am Markt etablierten Lösungen und damit die Nutzer und deren Beharrungsvermögen und Wille, sich gegen schlecht gemachte User-Experience zur Wehr zu setzen. Wir haben erlebt, dass die Weltmacht „Convenience" zum Glück über den Umweg Kunde auch ins Banking Einzug gefunden hat.

Schaue ich auf echtes, nach vorne gerichtetes Open Banking, dann verbinde ich damit Eigenschaften, die wir mit sehr wenigen Ausnahmen heute leider noch viel zu selten am Markt sehen:

- Open Banking ist von echten Partnerschaften zwischen Unternehmen und Kooperationen auf Augenhöhe geprägt.
- Dabei sind die Partner offen miteinander und nicht selektiv und beschränkend.
- Aus den Partnerschaften und der Offenheit entstehen vernetzte Services im Sinne der Kunden mit einem monetarisierbaren Mehrwert.
- Dabei zeichnet sich Open Banking als technisches Thema sehr developer-friendly aus und hat Entwickler als erste Zielgruppe.

- In den vernetzten Services im Sinne der Nutzer stecken Business Modelle für alle Seiten und Open Banking stellt kein einseitiges Free-Lunch dar.
- Der im Fokus stehende User ist der Souverän über seine Daten und entscheidet allein über das Wo, Wie und Wann der Nutzung seiner Daten und muss nicht wider seines Wunsches „beschützt“ werden.
- Die für Open Banking erforderlichen APIs sind nicht reduziert auf eine regulatorische Pflicht, sondern werden als echtes Produkt/Service betrachtet und aktiv zur Nutzung angeboten und stetig entlang der Nutzeranforderungen weiterentwickelt.

Das Gute ist, dass PSD2 das Wort API in jede Bank gebracht hat und nun nahezu jeder Banker etwas mit dem Begriff anfangen kann. Eine Ausgangslage, auf der man nun nachhaltig aufbauen kann, da neben der nun auch vorhandenen notwendigen technischen Grundlage Open Banking im Kopf der handelnden Personen beginnt und von diesen gelebt werden kann. Kurz gesagt: Man muss Open Banking wollen und leben und kann es nicht einfach per Gesetz erzwingen.

Sehr, sehr schade und auch frustrierend für den Standort Deutschland ist, dass wir trotz der guten Vorarbeit weitsichtiger Banker und IT-ler mit HBCI, FinTS und EBICS unsere vorhandene perfekte Ausgangslage mit massiv vielen erfolgreichen Beispielen am Markt nicht haben nutzen können, um Vorbild und Treiber von Open Banking in der Welt zu werden. Diesen Elfmeter ohne Torwart haben wir aber erstmal verschossen und können nun nur Gas geben und hoffen, dass Player, welche die Chance inzwischen erkannt haben, nicht schneller und mutiger sind und uns rechts überholen.

Utopien: Wie wird das Thema Open Banking die deutsche Bankenlandschaft langfristig verändern? Wird das Universalbankenprinzip im heutigen Drei-Säulen-Modell weiterhin bestehen?

Open Banking ist weder ein nationales noch rein europäisches Thema, sondern wird gepaart mit den Zeichen der Zeit die internationale Bankenlandschaft langfristig weiter zusammenführen und damit in den kommenden Jahren grundlegend verändern.

Schon die ersten Ergebnisse der PSD2 werden zum erklärten Ziel beitragen und den Wettbewerb im Banking aus neuen Richtungen fördern. Hier wird der Gates-Satz „banking is necessary, banks are not" lange nach der ersten Nennung wirklich Realität.

Das Drei-Säulen Prinzip betreffend, werden wir massive Veränderungen sehen, da alle die Einschränkungen hinnehmen werden müssen, die ausschließlich an etablierten Modells festhalten und die Zeichen der Zeit nicht erkennen bzw. qua ihres Modells in ihren Handlungsoptionen beschränkt sind – zeitlich wie inhaltlich.

Die erwähnten Zeichen für Erfolg in der Zukunft sind aus meiner Sicht:

- die unaufhaltsame Plattformisierung von Industrien
- die Convenience als Weltmacht in der Nutzung
- die Skalierung als Mittel zur Effizienz
- die User-centricity als Element des Tuns statt sich selber im Fokus zu haben
- das Vertrauen der Nutzer, welches anders als bisher vor allem durch die dauerhafte zufriedene Nutzung von Services entsteht

Diese sehr allgemeinen Merkmale (oben „Zeichen der Zeit" genannt) werden auch unser Banking massiv verändern, da wir raus aus dem von Banken bereits gestemmten ‚Silo' Online Banking in ein vom passenden Zusammenhang getriebenes

Contextual Banking geführt werden. Dieses kontextgetriebene Banking beendet damit auch das Universalbankprinzip, was wir oft auch synonym zum Begriff der Hausbank nutzen.

Diesen Weg des userzentrischen Contextual Banking zeigen uns aktuell leider nur vereinzelt unsere klassischen bekannten Banken. Vielmehr sind Unternehmen mit einer sehr großen Alltagsrelevanz die Wegweiser dieses Trends.

Im Ergebnis werden wir über die Zeit eine vierte Säule entstehen sehen, die zum einen aus internationalen Banken sowie zum andern aus großen Techkonzernen besteht, die Banking als Teil ihrer Services anbieten werden.

Erste Beispiele aus den letzten Monaten sind ein Vorbote für diese langfristige und nachhaltige Veränderung:

- Apple Pay und die neue Kreditkarte
- CHECK24 als Bank
- Google mit einem eigenen Girokonto
- Adyen als Issuer eigener Kreditkarten
- Klarna als Konto
- PayPal mit seiner Kreditkarte für Merchants
- Wirecard mit seinem kostenlosen Girokonto Boon

Wichtig ist dabei zu verstehen, dass keiner der neuen Player einen Frontalangriff auf eine sogenannte Universalbank plant. So dumm ist keines der neuen Unternehmen. Vielmehr konzentrieren sich die neuen Player auf Angebote, die in den passenden Kontext des umgebenden Angebotes passen und die im Ergebnis die Convenience der Anwender verbessert.

Schaue ich noch einmal auf den Titel des Beitrags, dann liegt in der PSD2 eine sehr große Chance für Banken, einen Weg aus der Lethargie und dem Niedrigzinsgejammer zu finden und ernst zu machen mit den Ankündigungen, Tech-Konzerne und Plattformen zu werden. Daher sollte jede Bank der Weitsicht der Regulierung dankbar sein und die Chance lieber schneller als später nutzen, da die neue Konkurrenz außerhalb der nationalen Grenzen und außerhalb des engen Bankenbegriffs keinen Vorsprung gibt, sondern ihren eigenen Weg eingeschlagen hat und ohne Rücksicht auf die gute alte Zeit vorgeht und uns Nutzern passende Produkte offeriert. Das Rennen läuft!

#machinelearning
#risikomanagement
#digitaleprozessstrecken

» Schnelligkeit ist wichtiger als Perfektion, wenn wir verhindern möchten, dass Wettbewerber aus anderen Ländern an uns vorbeiziehen. «

Miriam Wohlfarth

- ist Gründerin und Geschäftsführerin des Zahlungsdienstleisters RatePAY und eine der ersten weiblichen Gründerinnen eines Fintechs
- ist ein Payment-Urgestein und hat die deutsche Payment-Industrie maßgeblich geprägt
- fördert junge Menschen bei Initiativen wie der „Hacker School“ oder den „Start-up Teens“ und setzt sich für mehr Frauen in Tech-Berufen ein
- ist im Fintech-Rat, Präsidiumsmitglied des Bitkom e.V., im Vorstand des Bundesverbands Deutsche Startups e.V., im Kuratorium der Alfred Herrhausen Gesellschaft, Mitglied im BDA-Digitalrat (Bundesvereinigung der Deutschen Arbeitgeberverbände), Mentorin bei Axel Springer Plug and Play, Board Member bei MRC European und FinCompare sowie Gesellschafter bei paymentandbanking (PAB Experts GmbH)

MIRIAM WOHLFARTH

Persönliches: Sie kommen aus der Touristik. Warum sind Sie jetzt im Paymentsektor?

Schon als Kind dachte ich: „Wenn ich groß bin, möchte ich was mit Zahlungsarten machen." Das stimmt nicht ganz – allerdings habe ich mich schon immer für neue Technik, neue Technologien interessiert. Mein Lebenslauf ist wenig geradlinig: Nach der Schule habe ich mich an der Uni eingeschrieben, mein Studium später aber abgebrochen. Darauf folgte ein Auslandsaufenthalt, erst in Südspanien, dann in Asien. Als ich zurückkehrte nach Deutschland, hatte ich keine Ahnung, was ich machen wollte. Zunächst habe ich mich exmatrikuliert, dann ein wenig gejobbt. Um meinen Eltern ruhige Nächte zu bescheren, habe ich eine Ausbildung als Reiseverkehrsfrau angetreten, in einem gemütlichen Provinzreisebüro. Da ich schon immer gut darin war, andere Menschen von meinen Ideen und Zielen zu überzeugen, konnte ich mich mit dem Regionalleiter immerhin auf eine Verkürzung der Ausbildungszeit einigen.

Mein nächster Schritt führte mich zu einem Reiseveranstalter. Dort habe ich mit einer Freundin den Vertrieb für Geschäftsreisen aufgebaut – noch heute ist der Vertrieb meine Welt, ich liebe den Kontakt zu anderen Menschen und den Verkauf.

Die folgende Station war Hapag Lloyd, wo ich ein kleines Sales-Team geleitet habe und in die Welt der Online-Reservierungen eingetaucht bin. Was man heute schnell vergisst: Die Touristikbranche war eine der ersten Industrien, die sich mit der Verbreitung des Internets komplett neu erfunden hat. Online-Buchungen waren ein Thema, lange bevor wir Kleidung, Katzenklos und Kühlschränke im Internet bestellt haben.

A. M. Bajorat et al. (Hrsg.), *Köpfe der digitalen Finanzwelt*,
https://doi.org/10.1007/978-3-658-29644-5_29

Wer Reisen online buchte, musste sie auch online bezahlen. Noch heute gibt es in vielen Online-Shops zu wenig Auswahl an passenden Zahlungsarten. Zu Beginn des Jahrtausends war das natürlich viel extremer. Gerade im Nicht-Kreditkartenland Deutschland gab es kaum Zahlungsmöglichkeiten, die Deutsche gerne und oft benutzen und die sie nicht vom Kauf abschreckten.

Mein Weg führte mich 2000 zum Payment Service Provider Bibit Global Payment Services in den Niederlanden. Die Begegnung mit meinem damaligen Chef, Pieter van Does, heute Gründer und CEO von Adyen, war für mich ein Augenöffner. Seine Begeisterung und sein Pioniergeist waren extrem ansteckend und spätestens hier wurde mir klar: Es ist Zeit für Veränderungen, die Welt steht vor einem Umbruch.

In dieser neuen Welt fragte niemand nach Zertifikaten oder nach einem abgeschlossenen Studium. Auch Pieter van Does, mein Mentor und Vorbild, kam aus einer ganz anderen Branche. Was zählte, waren der gemeinsame Entdeckergeist und Tatendrang. Es war nicht das Fachwissen, denn das war ja gerade erst am Entstehen. Wir haben getestet, ausprobiert. Damals war im Payment fast nichts reguliert. Manches ist schief gegangen, dann haben wir daraus gelernt und es neu gemacht.

Insgesamt war ich acht Jahre bei Bibit, das 2004 an die Royal Bank of Scotland verkauft und dann zu Worldpay wurde. Kurz vor dem Bankrott der RBS während der Bankenkrise wechselte ich zum Zahlungsanbieter Ogone. Durch ein Projekt kam meinen Mitgründern und mir die Idee zu Ratepay. Wir fragten uns: „Wie sieht der perfekte Payment-Anbieter für den deutschen Markt aus, einen Markt mit so vielen Eigenheiten?“ Wir wollten die Lücke schließen zwischen dem, was es gab, und dem, was es geben müsste. Mit Ratepay, das nun zehn Jahre alt ist, haben wir das geschafft.

Aus heutiger Sicht betrachtet ist es eher ein Zufall, dass ich in der Paymentbranche gelandet bin. Genau wie meine Mitstreiter der ersten Stunde haben mich Neugier, die Fähigkeit, Prozesse und Zusammenhänge neu zu denken, eine gewisse Anpassungsfähigkeit sowie eine Ärmelhochkrempel-Mentalität an den Punkt gebracht, an dem ich heute stehe.

Für mich sind das die wichtigsten Skills in einer digitalisierten Welt, die nach wie vor unzählige Chancen bietet, auch ohne Vorwissen tolle Produkte und Lösungen zu bauen. Was zählt, sind der Drive und die Lust, etwas Neues zu lernen.

Finanzdienstleistungen zu digitalisieren, hat dabei für mich einen ganz besonderen Reiz: Das Analoge ins Digitale übersetzen, neue Kundenerlebnisse und Umsatzmodelle schaffen, neue Gesetze verstehen und umsetzen. Speziell am Payment begeistert mich die große Bandbreite. Alle Menschen, die irgendetwas online kaufen, müssen es bezahlen – egal, welche Produkte, welche Dienstleistungen, egal ob im Online-Shop oder auf einem Marktplatz. Als Payment-Dienstleister bleiben wir immer am Puls der Zeit und haben ein gutes Gespür dafür, was im Netz funktioniert und was nicht.

Meinungen: Im Payment laufen große Teile der Prozesse bereits vollautomatisiert. Was können sich andere Bereiche in Banken davon abschauen?

Künstliche Intelligenz (KI) klingt für viele noch wie ein fernes Zukunftsszenario, dabei ist sie in der Finanzdienstleistungsbranche, vor allem im Zahlungsverkehr, schon alltäglich. Zahlreiche Prozesse, die in Fintechs vollautomatisiert ablaufen, werden in Banken häufig noch manuell vollzogen. Früher oder später führt das zu einem deutlichen Wettbewerbsnachteil.

In unserem Unternehmen setzen wir KI-Systeme hauptsächlich im Bereich der Betrugserkennung/Risikoprüfung ein. Wie wir im Folgenden sehen werden, gibt es viele andere Bereiche in der Wertschöpfungskette eines Finanzunternehmens, in denen KI-Systeme sinnvoll sein können. Dabei müssen allerdings eine Reihe von Faktoren beachtet werden.

Beispiel aus der Praxis: Künstliche Intelligenz in der Risikoprüfung
Käufer kaufen gern ein, aber bezahlen nicht gern. Deswegen müssen Zahlungsprozesse so unsichtbar wie möglich ablaufen. Wir als Zahlungsdienstleister haben die Aufgabe, eine maximale Annahmequote und eine optimale Betrugserkennung so gut wie möglich auszubalancieren.

Um das zu gewährleisten, setzen wir im Bereich der Risikoprüfung Machine Learning ein, eine Art von Künstlicher Intelligenz. Hinter dem Begriff der „Künstlichen Intelligenz“ verbergen sich streng genommen Machine-Learning-Algorithmen, die als statistische Verfahren in vielen Industrien schon seit langem genutzt werden. Aber erst seitdem große Rechenleistungen günstig zur Verfügung stehen, können diese Algorithmen genutzt werden, um mit Machine Learning sehr große Datenmengen auszuwerten oder manuelle Prozesse zu automatisieren. Machine-Learning-Systeme basieren auf Verfahren wie zum Beispiel neuronalen Netzen und treffen ihre Entscheidungen selbst.

Bis vor drei Jahren haben auch wir nur relativ statische, regelbasierte Systeme genutzt, bis wir wegen der zunehmenden Professionalisierung des Identitätsbetrugs umdenken mussten. Der größte Unterschied: Neue Erkenntnisse konnten früher nur sehr langsam eingearbeitet werden, teilweise in einem Zeitraum von mehreren Wochen. Heute geht das sofort.

Bei vielen Wettbewerbern, seien es Fintechs oder klassische Banken, dauert es derzeit noch viele Monate, bis neue Erkenntnisse ihren Weg in die Betrugserkennung finden. Auch wenn der Fokus eines Finanzunternehmens nicht auf der Betrugserkennung liegt, haben KI-Systeme das Potenzial, Prozesse zu beschleunigen und zu vereinfachen.

Kundenservice, Revision, Vertragsmanagement: Wo Machine Learning helfen kann

Machine-Learning-Systeme können in der Finanz- und Paymentindustrie entlang der gesamten Wertschöpfungskette eingesetzt werden und lohnen sich immer dann, wenn sehr große Datenmengen ausgewertet oder manuelle Prozesse automatisiert werden sollen:

- **Kundenservice:** Korrespondenzen automatisiert betreiben und Chatbots einsetzen
- **Treasury:** Liquiditätsbedarf genau prognostizieren
- **Interne Revision und externe Prüfung:** zum Beispiel, um Unregelmäßigkeiten in der Buchhaltung zu identifizieren
- **Mahnwesen/Inkasso:** Kommunikationskanäle kundenindividuell aussteuern und so die Beitreibung optimieren
- **Marketing/Vertrieb:** zielgerichtete Kampagnen anhand von Konto- oder Transaktionsdaten durchführen
- **Vertragsmanagement:** zum Beispiel, um die Dokumentprüfung zu automatisieren oder Abstimmungszyklen zu verkürzen

Herausforderungen für Banken: Machine Learning als Invest in die Zukunft

Damit Banken KI-Systeme und Machine Learning in digitalen Prozessstrecken erfolgreich einsetzen können, müssen einige Bedingungen erfüllt sein.

Kompromisslos digital

Um unzählige Datenpunkte in Echtzeit zu verknüpfen – der größte Mehrwert von KI-Systemen –, müssen Daten digital und in hinreichender Datenqualität vorliegen. Hier verbirgt sich die wahrscheinlich größte Herausforderung für Banken. Um Antragsstrecken zu automatisieren, müssen entsprechende Anträge digital auf einer Webseite oder in einer App vorhanden sein, Papierstücke wie Gehaltsnachweise müssen eingescannt und digital aufbereitet werden, was technisch oft schon an einer sehr guten Bilderkennung scheitert.

Wenn die Kundenkommunikation automatisiert ablaufen soll, ist es technisch sehr komplex, die „Sprache des Kunden" zu verstehen oder E-Mails für einen Chatbot auszulesen. Noch komplexer wird es bei richtiger Spracherkennung, etwa bei Telefonaten. Ein Zwischenschritt könnte die teilautomatisierte Kundenkommunikation sein, etwa, indem bestimmte Vorgänge festen Mitarbeitern zugewiesen werden.

Technische Voraussetzungen

Wenn wir uns branchenintern zum technischen Set-up beim Einsatz von KI-Systemen austauschen, dann schlagen viele Verantwortliche die Hände über dem Kopf zusammen: zu teuer, zu aufwendig. Klar, um Künstliche Intelligenz einzusetzen, ist ein gewisser Investitionsaufwand unumgänglich – mit Blick auf die Zukunft aber ohne Alternative.

Die Verarbeitung großer Datenmengen erfordert den Einsatz von geeigneter Hardware, mit normaler Hardware kommt man nicht weit. Bei Ratepay nutzen wir unter anderem eigene Serverparks, um die benötigte Rechenleistung zu gewährleisten.

Letztlich handelt es sich bei den Systemen, die wir bei Ratepay einsetzen, nicht um den heiligen Gral. Wir verwenden keine geheimen Codes oder Programmiersprachen, auf die nur wir zurückgreifen können und andere nicht. Vielmehr ist unser KI-System eine Plattform, die aus verschiedenen Tools und Softwarelösungen zusammengesetzt ist. Diese Lösungen stehen heute jedem Marktteilnehmer zur Verfügung – durch Open Source Software sogar oft kostenlos. Niemand muss fünf Millionen Euro an einen großen Anbieter überweisen und bekommt dann eine geheime Box, in der sich Künstliche Intelligenz versteckt.

Das richtige Mindset

Der vielleicht größte Hebel beim erfolgreichen Einsatz von KI-Systemen ist das Mindset eines Unternehmens. Hier besteht bei vielen klassischen Banken noch Nachholbedarf. Um Künstliche Intelligenz im eigenen Unternehmen einzusetzen, bedarf es guter Leute, die das entsprechende Know-how mitbringen und aus allen Bestandteilen ein funktionierendes System aufbauen können. In der Praxis machen wir die Erfahrung: Das richtige Mindset zieht die richtigen Mitarbeiter an. Auch bei KI-Systemen gilt: Die Maschine ist nur so gut wie der Mensch, der sie gebaut hat.

Um dieses Mindset zu schaffen, müssen aus unserer Sicht folgende Voraussetzungen erfüllt sein:

- **Eine neue Art, zu arbeiten:** An unserem KI-System arbeiten viele schlaue Köpfe, neben klassischen Entwicklern auch Kollegen aus den Bereichen Physik, Chemie oder Mathematik. Sie sind die Experten für ihr Fachgebiet und ticken häufig ein wenig anders als „normale“ Softwareentwickler. Sie sind es, die Entwicklungen aus der Organisation heraus antreiben, und nicht zwingend das Management. Das erfordert ein Anpassen der Unternehmenskultur, viel Vertrauen und das Zugestehen von Freiheiten. Ein sehr hierarchisch aufgebautes Unternehmen, in dem Führungskräfte ohne tiefgehende Fachkenntnisse Prozesse denken und anleiten müssen, erschwert den Aufbau eines technisch komplexen Systems.

- **Diversität:** Die Entwicklung von Machine-Learning-Systemen erfordert eine Mischung verschiedener Kompetenzen – Informatik, Statistik, Mathematik, Wirtschaftswissenschaften. Durch den hohen Innovationsgrad braucht es außerdem viel Kreativität. Um gute Systeme zu entwickeln, arbeiten bei uns stark heterogene Teams, die verschiedene Kulturen, Fachrichtungen und Geschlechter abdecken. Dieser heterogene Mix ergibt sich ganz natürlich, denn sonst könnten die komplexen Probleme nicht gelöst werden.

- **Hohe Fehlertoleranz:** Systeme, die auf Künstlicher Intelligenz basieren, gibt es noch nicht lange. Dementsprechend sind nicht viele Erfahrungswerte vorhanden, es muss viel ausprobiert, getestet werden. Damit das möglich ist, müssen Mitarbeiter Fehler machen dürfen. Fehler sind als normaler Teil des Prozesses anzusehen.

- **Daten als Schatz des Unternehmens begreifen:** Daten sind das neue Gold. In vielen Unternehmen wird dies auf operativer Ebene noch nicht ausreichend gewürdigt. Oft sind schon die Budgets zu klein, um Prozesse und Lösungen sinnvoll testen zu können.

- **Keine Angst vor Regulatorik:** Oft hören wir das Argument, im Finanzbereich sei der Einsatz von KI aufgrund von regulatorischen Beschränkungen nicht möglich oder sehr schwierig – insbesondere bei Antragsstrecken, die bekannterweise streng reguliert sind. In der Praxis machen wir die Erfahrung: Regulierungsbehörden wie die BaFin sind nicht unser Feind, sondern unterstützen uns im aktiven Austausch bei der Lösungsfindung. Durch die DSGVO profitieren zudem alle Marktteilnehmer von gleichen Regeln und Bedingungen.

Zusammenfassend lässt sich aus unseren Erfahrungswerten sagen, dass der erfolgreiche Einsatz von KI-Systemen in digitalen Prozessstrecken vor allem von zwei Faktoren abhängt: den richtigen Mitarbeitern und dem strategischen Fokus auf den eigenen Daten.

Um Banken und Unternehmen den Einsatz von KI zu erleichtern, müssen in Deutschland außerdem bessere Rahmenbedingungen in der Forschung geschaffen werden. Das Budget der gesamten Bundesrepublik Deutschland für die Weiterentwicklung von Künstlicher Intelligenz ist kleiner als das von Amazon oder Google.

Utopien: Welche neuartigen Prozesse und Technologien können das Kostenproblem der Banken in Zukunft lösen und gleichzeitig neue Kundenerlebnisse schaffen?

Der Einsatz von KI-Systemen/Machine Learning spielt eine entscheidende Rolle, um eine schnellere, effizientere Datenerhebung und -auswertung zu gewährleisten.

So können Unternehmen einerseits Prozesse automatisieren und somit Kosten sparen. Andererseits können Produkte deutlich stärker individualisiert und auf den einzelnen Kunden und seine Bedürfnisse zugeschnitten werden. Angebote werden weniger austauschbar und Kunden könnten eine höhere Bereitschaft zeigen, für maßgeschneiderte Finanzprodukte einen angemessenen Preis zu zahlen.

Gemeinsam statt einsam: Data Sharing
Ein nächster Schritt ist das Teilen von Daten, Stichwort „Data Sharing Economy". Indem Finanzunternehmen ihre Daten zugänglich machen – auch für Wettbewerber –, können sie ihre eigenen Datenflüsse und Erkenntnisse nicht nur deutlich skalieren und verbessern, sondern dem Endkunden noch individuellere Produkte und Lösungen zur Verfügung stellen. In der EU profitieren wir hier von der DSGVO, die vermeidet, dass Unternehmen zur Datenkrake werden, sondern mehr Datentransparenz für Kunden fördert.

Identitätsschutz wird immer wichtiger
Bei allen künftigen Fragen rund um Daten und Technologien wird es immer wichtiger, die (digitale) Identität eines Nutzers zweifelsfrei feststellen zu können. Die Frage, wie ein Individuum seine Identität schützen kann, ist bei der massenhaften Verarbeitung und Verknüpfung von Daten von größtem Belang.

Wer für das Problem der Identitätssicherung gute Lösungen anbietet und offene Standards schafft, in den sich andere

Parteien einklinken können, verfügt über ein äußerst geschäftsträchtiges Geschäftsmodell. Aktuelle Initiativen im Bereich der Identitätssicherung sind Insellösungen, die sich bisher nicht etablieren konnten.

Hier könnten Banken – gemeinsam – Lösungen schaffen und anbieten. Genau wie Geldgeschäfte sind auch Identitätsdienste Vertrauenssache. Finanzgeschäfte sind schon jetzt stark reguliert und Anbieter müssen ihre Kunden kennen, unter anderem, um Geldwäsche und kriminellen Aktivitäten vorzubeugen. Für Bank- und Börsengeschäfte im Netz müssen Nutzer von Banken zweifelsfrei identifiziert werden können. Also läge es nahe, wenn Banken direkt als ID-Anbieter aufträten. Ein bankeneigenes Online-Bezahlverfahren könnte sich als Plattform für einen ID-Generalschlüssel eignen.

Alle Macht dem Kunden

Seien es innovative Produkte, sei es die Sicherheit des einzelnen Kunden: Künftig werden nur Unternehmen überleben, die ihren Kunden in den Mittelpunkt stellen. Sämtliche digitalen Prozessstrecken müssen an den individuellen Bedürfnissen des Kunden ausgerichtet werden.

Das erfordert die kompromisslose Fokussierung auf Technologie, Daten und Datensicherheit. Viele Banken sind heute zu breit aufgestellt und vermitteln nicht eindeutig, wofür sie stehen, während immer mehr Endkunden Produkte und Lösungen nach spezifischen Kriterien auswählen und sich als Zielgruppe gesehen fühlen möchten.

Um das zu schaffen, müssen neue Technologien und Lösungen schnell ausprobiert und gelauncht werden. Hier sollten einige der klassischen Banken aufs Gaspedal drücken: Eine digitalisierte Welt lässt keine Zeit mehr, um monate- oder sogar jahrelang an Konzepten und Pilotprogrammen zu basteln. Schnelligkeit ist wichtiger als Perfektion, wenn wir verhindern möchten, dass Wettbewerber aus anderen Ländern an uns vorbeiziehen.

#DigitalCentralBank
#EuroChain
#PaymentInnovation

» Eine Kombination aus Entwicklungen wie das Internet of Things, Blockchain und Digital Tokens wird den Zahlungsverkehr revolutionieren – die Frage ist nicht ob sondern wann. «

Dirk Bullmann

- leitet das Innovationsteam im Geschäftsbereich Market Infrastructures and Payments der Europäischen Zentralbank (EZB) in Frankfurt
- baute das Innovation Lab der EZB auf
- sammelte Erfahrungen in der Privatwirtschaft, bevor er vor über zwei Jahrzehnten ins Zentralbankgeschäft wechselte
- studierte Betriebswirtschaftslehre an der Fachhochschule der Deutschen Bundesbank in Hachenburg

Digitale Marktinfrastruktur

DIRK BULLMANN

Persönliches: Sie sind ein Kind des Zentralbanken-Sektors. Was zeichnet das Leben in einer Zentralbank aus und warum spielen hierbei die Digitalisierung und Innovationen eine wichtige Rolle?

„Wenn der Wind des Wandels weht, bauen die einen Mauern, die anderen Windmühlen“ besagt ein altes chinesisches Sprichwort. In Zeiten der zunehmenden Digitalisierung und Innovation erscheint das Errichten von Mauern nicht sonderlich ratsam. Neueste Entwicklungen müssen erkannt, verstanden und, sofern sie die eigenen Geschäftsabläufe verbessern, auch um- und eingesetzt werden. Dies gilt insbesondere für den Zahlungsverkehr, der seit nunmehr 20 Jahren mein Hauptbetätigungsfeld ist.

Mit dem Geschäft einer Zentralbank wird bekanntermaßen primär die Festlegung und Umsetzung der Geldpolitik verbunden. Effiziente und sichere Systeme, in unserem Jargon „Finanzmarktinfrastrukturen“ genannt, gewährleisten hierbei den reibungslosen Liquiditätsfluss innerhalb des Währungsraums und leisten somit einen wesentlichen Beitrag zur Umsetzung der Geldpolitik. Technologische Entwicklungen und sich wandelnde Nutzeranforderungen waren, sind und bleiben ein Treiber von Innovationen im Zahlungsverkehr und der Optimierung der dahinterliegenden Finanzmarktinfrastrukturen. Es handelt sich um ein sehr dynamisches Geschäftsfeld, in dem die Zentralbank hier agiert.

A. M. Bajorat et al. (Hrsg.), *Köpfe der digitalen Finanzwelt*,
https://doi.org/10.1007/978-3-658-29644-5_30

Mit der Einführung des Euro im Jahr 1999 ging das Großbetrags-Zahlungssystem TARGET[1] in damals 15 europäischen Ländern an den Start und hier sammelte ich erste praktische Erfahrungen im operationalen Geschäft. Des Weiteren hatte ich die Gelegenheit, an weiteren pan-europäischen Projekten mitzuwirken, wie zum Beispiel TARGET2-Securities,[2] das 2015 als eines der weltgrößten Finanzmarktinfrastrukturen an den Start ging. Ich arbeitete im Laufe der Jahre an grundlegenden Strategien zur Optimierung der europäischen Marktinfrastruktur mit, welche zum Beispiel in die Einführung des „TARGET Instant Payment Settlement" (TIPS) Systems in 2018 mündeten.[3] Der Zahlungsverkehrsbereich hielt für mich stets spannende und abwechslungsreiche Aufgabengebiete bereit.

In der Vergangenheit wurde unsere Arbeit oft als *„inglamorous plumbing"*,[4] also unglamouröse Klempnerarbeit, bezeichnet. Sicherlich ist das bildlich gesprochene Verlegen und Warten von Rohren, durch welche Liquidität in Form von Euro fließt, nach wie vor unsere Kernaufgabe. Aber gerade vor dem Hintergrund neuerer Entwicklungen im Bereich der Blockchain-Technologie (siehe unten) und der digitalen Währungen, welche zunehmend die Frage nach einem Paradigmenwechsel im Zahlungsverkehr stellen, wird die Dynamik unseres Arbeitsgebietes deutlich sichtbar und weckt weitreichend Interesse. Die Einstufung unserer Arbeit als unglamourös ist aus heutiger Sicht wohl nicht gerechtfertigt, vielleicht war sie es nie.

Im Jahr 2015 wurde mir die Aufgabe anvertraut, das Thema Innovation innerhalb der Europäischen Zentralbank aus der Warte des Zahlungsverkehrsgeschäfts voranzutreiben. Als eine der ersten Maßnahmen schufen wir ein hausinternes „Innovation Lab" und begannen Experimente mit der Blockchain. Dies geschah aus der festen Überzeugung heraus, dass man das Potenzial von neuen Technologien nur erkennen kann, wenn man diese auch praktisch beleuchtet. Mittlerweile koordiniert das „Innovation Lab" auch gemeinsame Aktivitäten mit Zentralbanken des Euroraums und führt regelmäßig Hackathons durch.[5] Darüber hinaus stellten wir ein Expertenteam zusammen, welches Innovationen im Zahlungsverkehr umfassend und aus verschiedenen Blickwinkeln betrachtet. Hier werden unter anderem das sich wandelnde finanzielle Ökosystem, neue Zahlungsmodelle und digitale Währungen analysiert.

Innovation im Unternehmen ist in gewissem Umfang digitales Pfadfindertum, man wandelt auf neuem und zunächst unvertrautem Terrain. Innovationen können nicht nur helfen, Bestehendes zu verbessern; Innovationen können neue Sichtweisen eröffnen, verbunden mit der Frage, ob das Bestehende noch die richtige Lösung darstellt. Während ihrer Zeit als Managing Director des Internationalen Währungsfonds sprach die jetzige Präsidentin der EZB, Christine Lagarde, in diesem Zusammenhang mehrfach von der notwendigen Abkehr vom Korridordenken, um neue Entwicklungen als kreative Chance zu verstehen. Innovation bedarf eines Umfeldes, in dem es nur gute Ideen gibt. Selbst wenn sich diese letztendlich als für das Unternehmen unbrauchbar erweisen, haben solche Ideen in der Regel positiv zum Lernprozess beigetragen.

Die bestehenden Strukturen des Finanzsystems, welche in der italienischen Renaissance ihren Anfang nahmen, werden derzeit massiv verändert: durch die zunehmende Rolle von Fintech-Unternehmen, durch neue Technologien wie der Blockchain und möglicherweise auch durch die Akzeptanz von digitalen Tokens. Zentralbanken sind Teil des finanziellen Ökosystems, somit Teil des Wandels und ein aktiver Teilhaber des Innovationsprozesses.

Meinungen: Welche Rolle spielen neue Technologien, Fintechs und neue Geschäftsmodelle für Innovationen im Bereich Zahlungsverkehr?

Der Zahlungsverkehr besteht vereinfacht gesagt aus drei verschiedenen und ineinander greifenden Komponenten: Die technische Infrastruktur, welche bildlich gesprochen auch als „Straße“ betrachtet werden kann, bildet die Basis des Zahlungsverkehrsgeschäftes. Des Weiteren werden digitale Werte mittels der Infrastruktur transferiert und können der Analogie folgend als „Fahrzeuge“ bezeichnet werden. Zudem bilden Nutzer, quasi die „Fahrzeugführer“, aber auch die Betreiber der Zahlungsverkehrs-„Straßen“ sowie die wertegenerierenden „Fahrzeughersteller“ das Finanz-Ökosystem. Zwischen diesen drei Komponenten existieren Interdependenzen, zum Beispiel dergestalt, dass technologische Innovationen die Infrastrukturen verbessern und somit einer schnelleren und ggf. sichereren Übertragung von Werten dienen können. Die transferierten

Werte können hierbei in bekannten oder auch in neuen Formen (zum Beispiel sogenannte Stablecoins [siehe unten] oder digitales Zentralbankgeld) bereitgestellt werden. Fintech-Unternehmen und Technologie-Riesen werden zunehmend im Zahlungsverkehr-Ökosystem aktiv und stellen innovative Lösungen im Bereich „Straße" und „Fahrzeug" bereit.

Innovation im Zahlungsverkehr

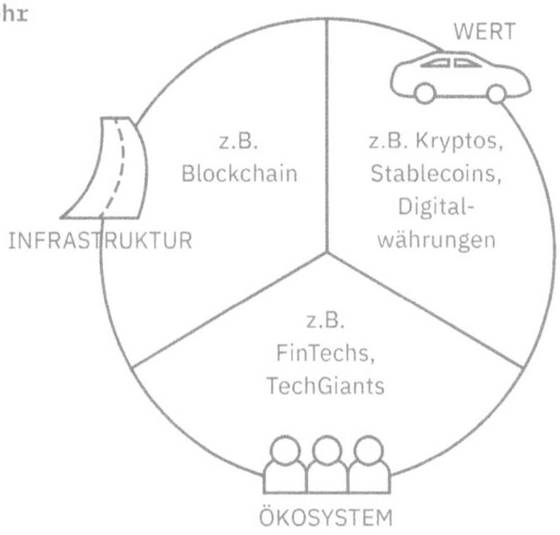

Infrastruktur
Der Zahlungsverkehr, also die Geldbewegungen zwischen Wirtschaftssubjekten, muss höchste Anforderungen hinsichtlich Effizienz und Sicherheit erfüllen. So bilden zum Beispiel von Zentralbanken bereitgestellte „Straßen" das Rückgrat des Finanzsektors und dienen der reibungslosen Umsetzung der Geldpolitik. Hier können neue Technologien prinzipiell dazu dienen, den Zahlungsverkehr schneller, sicherer und möglichst kostengünstiger zu machen.

Die Blockchain ist die sicherlich meistgenannte Technologie, wenn es um Innovationen im Zahlungsverkehr geht.[6] Dies sollte aber auch nicht überraschen, da die aktuelle Diskussion durch das unter dem Pseudonym Satoshi Nakamoto veröffentlichte Bitcoin-Grundsatzpapier angestoßen wurde (vgl. Nakamoto 2008), welches auf lediglich neun Seiten eine neue Form der digitalen Zahlungsabwicklung skizziert.

Vereinfacht gesagt, ermöglicht die Blockchain eine dezentrale, transparente und unveränderliche Speicherung von Transaktionen und Salden. Prinzipiell erlaubt das Design einer Blockchain somit den sicheren Austausch von Werten ohne

Einbindung eines Finanzintermediärs (zum Beispiel einer Bank). Während der heutige Zahlungsverkehr auf dem Vertrauen in die Funktionsfähigkeit der Finanzintermediäre basiert, wäre in einer Blockchain-Welt das Vertrauen in die Rechtmäßigkeit einer Transaktion quasi Teil der Programmierung. Die Möglichkeit des Wertetransfers ohne Einbindung von Finanzintermediären und anderen Mittelspersonen wird häufig als einer der größten Effizienzgewinne der Blockchain angesehen. Allerdings haben genau diese Intermediäre die Blockchain für sich entdeckt.[7] Der Schwerpunkt der möglichen Blockchain-Nutzung liegt hierbei primär auf der Erzielung von Effizienzgewinnen innerhalb eines Unternehmens oder einer Gruppe von Finanzmarktteilnehmern (zum Beispiel zur Vereinfachung grenzüberschreitender Zahlungen). Vor diesem Hintergrund ist zunächst wohl nicht davon auszugehen, dass die Blockchain das bestehende Gefüge des Finanzmarktes auf den Kopf stellt.

Auf traditioneller Technologie basierende Zahlungsverkehrslösungen werden den Anforderungen hinsichtlich Sicherheit und Effizienz derzeit in vielen Volkswirtschaften und Währungsräumen gerecht. Das vorgenannte Zahlungsverkehrssystem TIPS ist hier ein gutes Beispiel, ermöglicht es doch die Abwicklung von Zahlungen innerhalb Europas in Bruchteilen von Sekunden für den Bruchteil eines Euros an Kosten.

Auch wenn herkömmliche Technologien noch vollumfänglich den Anforderungen entsprechen und mit der Blockchain derzeit primär mit dem Ziel der Hebung von Effizienzgewinnen in bestehenden Systemen experimentiert wird, sollte dies nicht den Blick auf das Potenzial der Blockchain verstellen. Die Blockchain-Idee ist erst knapp eine Dekade alt und gerade in jüngster Zeit entstehen in rasanter Geschwindigkeit immer bessere und auf spezielle Anwendungsfälle zugeschnittene Varianten. Noch hat die Blockchain die Testlabore nicht merklich verlassen. Es ist aber wohl nur eine Frage der Zeit, bis die Blockchain im Zahlungsverkehr voll wettbewerbsfähig und vielleicht besser als bestehende Technologien sein wird.

Werte

Auch wenn Bargeld in vielen Ländern noch immer das dominierende Zahlungsverkehrsmedium ist,[8] wird das bargeldlose Bezahlen zunehmend an Bedeutung gewinnen. Vor diesem Hintergrund sind die sogenannten „Kryptos“, „Stablecoins“ und auch von einer Zentralbank begebene digitale Währungen als neue Zahlungswerte in der öffentlichen Diskussion:

- „Kryptos" verfügen über keinen eindeutig identifizierbaren Emittenten und stellen somit keine finanzielle Forderung gegenüber einer natürlichen oder juristischen Person dar. In dieser Kategorie ist der Bitcoin der wohl prominenteste Vertreter. „Kryptos" sind bislang durch hohe Volatilität aufgefallen und scheinen weniger als Zahlungsmittel denn primär spekulativen Zwecken zu dienen. Die durchschnittliche Marktkapitalisierung der ca. 2.000 existierenden „Kryptos" beläuft sich auf rund ein Prozent des Bruttosozialproduktes des Euroraumes (vgl. ECB Crypto-Assets Task Force 2019). Trotz weitreichender öffentlicher Diskussion sind „Kryptos" somit eher ein Nischen-Phänomen geblieben und es zeichnet sich auf absehbare Zeit nicht ab, dass sich deren Rolle im Zahlungsverkehr ändern wird.
- „Stablecoins" zielen auf die Eindämmung von Wertschwankungen ab und können vereinfacht gesagt als „Kryptos 2.0" bezeichnet werden. Diverse Finanzdienstleister und Fintech-Unternehmen haben bereits mit der Emission von „Stablecoins" begonnen. Diese werden durch außerhalb der Blockchain vorgehaltene Forderungen, zum Beispiel Gelder auf Konten einer Zentralbank, abgesichert. Das Phänomen „Stablecoins" gewinnt zunehmend an Bedeutung und wartet mit hoher Kreativität und Variantenreichtum auf. So liegen den „Stablecoins" unterschiedliche Verfahren zur Minimierung der Volatilität zugrunde, zum Beispiel durch Absicherung mit Edelmetallen, Öl, Immobilien, oder auch durch andere „Kryptos". Weiterhin existieren Initiativen zum Einsatz von Algorithmen, die auf einen automatisierten Ausgleich von Angebot und Nachfrage abzielen (vgl. Bullmann et al. 2019). In Abhängigkeit von ihrer konkreten Ausgestaltung können „Stablecoins" dem Ruf nach einem schwankungsarmen Wert zur Nutzung im Zahlungsverkehr durchaus gerecht werden. Es ist daher davon auszugehen, dass solchen Initiativen eine positive Zukunft beschieden ist.
- Die Möglichkeit der Ausgabe von digitalen Währungen durch Zentralbanken (auch „Central Bank Digital Currency" oder CBDC genannt) wird derzeit aktiv analysiert und in Form von Pilotprojekten vorangetrieben (vgl. Barontini und Holden 2019). Die Beweggründe variieren (zum Beispiel Rückgang der Bargeldnutzung oder Förderung von Innovation sowie Effizienz im Zahlungsverkehr) und, davon abgeleitet, auch das konkrete Design einer solchen digitalen Zentralbankwährung, zum Beispiel Anonymität (vgl. European Central Bank 2019) oder Verzinsung. In der Diskussion rund um CBDC werden oftmals Szenarien skizziert, in denen es insbesondere in einer Finanzmarktkrise zu einem massiven Abfluss von Geldern von Geschäftsbanken in Richtung Zentralbank kommen könnte. Da aktuelle Denkmodelle und Prototypen jedoch die Verteilung einer digitalen Zentralbankwährung über Finanzintermediäre

vorsehen und dessen Nutzung zudem über das Design (zum Beispiel Limitierung auf Nutzerebene) beeinflusst werden könnte, muss die Einführung von CBDC nicht zwingend disruptiver Natur sein und die Rolle der Banken im Finanzsektor negativ beeinflussen. Es erscheint vor dem Hintergrund der aktuellen konkreten Forschungsarbeiten, Experimente und Pilotprojekte daher nicht unwahrscheinlich, dass einige Zentralbanken ihre Währung mittel- bis langfristig allen Konsumenten bereitstellen werden.

Ökosystem

Zu den arrivierten Finanzmarktteilnehmern gesellen sich im Finanzsektor und insbesondere im Bereich des Zahlungsverkehrs zunehmend Fintech-Unternehmen und global agierende Technologieriesen aus den USA sowie China (GAFA: Google, Apple, Facebook und Amazon sowie BATX: Baidu, Alibaba, Tencent und Xiaomi). Insbesondere die Technologiegiganten verfügen über einen großen Kundenkreis und können somit massive Netzwerk- und Skaleneffekte für ihre Services im Zahlungsverkehr nutzen. Zudem zielen deren spezielle Geschäftsmodelle oftmals auf die Sammlung und Nutzung von Kundendaten ab. Diese Konstellation erlaubt es den globalen Technologieunternehmen, ihre Zahlungsverkehrsservices völlig ohne oder zumindest zu vergleichsweise niedrigen Gebühren anzubieten.

Die künftige Rolle von Fintech-Unternehmen und insbesondere der Technologieriesen im Zahlungsverkehr kann unterschiedlich ausgeprägt sein:

- Die Schnittstelle zum Nutzer (das sogenannte „Front-end“) könnte zukünftig von Fintechs und Technologiegiganten betrieben werden. Heute werden solche Services, zum Beispiel in Form von kartenbasierten Bezahl-Apps, primär in Kooperation mit bestehenden Finanzmarktakteuren und unter Nutzung existierender Finanzmarktinfrastrukturen bereitgestellt. Die Zweite Zahlungsdiensterichtlinie (PSD2) erlaubt Fintechs und Technologieriesen jedoch unter bestimmten Bedingungen, als einzig sichtbare Schnittstelle zu agieren. Dies eröffnet prinzipiell auch die Möglichkeit, Zahlungsdaten der Kunden einzusehen.
- Finanzmarktakteure nutzen bereits heute die von einigen Technologieriesen offerierten Cloud-basierten Services, zum Beispiel aus Effizienz- und Flexibilitätsgesichtspunkten heraus. Es ist davon auszugehen, dass solche Kooperationen im Bereich des „Back-end“ weiter bestehen und gegebenenfalls sogar ausgebaut werden.
- Während Aktivitäten am „Front-end“ und „Back-end“ prinzipiell in Kooperation mit bestehenden Finanzmarktakteuren

erfolgen, könnten insbesondere Technologieriesen weitreichende „Closed loop" Zahlungsverkehrslösungen anbieten und somit in direkten Wettbewerb eintreten. So wäre es vorstellbar, dass global agierende Technologieunternehmen eine eigene Infrastruktur aufbauen und betreiben sowie unter Umständen auch neue Werte zum Transfer und zum Bezahlen etablieren.

Die von Facebook im Juni 2019 angestoßene Initiative zur Schaffung von Libra und der Libra Blockchain als *„eine einfache, globale Währung und eine finanzielle Infrastruktur für Milliarden von Menschen"* zeigt (vgl. Libra Association o. J.), wie realistisch die skizzierten Szenarien einzustufen sind. Infrastruktur (*„Straße"*), Werte (*„Fahrzeuge"*) und Ökosystem (*„Straßenbauer/-betreiber, Fahrzeughersteller, Fahrer"*) sind eng miteinander verwoben und treiben Innovationen im Zahlungsverkehr gemeinsam voran.

Utopien: Wie wird das Bezahlen in der Zukunft aussehen? Können die bestehenden Geschäftsmodelle und Infrastrukturen den Anforderungen entsprechen?

Der Zahlungsverkehr wird auch weiterhin einem starken Wandel unterliegen. Es ist aus heutiger Sicht davon auszugehen, dass neue Technologien wie die Blockchain die Marktreife im Massenzahlungsverkehr erzielen und gemeinsam mit Künstlicher Intelligenz und Cloud-Technologie den Weg in eine neue Zahlungsverkehrsinfrastruktur bereiten werden.

Zudem steht die sogenannte „Token-Ökonomie" in den Startlöchern, in der reale Vermögenswerte (zum Beispiel Wertpapiere, Immobilien oder Gold) durch digitale „Token" repräsentiert und über die Blockchain-Infrastruktur übertragen werden. Geschäftsmodelle, die den Einsatz von „Tokens" vorsehen, erfordern die Existenz von Geld-Äquivalenten zu Zahlungszwecken. Dies dürfte das Interesse an „Stablecoins" oder an von Zentralbanken emittierten digitalen Währungen weiter beflügeln.

Der Umstand, dass Fintech-Unternehmen und Technologiegiganten zunehmend Bezahlmodelle auf globaler Ebene anbieten, wird den Druck auf etablierte Banken und Anbieter von Zahlungsverkehrsservices deutlich verstärken. In Europa stellt sich schon heute die Frage, inwieweit die weitgehende Abwesenheit starker und innovativer europäischer Unternehmen, insbesondere am „Front-end“ zum Kunden, Risiken für die Autonomie des europäischen Zahlungsverkehrs bergen.

Die hier beschriebene Zahlungsverkehrsvision ist, vorbehaltlich der Adressierung bestehender Fragen zum Beispiel im Bereich Interoperabilität von Services und auch hinsichtlich ihrer Regulierung, bereits in greifbare Nähe gerückt. Darüber hinaus zeichnen sich insbesondere zwei Entwicklungen ab, welche die Welt des Zahlungsverkehrs auf längere Sicht nochmals grundlegend umwälzen könnten:

- Die Beträge der abzuwickelnden Kundenzahlungen werden voraussichtlich drastisch sinken und gleichzeitig wird deren Aufkommen massiv ansteigen. Bereits heute werden Mikro-Payments, worunter zumeist Zahlungen zwischen einem Eurocent und fünf Euro verstanden werden, zur Online-Bezahlung von digitalen Inhalten genutzt (zum Beispiel im Bereich Gaming oder Online-Medien). Insbesondere das Internet der Dinge, welches Gegenstände des alltäglichen Gebrauchs, wie zum Beispiel Autos oder Haushaltsgeräte, oder auch Maschinen im industriellen Umfeld miteinander vernetzt, könnte den Trend in Richtung Nano- oder Piko-Zahlungen mit Beträgen deutlich unter einem Eurocent verstärken. So wäre es beispielsweise vorstellbar, dass smarte Fahrzeuge künftig Stauinformationen austauschen und damit Kleinstbetragszahlungen in Echtzeit auslösen. Vor dem Hintergrund, dass es bereits heute so viele vernetzte Gegenstände wie Menschen auf diesem Planeten gibt, stellt sich daher die zwingende Frage, inwieweit die konventionellen Zahlungsverkehrssysteme solch hohe Stückzahlen technisch und auf wirtschaftliche Art und Weise abwickeln können, oder ob nicht eine gänzlich neue Infrastruktur vonnöten ist.
- Die Diskussion um die globale Erwärmung wird verstärkt den Zahlungsverkehr erfassen. Während bislang primär die möglichen Auswirkungen von Wetter-Extremen auf das reibungslose Funktionieren des Zahlungsverkehrs im Zentrum der Betrachtungen stehen, dürfte dem aktiven Beitrag von Bezahlaktivitäten gegen den Klimawandel zunehmend Beachtung geschenkt werden. So haben einige Marktteilnehmer bereits mit der Publizierung ihrer CO2-Bilanz begonnen. Während noch das vermeintlich bevorstehende Ende des Bargelds diskutiert wird, dürften Plastikkarten als Erstes von der Bildfläche verschwinden. Der digitale Zahlungsverkehr, allen voran neue

Technologien wie die Blockchain, werden auch ökologischen Anforderungen genügen müssen. Die originäre Blockchain-Technologie erfordert zur Validierung von Zahlungen das Lösen komplexer rechenintensiver Formeln, weshalb Blockchains einerseits als manipulationsresistent gelten, andererseits aber auch oft mit einem hohen Energieverbrauch in Verbindung gebracht werden. Auch wenn bereits viele Blockchain-Varianten existieren, die auf energieintensive Verfahren verzichten, wird der CO2-Fußabdruck des dezentralen Blockchain-Ansatzes im Vergleich zu herkömmlichen und zentral operierenden Technologien von wesentlicher Bedeutung für den Erfolg der Blockchain sein.

Vor dem Hintergrund all dieser möglichen Entwicklungen und Szenarien stellt sich die Frage, wie die Verbraucher den Zahlungsverkehr der Zukunft überhaupt wahrnehmen werden. Möglicherweise gar nicht mehr, da der Bezahlvorgang als solcher zunehmend in den Hintergrund rückt und unsichtbarer werden dürfte. Um es mit den Worten des visionären Informatikers Mark Weiser zu formulieren: *„Die tiefgreifendsten Technologien sind diejenigen, die verschwinden. Sie weben sich in den Alltag ein, bis sie nicht mehr davon zu unterscheiden sind.“*

1 Informationen zu den TARGET Services, welche vom Eurosystem, das heißt den Zentralbanken des Euroraums, betrieben werden, finden sich unter European Central Bank 2020.

2 TARGET2-Securities ist Teil der TARGET Services und dient der harmonisierten und zentralen Wertpapierabwicklung in Zentralbankgeld.

3 TIPS, ebenfalls Teil der TARGET Services, erlaubt die Abwicklung von Zahlungen innerhalb des Bruchteils einer Sekunde für den Bruchteil eines Euro-Cents.

4 Der Begriff des „Plumbings“ wurde vom ehemaligen Präsidenten der Federal Reserve Bank of New York, Gerald Corrigan, genutzt, und in Reden des ehemaligen Mitglieds der Europäischen Zentralbank, Tomasso Padoa-Schioppa, aufgegriffen.

5 Die Wortschöpfung Hackathon setzt sich aus „Hack“ und „Marathon“ zusammen und ist eine Veranstaltung zur Erarbeitung kreativer Lösungen in Teams innerhalb eines vorgegebenen Zeitraums (zum Beispiel ein bis zwei Tage).

6 Neben der Blockchain birgt der Einsatz von Künstlicher Intelligenz (KI) in der Zahlungsverkehrsabwicklung hohes Potenzial. KI könnte zum Beispiel verstärkt zur Überwachung von Zahlungsströmen und der Früherkennung von betrügerischen Aktivitäten dienen. Zudem wäre es vorstellbar, dass eine KI Vorhersagen über die Auslastung von Zahlungssystemen trifft und ein attraktives und flexibles Gebührensystem in Abhängigkeit von der jeweiligen Auslastung anbietet.

7 Es sei darauf hingewiesen, dass auch Zentralbanken mit der Blockchain experimentieren. Ziel ist aber primär, die mit der Technologie verbundenen Möglichkeiten und Herausforderungen zu verstehen. Analysen sind aktuell nicht davon getrieben, bestehende Systeme durch Blockchain-basierte Anwendungen zu ersetzen. Siehe zum Beispiel die Kooperation von Bank of Japan und Europäischer Zentralbank (Projekt Stella), Bank of Canada (Projekt Jasper), Monetary Authority of Singapore (Projekt Ubin) und South African Reserve Bank (Projekt Khokha).

8 Einer Studie zufolge (vgl. Esselink und, Hernández 2017) waren im Jahr 2016 im Euroraum 79 Prozent aller Transaktionen am „points of sale“ bargeld-basiert.

Literatur

Barontini, C. | Holden, H. (2019): Proceeding with caution – a survey on central bank digital currency, BIS paper No. 101, unter: https://www.bis.org/publ/bppdf/bispap101.pdf, zuletzt aberufen am 18. Februar 2020.

Bullmann, D. | Klemm, J. | Pinna, A. (2019): In search for stability in crypto-assets: are stablecoins the solution?, ECB Occasional Paper No. 230, unter: https://www.ecb.europa.eu/pub/pdf/scpops/ecb.op230~d57946be3b.en.pdf, zuletzt agerufen am 18. Februar 2020.

ECB Crypto-Assets Task Force (2019): Crypto Assets: Implications for financial stability, monetary policy, and payments and market infrastruktures, ECB Occasional Paper No. 223, unter: https://www.ecb.europa.eu/pub/pdf/scpops/ecb.op223~3ce14e986c.en.pdf, zuletzt abgerufen am 18. Februar 2020.

European Central Bank (2019): Exploring anonymity in central bank digital currencies, IN FOCUS, Issue No. 4, unter: https://www.ecb.europa.eu/paym/intro/publications/pdf/ecb.mipinfocus191217.en.pdf, zuletzt abgerufen am 18. Februar 2020.

European Central Bank (2020): What is TARGET2?, unter: https://www.ecb.europa.eu/paym/target/target2/html/index.en.html, zuletzt abgerufen am 18. Februar 2020.

Esselink, H. | Hernández, L. (2017): The use of cash by households in the euro area, ECB Occasional Paper No. 201, unter: https://www.ecb.europa.eu/pub/pdf/scpops/ecb.op201.en.pdf, zuletzt abgerufen am 18. Februar 2020.

Libra Association (o. J.):_libra Withepaper, unter: https://libra.org/de-DE/white-paper/, zuletzt abgerufen am 18. Februar 2020.

Nakamoto, S. (2008): A purely peer-to-peer version of electronic cash.

#seamlesspayment
#empoweringsmallbusinesses
#cardpaymentsmadesimple

» Die heutige Bezahlinfrastruktur braucht eine Demokratisierung der Bezahldienste vor allem im Sinne der kleinen Händler. Ein Umdenken in die richtige Richtung hin zum Seamless Payment hat auf allen Seiten bereits begonnen und ich glaube fest daran, dass es in zehn Jahren kein Bargeld mehr geben wird. «

Marc-Alexander Christ

- ist Gründer des Fintechs SumUp, einem der führenden Unternehmen weltweit im Bereich Mobile Payment
- hat bei SumUp bereits mehrere erfolgreiche Finanzierungsrunden zu verzeichnen sowie die Übernahme von Payleven federführend begleitet
- hat umfangreiche Erfahrungen in der Start-up-World; gründete unter anderem eine E-Commerce-Plattform und leitete das Sales-Team bei Groupon
- begann seine Karriere bei European Investors in New York, wurde dann Vice President bei JP Morgan in London und Frankfurt
- hat einen MA in International Business sowie den Doctorandus de Bedrijfswetenschappen von der Universität Maastricht

MARC-ALEXANDER CHRIST

Persönliches: **Was hat Sie persönlich an den Payment-Angeboten in Deutschland geärgert?**

Ich komme ganz klassisch aus dem Bankenwesen, aber das Thema Payment hat mich schon lange vor meiner eigentlichen Tätigkeit in diesem Bereich umgetrieben. Als ich von 2004 bis 2006 in New York gelebt habe, war dort schon damals im Prinzip kein Bargeld notwendig. Fast überall war es möglich, mit der Karte zu bezahlen. 2008 kam ich zurück nach Deutschland und habe sehr schnell festgestellt, dass man ohne Bargeld oftmals gar nicht weiterkommt. Das hat mich wahnsinnig geärgert und ich wusste, dagegen will und muss ich etwas tun. Und auch heute gibt es ja vor allem in Deutschland immer noch viele Läden, in denen ausschließlich mit Bargeld bezahlt werden kann, oder Händler, die nur EC-Karten, aber keine Kreditkarten akzeptieren. Das war in meinen Augen schon damals und ist auch heute einfach nicht zeitgemäß.

Meinen beruflichen Weg ins Payment-Geschäft fand ich dann allerdings erst vier Jahre später und verdanke diesen Schritt meinem heutigen Geschäftspartner und Mitgründer Daniel Klein. Unmittelbar nach meiner Zeit in der Bankenwelt, sowie im Bereich Investment Banking, nahm ich nach der Bankenkrise 2009 aber erst einmal eine kleine Auszeit. Zurück in Berlin war ich anfangs im Bereich E-Commerce (Electronic Commerce) tätig, habe dann in dem Bereich auch selbst gegründet, aber schnell festgestellt, dass mir eine nachhaltige und fundierte Business-Idee fehlte – und auch das Thema Payment war immer noch sehr präsent für mich. Dann traf ich Daniel und als er mir von seiner Idee für einen mobilen Bezahldienst erzählte,

A. M. Bajorat et al. (Hrsg.), *Köpfe der digitalen Finanzwelt*,
https://doi.org/10.1007/978-3-658-29644-5_31

war ich sofort Feuer und Flamme und musste einfach in das Projekt einsteigen – SumUp war geboren und ich mitten drin im Payment-Geschäft.

Ich war von Anfang an überzeugt davon, die Bezahlinfrastruktur mit den richtigen Produkten verändern und verbessern zu können. Wir haben schon sehr früh erkannt, dass der Markt für Kartenakzeptanz bei kleinen Händlern riesengroß ist und auch die Nachfrage nach besseren Lösungen im Payment-Bereich enorm war. Die notwendigen Technologien waren ja bereits lange vorhanden – daran sollte es also nicht scheitern. Das Bedürfnis nach einem mobilen Bezahlsystem war sehr früh klar – mir persönlich, wie bereits erwähnt, schon einige Jahre vorher – aber auch bei den Händlern lag der Bedarf nach validen Geschäftsmodellen, die diese Lücke schließen, quasi auf der Hand. Mit unserer Business-Idee waren wir also absolut am Puls der Zeit aber auch nicht die einzigen mit dem Plan, die Payment-Industrie verändern zu wollen: Zwischenzeitlich gab es in den ersten zwölf Monaten in Europa circa 25 Mitbewerber. Wir konnten uns mit SumUp allerdings durchsetzen und sind heute einer der größten Anbieter für Mobile Payment.

Dabei ist der Schlüssel zum Erfolg im Prinzip ganz einfach. Die Frage muss lauten: Wie kann ich herkömmliche Angebote schmaler und einfacher gestalten? Zugegeben, eine enorme Herausforderung im Finanzwesen, denn Banken sind sehr komplexe Unternehmen, die sich nicht so leicht durchbrechen lassen. Damals wie heute ist die Herausforderung bei der Entwicklung und Integration neuer Bezahldienste einerseits die Technologie, andererseits aber auch die komplexen regulatorischen Vorgaben – unabhängig von der eigentlichen Marktsituation oder den tatsächlichen Bedürfnissen und der Nachfrage nach neuen Lösungen.

Der Weg hin zu mehr Digitalisierung ist dabei allerdings unaufhaltsam und gilt nicht nur in der Finanz-/Payment-Branche, sondern lässt sich überall anwenden – da gilt es nur mal einen Blick auf die ganzen großen, global agierenden Unternehmen, wie Amazon, Spotify oder Google zu werfen – alles wird digitalisiert. Beim digitalen Fortschritt ist die Finanzbranche zugegebenermaßen immer noch etwas hinterher, was aber nicht nur an den komplexen Strukturen liegt, sondern auch das Kundenvertrauen ist essenziell. Und genau daran muss in Deutschland noch intensiver gearbeitet werden als in anderen Ländern, wo Innovationen oft einfach per se schneller und dankbarer angenommen werden.

Meinungen: Mit neuen Bezahlverfahren wie Apple Pay und PayPal werden die Beträge im Payment immer kleiner. Warum sind Banken lange Zeit vor Lösungen für kleine Businesses zurückgeschreckt?

Die heutige Bezahlinfrastruktur braucht dringend eine Demokratisierung der Bezahldienste. Das kann und wird nicht von heute auf morgen passieren, denn Payment ist (bisher) ein Luxusgut, also, es ist über die herkömmlichen Anbieter einfach sehr teuer: Die herkömmlichen Kartenterminals werden nach wie vor über Direktvertrieb verkauft. Das kostet viel Zeit sowie jede Menge Manpower, die Kosten hierfür trägt der Händler. Hinzu kommt das umfangreiche Vertragswesen; separate Ansprechpartner pro Finanzdienstleister führen dazu, dass der Händler mehrere Verträge unterschreiben muss. Zudem sind die Kartenlesegeräte sehr teuer, und diese Kosten müssen natürlich an den Händler weitergegeben werden. Das schlägt sich in teuren Monatsgebühren und Fixkosten nieder. Hinzu kommen teils sehr lange Vertragslaufzeiten. Das ganze System sowie die Technologien dahinter sind extrem veraltet und auch der Ansatz ist traditionell ein anderer: Banken brauchen daher möglichst viel Volumen/ maximalen Umsatz pro Händler, um kostendeckend zu arbeiten und entsprechend ist auch das Produktangebot zugeschnitten. Jede Menge Argumente also für Veränderungspotenzial. Der moderne Ansatz sollte dabei ganz klar über die Masse gehen. Gerade kleine und mittelständische Händler mit noch so kleinen Umsätzen sollten hier gerade berücksichtigt werden.

Neue Anbieter und innovative Produkte können und werden die Rahmenbedingungen der Banken als traditionelle Anbieter positiv beeinflussen: Beim Thema Kartenzahlung gibt es beispielsweise (auch durch den Druck neuer Marktteilnehmer) bereits kürzere Laufzeiten, oder sogenannte Testangebote. Ein Umdenken findet hier also bereits statt, die Umsetzung aber geht langsam vonstatten. Viele Anbieter haben immer noch sehr alte Payment-Strukturen, die alter Technologie geschuldet sind. Das führt zu sehr langsamen Reaktionszeiten. Und Änderungen oder Anpassungen der Systeme dauern teilweise sehr lange.

Longtail-Merchants, also die kleinen Businesses, können von diesen traditionellen Anbietern aufgrund deren Kostenstruktur gar nicht optimal versorgt werden. Dabei gibt es Lösungen mit vereinfachten Prozessen, die genau auf diese Zielgruppe zugeschnitten sind: der Service ist günstiger und schneller sowie im Self-Service verfügbar. Die Kostenstruktur ist übersichtlich. Alles ist voll automatisiert und dadurch preiswerter. Die Komplexität wird für den Händler auf ein Minimum reduziert und stark vereinfacht. Entscheidend für den Händler ist zudem die Schnelligkeit – sowohl bei der Transaktion, aber auch beim Thema Payout (Auszahlungen) und Service. Da kann dann sogar der Kostenfaktor wieder in den Hintergrund treten. Moderne Lösungen bieten mit ihrer wesentlich besseren Infrastruktur sowie teilweise kompakten In-House-Lösungen genau diesen Service: Sie können viel schneller reagieren, in neue Märkte einsteigen oder auch neue Produkte und Features launchen und auf Kundenbedürfnisse reagieren.

Die derzeitige Payment-Struktur führt außerdem dazu, dass (neue) Anbieter eigentlich immer nur lokal aktiv sind. In Europa haben wir zwar im Zahlungsverkehr nahezu vollständig harmonisierte Regelungen, aber darüber hinaus wird es schon schwieriger. Bleiben wir im Bereich Mobile Payment: Momentan gibt es hier quasi keinen globalen Player. Eine weltweite Lösung muss dringend her. Am Ende will der Händler doch ein Rundum-Sorglospaket möglichst aus einer Hand. Für den Kunden ist wichtig, dass die technischen Prozesse hinter dem Bezahlvorgang einerseits transparent und sicher sind, aber vor allem störungsfrei vonstattengehen: Ob der Kunde eine Karte, ein iPhone oder auch nur seine Augen (Retina-Scan) nutzt, um die Zahlung durchzuführen – es soll ihm und dem Händler die Transaktion so einfach wie möglich machen – überall und jederzeit. Die Transaktion wird dann buchstäblich zu einer Interaktion.

An relevanten Technologien sollte so ein Vorhaben jedenfalls nicht scheitern: Bereits 2012 gab es mit dem iPhone die notwendige Technologiebasis am POS (Point of Sale; Verkaufsstelle) – ein mobiler Supercomputer plus vorhandene Internet-Infrastruktur. Mit einem Mal konnten wir bei SumUp beispielsweise das Kartenterminal deutlich schlanker gestalten, die Mobiltechnologie (mit)benutzen und so Gerät und Service erheblich preiswerter machen. Das Produkt an sich war zu der Zeit zwar noch lange nicht ausgereift, aber das nur nebenbei. Auch Technologien wie beispielsweise Bluetooth, Gesichtserkennung oder Sprachassistenz waren und sind entscheidende Entwicklungen und gleichzeitig technische Herausforderungen, die sich positiv auf neue Payment-Innovationen ausgewirkt haben und das auch weiterhin tun werden. Zahlungen per biometrischer Authentifikation wachsen ja bekannterweise unaufhaltsam: Laut Juniper Research wurden im Jahr 2017 bereits zwei Milliarden biometrisch authentifizierte Zahlungen vorgenommen und bis 2021 werden es voraussichtlich schon 18 Milliarden sein. Diese Entwicklung kann nicht ignoriert werden.

Tap on Phone[1] sowie PIN on Glass[2] sind ja derzeit sehr interessante technische Entwicklungen, die es auf jeden Fall sehr aufmerksam zu beobachten gilt: Tap on Phone könnte der Akzeptanz-Welt einen Riesenschub verleihen, auch wenn die bestehenden Lösungen vorerst noch viele Einschränkungen haben und nur in Märkten mit hoher NFC-Akzeptanz (Near Field Communication) und auch nur als frühe Piloten Anwendung finden. Auch hier besteht in Deutschland diesbezüglich mehr Entwicklungspotenzial als anderswo. Zwar hinken die PCI-Standards (Payment Card Industry Data Security Standard) noch hinterher, aber die Aktivierung von PIN auf Glas und Tap on Phone auf einem einzigen COTS (Commercial Off the Shelf Solution – Handy/Tablet) wird der Lösung einen großen Schub geben. In jedem Fall wird es vermutlich noch einige Zeit dauern, bis sich der Hype wieder gelegt hat. Erst dann werden wir sehen können, ob die Technologie breite Akzeptanz findet.

Ganz im Sinne also des Hype-Zyklus' (Jackie Fenn): „Wir neigen dazu, die kurzfristige Wirkung einer Technologie zu überschätzen und die langfristige Wirkung zu unterschätzen." Denn genau darin – im richtigen Timing bei der Markteinführung von neuen Lösungen sowie bei der Akzeptanz von neuen Services – liegt die eigentliche Herausforderung.

Nehmen wir noch ein anderes Beispiel: P2P-Lösungen (Peer-to-Peer-Lösungen für Direktzahlungen unter Privatpersonen). In Asien macht es WeChat (mit derzeit 1,13 Milliarden monatlichen aktiven Nutzern weltweit), in Amerika Square Cash vor. Auch in Deutschland haben es ganz verschiedene Anbieter, wie beispielsweise Cringle, versucht, allerdings bisher vergeblich. Untereinander Geld versenden, löst nämlich vor allem in Deutschland nicht wirklich ein Problem, weil dafür eine ausgereifte Infrastruktur vorhanden ist. Geld kann per Banküberweisung bereits innerhalb von 24 Stunden übermittelt werden. In anderen Märkten ist aber genau solch eine Lösung ein echter Mehrwert. Denken wir an „Scheckgeschäfte" in Amerika, die aufgrund fehlender Payment-Infrastrukturen immer noch oft vonstattengehen. Natürlich erhalten hier P2P-Lösungen einen ganz anderen, überragend positiven Zuspruch. Das heißt nicht, dass P2P-Lösungen nicht auch hierzulande wiederkommen werden – das werden sie. Dann vermutlich mit zusätzlichem Service und verbesserter Infrastruktur, um Realtime-Payments

(Zahlungsabwicklung in Echtzeit) anbieten zu können, die dann auch wieder für Händler interessant sein werden. Aber auch daran wird man sich in Europa wohl langsam gewöhnen, denn die Kunden hängen bekanntermaßen doch sehr an altbewährten Dingen – in diesem Fall den Zahlungsterminals.

Akzeptanz braucht einfach Zeit: Sogar Apple Pay hat eine Weile gebraucht, um einen echten Wert für den Kunden zu schaffen und akzeptiert zu werden. Gerade in Deutschland ist es nach wie vor so wahnsinnig schwer, das Nutzerverhalten zu ändern. Der Mensch ist schon von Natur aus sehr träge, wenn es darum geht, sich an Neuem auszuprobieren. Ohne unterstützende Erklärungen geht es oftmals nicht. Das gilt in dem Fall sowohl für den Händler als auch für den Endkunden: Vermutlich weiß immer noch nur ein Bruchteil der Bevölkerung, dass, wo Zahlung per EC-Karte möglich ist, auch Apple Pay funktioniert! Ein Produkt kann also noch so gut und innovativ sein, digitale Vorreiter können mit ihren Ideen und Services nur erfolgreich sein, wenn sie die Nutzer vom Produkt und den klaren Vorteilen überzeugen.

Utopien: Werden wir in zehn Jahren in Deutschland noch Bargeld und Kartenlesegeräte sehen?

Das Bezahlverhalten wird sich in den nächsten Jahren drastisch verändern: Bargeld wird früher oder später sicherlich ganz verschwinden. In zehn Jahren gibt es (im besten Fall) gar kein Bargeld mehr. Die Karte als Zahlungsmittel wird sich wahrscheinlich noch um einiges länger halten. Allerdings wird sich über die Zeit der Formfaktor verändern und die Karte wird im Telefon, einem Wearable (kleine, vernetzte Computer zur Unterstützung von Alltagssituationen, die am Körper getragen werden) oder einer anderen Innovation weiterbestehen.

In England und auch in Asien ist ja schon vor einer Weile der Punkt erreicht, dass mehr Kartenzahlungen als Barzahlungen stattfinden. Und auch in Deutschland ist das nun seit kurzem laut einer EHI-Studie – wenn auch nur ganz knapp – Realität.

Im stationären Handel betrug im Jahr 2018 demnach der Umsatzanteil bei Kartenzahlungen 48,6 Prozent gegenüber Barzahlung mit 48,3 Prozent. Im internationalen Vergleich ist der Anteil an Kartenzahlungen in Deutschland dennoch verhältnismäßig gering. Aber die Wachstumsraten diesbezüglich sind sehr gut. Immer mehr jüngere Menschen und das stetig wachsende internationale Publikum in Deutschland verlangen mehr und mehr die Möglichkeit der Kartenzahlung.

Auch bei den Händlern – vor allem in Großstädten und dichter besiedelten Regionen – hat das Umdenken bereits zum großen Teil stattgefunden. Auf der Issuing-Seite wird man also sicherlich auch weiterhin die Karte sehen und auf der Akzeptanzseite wird es nach wie vor Kartenlesegeräte geben. Je nach Größe des Händlers werden diese teilweise ganz verschwinden, denn der private Yogalehrer wird vermutlich irgendwann nur noch Zahlungen über das Mobiltelefon akzeptieren, während man beim Café um die Ecke sehr wahrscheinlich immer noch über ein extra Kartenterminal bezahlen kann.

Sicher kann man auch sagen, dass kontaktlose Zahlungen immer mehr zunehmen werden. Ein Blick auf die SumUp-Händler in Deutschland zeigt, dass sich der Anteil kontaktloser Zahlungen im Jahresvergleich innerhalb der letzten beiden Jahre jeweils verdoppelt hat (vier Prozent im November 2017; neun Prozent im November 2018; 20 Prozent im November 2019). Im Europavergleich ist allerdings noch Luft nach oben; hier waren die Kontaktloszahlungen im November 2019 mit 61 Prozent bereits dreimal so hoch wie in Deutschland. In zehn Jahren werden zudem weit mehr Leute mit dem Mobiltelefon als mit der herkömmlichen Plastikkarte bezahlen. Denn auch Apple Pay und Google Pay sind ja im Prinzip nur eine andere Art der Kartenzahlung – in anderer Form und Gestalt, weil auch hier ja nach wie vor ein Mastercard- oder Visacard-Konto hinterlegt ist.

Spannender wird es beim Thema PSD2/Open Banking (Payment Services Directive) und den entsprechenden EU-Vorgaben. Im Prinzip ja ein sehr guter und richtiger Ansatz, denn das Ansinnen bzw. die Grundidee hier war und ist es ja, das Teilen von Daten zu ermöglichen – ganz im Sinne des Kunden, damit dieser einfacher Zugang zu neuen Produkten und Funktionen erhält. Die strengen Authentifizierungsvorgaben werden den Authentifizierungsprozess natürlich erheblich beeinflussen, Zahlungen aber damit auch noch sicherer machen. Mit PSD2 wird dann die gesamte Bankenstruktur erstmalig wirklich offen sein. Regulatorisch ist das zwar auch heutzutage schon vorgesehen, aber bis dann wirklich ein Zugriff auf alle Banken gegeben und eine Überweisung seamless von der Commerzbank auf die Sparkasse mit einem einzigen Klick möglich ist, muss auf allen Seiten noch sehr viel Technologie gebaut werden – sowohl auf der Seite der einzelnen Banken als auch bei der entsprechenden Infrastruktur. Für den Nutzer hingegen wird es erst einmal gar keinen sichtbaren Unterschied machen, weil die Zahlungsabwicklung für ihn auch weiterhin komplett im Hintergrund stattfindet. Am Ende ist hier entscheidend und gleichzeitig eine große Herausforderung, die Balance zwischen Sicherheit und schneller Transaktion sowie zwischen Anonymität und Transparenz zu finden. Im Interesse der Kunden ist dies aber ein wichtiger Schritt. Wir werden sehen, wie (kooperativ) sich die Banken verhalten. Vermutlich werden sie sich gegen die Vorgaben der EU wehren: Einerseits haben sie Angst, ihre Kundenbasis zu verlieren, andererseits fehlt ihnen einfach die notwendige Technologie. Aber all das sollte und wird perspektivisch in den nächsten zehn Jahren gelöst und überwunden sein.

Ein weiterer spannender Trend sind sicherlich die sogenannten Super-Apps. Hier wird es in der Zukunft viele neue Player auf dem Payment-Markt geben – in Asien machen es Alipay und WeChat ja bereits vor. Die Rede ist von der Alipay-Experience: Man verabredet sich mit Freunden, reserviert einen Tisch im Restaurant, kauft noch schnell die Kinotickets für danach und bestellt direkt ein Taxi für die Heimfahrt – alles mit einem Klick innerhalb einer einzigen App. Und die Bezahlung findet komplett seamless für den Nutzer im Hintergrund statt.

Genau dahin sollte und wird es gehen: Die Transaktion wird zur Interaktion und der Bezahlprozess wird gar nicht mehr als solcher wahrgenommen. Die Payment-Experience seamless machen wird das entscheidende große Thema in der Zukunft werden – alle Services kommen dann aus einer Hand – super praktisch, schnell und einfach, aber trotzdem sicher. Denn Payment an sich ist ja kein schönes Erlebnis; niemand „möchte" bezahlen. Ja, man möchte Dinge kaufen oder verkaufen, und je mehr der Zahlungsprozess dabei in den Hintergrund treten kann, desto besser und angenehmer für alle Beteiligten.

Idealerweise schaut man gar nicht mehr auf den zu zahlenden Betrag, was heutzutage ja sicherlich jedem schon einmal bei der Kartenzahlung passiert ist. Noch besser, wenn man gar nicht mehr darüber nachdenken muss, welche Karte jetzt eigentlich für die Bezahlung genutzt wird, weil sie automatisch in einer App hinterlegt ist, oder welcher Anbieter, welches Netzwerk dahinter stehen. Wichtig für den Kunden ist doch lediglich ein schneller, einfacher und reibungsloser Zahlungsprozess. Uber hat genau das bereits vor zehn Jahren, im Jahr 2009, vorgemacht. Der Gedanke ist also absolut nicht neu… Das ideale

Zukunftsszenario geht dann allerdings noch einen Schritt weiter: Der Kunde kommt in einen Laden, wird per (biometrischen oder Handy-) Daten identifiziert, das Geld wird automatisch abgebucht und Transaktionsdetails werden per Push-Notification an den Kunden gesandt – und alles findet in nur einer App statt.

Diese Entwicklungen hin zum Seamless Payment werden Schritt für Schritt kommen. Apple Pay beispielsweise bietet hier bereits für den Checkout-Prozess eine gute Lösung an und wird sicherlich noch besser und leichter werden. Auch gibt es schon jetzt Restaurants, in denen per QR-Code bestellt und bezahlt werden kann, ohne dass der Händler hier noch etwas machen muss. Die Technologien für all diese Zukunftsszenarien sind also im Prinzip bereits vorhanden und stellen sicherlich das geringste Problem dar. Die Herausforderung liegt wie zuvor erwähnt tatsächlich und vor allem darin, den Menschen – also Kunden und Händler – von diesen neuen Methoden grundsätzlich zu überzeugen; auch das wird nur Schritt für Schritt erfolgen können. Und am Ende müssen die Finanzdienstleister diese Entwicklung gesamtheitlich wollen und vorantreiben – für nachhaltigen Erfolg müssen alle an einem Strang ziehen.

1 Tap on Phone macht aus einem Smartphone mit NFC-Modul ein Zahlungs-POS-Terminal.

2 Diese neue Zahlungstechnologie ermöglicht es Händlern, PIN-Transaktionen auf einem mobilen Gerät wie einem Smartphone oder einem Tablet zu akzeptieren, ohne ein eigenständiges, dediziertes PIN-Pad oder ein anderes PIN-Eingabegerät einrichten zu müssen.

Kolibri 360 GmbH
Ferdinand-Jühlke-Straße 7
99095 Erfurt, Deutschland
produktsicherheit@kolibri360.de